Le Conseil constitutionnel sénégalais dans un contexte d’intégration régionale : passé, présent, devenir

Actes du Colloque de Dakar,

7 et 8 décembre 2020

Sous la direction de Ndiaw DIOUF

Le Conseil constitutionnel sénégalais dans un contexte d'intégration régionale : passé, présent, devenir

Actes du Colloque de Dakar,
7 et 8 décembre 2020

L'Harmattan Sénégal

CONSEIL
CONSTITUTIONNEL
SÉNÉGAL

KONRAD
ADENAUER
STIFTUNG

10 VDN, Sicap Amitié 3, Lotissement Cité Police, DAKAR

http://www.harmattansenegal.com
senharmattan@gmail.com
senlibrairie@gmail.com

ISBN : 978-2-343-23668-1
EAN : 9782343236681

SIGLES – ABRÉVIATIONS – ACRONYMES

AN : Assemblée nationale

ASDC : Association sénégalaise de Droit constitutionnel

C.CAss : Cour de Cassation

CA : Cour d'Appel

CC : Conseil Constitutionnel

CE : Conseil d'État

CENA : Commission électorale nationale autonome

CJ CEDEAO : Cour de Justice de la Communauté économique des États de l'Afrique de l'Ouest

CL : Collectivité locale

CS : Cour Suprême

DH : Droits de l'Homme

DUDH : Déclaration universelle des Droits de l'Homme

FSJP : Faculté des Sciences juridiques et politiques

GERCOP : Groupe d'Études et de Recherches constitutionnelles et politiques

LGDJ : Librairie Générale de Droit et de Jurisprudence

OIT : Organisation internationale du Travail

Op. cit. : Opus Citatum

UCAD : Université Cheikh Anta Diop

UEMOA : Union économique et monétaire ouest-africaine

UGB : Université Gaston Berger

SOMMAIRE

Discours du Président
du Conseil constitutionnel sénégalais

✓ **Mesdames et Messieurs les Chefs de Cours et de Conseils constitutionnels,**

✓ **Monsieur le Vice-président de la Cour de justice de la CEDEAO,**

✓ **Monsieur le représentant de la Cour de justice de l'UEMOA,**

✓ **Mesdames et Messieurs les membres de Cours et de Conseils constitutionnels,**

✓ **Madame et Messieurs les Professeurs,**

Votre présence parmi nous, malgré vos nombreuses charges, est lourde de sens.

Elle illustre tout l'intérêt que vous portez au nécessaire dialogue entre nos différentes institutions. En effet, notre appartenance aux mêmes traditions juridiques et aux mêmes espaces communautaires sonne comme une injonction, sinon à l'uniformisation, du moins à l'harmonisation de nos principes de fonctionnement.

Je voudrais vous exprimer ma profonde reconnaissance pour cette marque d'amitié à l'égard de notre institution et à notre pays.

Monsieur le Directeur de la Fondation Konrad Adenauer,

En proposant au Conseil constitutionnel un soutien financier et logistique pour la réalisation de cette activité scientifique, vous affirmez votre attachement au renforcement de l'État de droit en même que vous exprimez la considération qu'à travers le Conseil constitutionnel, vous portez au Sénégal et à ses institutions. Aussi m'est-il particulièrement agréable de vous accueillir et de vous assurer de notre profonde gratitude.

Honorables invités,

Le Conseil constitutionnel du Sénégal a l'insigne honneur de vous souhaiter la bienvenue à ce colloque sur le thème : « **Le Conseil constitutionnel sénégalais dans un contexte d'intégration régionale : passé, présent, devenir** ».

Comment cependant entamer notre colloque sans évoquer la crise sans précédent que le monde traverse en raison de la propagation de la pandémie liée à la Covid-19 ?

Au nom de tous les membres du Conseil constitutionnel, je voudrais transmettre nos sincères condoléances à ceux qui ont perdu des proches, souhaiter un prompt et complet rétablissement à ceux qui suivent un traitement, chez eux ou dans les hôpitaux, et former le vœu que les actions qui sont menées par les uns et les autres et à tous les niveaux permettent, dans un proche avenir, d'éradiquer, ou tout au moins de contenir, dans des limites acceptables, ce fléau d'un autre temps.

Honorables invités,

L'organisation d'un cadre de réflexion sur la place du Conseil constitutionnel sénégalais dans un contexte régional est d'une brûlante actualité. Nul n'ignore aujourd'hui la multiplication de ce que Mireille Delmas-Marty, reprenant les travaux deJean Carbonnier, qualifiait de « droits venus d'ailleurs », pénétrant « dans les droits nationaux en passant tout simplement par la porte qui leur est ouverte, soit par le principe de primauté des traités sur la loi interne, soit indirectement par leur incorporation législative ».

Avec l'intégration, dans l'ordre juridique interne des États, d'instruments internationaux de plus en plus nombreux, les décisions, qui s'inscrivaient auparavant dans les limites territoriales des États souverains, prennent aujourd'hui un caractère de plus en plus transnational.

Il est vrai qu'il existe toujours des diversités politiques, culturelles, sociales et économiques, mais cela ne doit pas faire perdre de vue l'interdépendance entre les nations qui impose un défi aux juridictions – internes des États et les juridictions constitutionnelles n'échappent pas au phénomène – : celui de l'interaction avec des systèmes normatifs d'autres pays, par des références soit aux décisions rendues par les juridictions étrangères, soit à d'autres mécanismes de communication.

Cette interaction, que l'on pourrait appeler « dialogue inter-institutionnel » entre les juridictions nationales et internationales, régionales ou sous-régionales, peut être considérée comme un moyen de renforcement des systèmes de justice et, donc, de l'État de droit lui-même.

Compte tenu de notre environnement marqué par une intégration dans tous les domaines, il est possible, même si l'on ne fait pas de la divination, de se faire une idée de l'évolution prévisible de notre justice constitutionnelle. Il suffit, pour cela, de connaître son passé et de comprendre son présent.

C'est la raison pour laquelle les organisateurs de ce colloque, les membres du Service d'Étude et de Documentation du Conseil constitutionnel, ont estimé que, dans un contexte national évolutif et un contexte régional en perpétuel mouvement, le moment semble venu, dans une démarche rétrospective, introspective et prospective, d'interroger le passé pour comprendre le présent et mieux envisager l'avenir.

Mesdames et Messieurs, au Sénégal, la justice constitutionnelle est rendue par le Conseil constitutionnel, juridiction spécialisée, exclusivement compétente pour apprécier la conformité des lois et des engagements internationaux à la Constitution et pour veiller à la régularité des élections nationales.

De l'indépendance à nos jours, la juridiction constitutionnelle a connu une évolution en plusieurs phases.

En 1959, durant la brève période de la Fédération du Mali, le contrôle de constitutionnalité relevait de la Cour fédérale dans laquelle la section première était compétente pour exercer le contrôle constitutionnel.

En 1960, la loi n° 60-045 du 26 août 1960 portant Constitution, adoptée après l'éclatement de la Fédération du Mali, institue au Sénégal, une Cour suprême organisée par l'ordonnance n° 60-17 du 3 septembre 1960.

La Cour suprême était ainsi devenue la juridiction compétente en matière de contrôle de constitutionnalité des lois, des engagements internationaux ainsi que des conflits entre le Législatif et l'Exécutif. Dans cette même perspective, elle recevait les candidatures à l'élection présidentielle, arrêtait et publiait la liste des candidats, déclarait les résultats officiels et installait le Président de la République nouvellement élu, après prestation de serment devant elle.

La grande réforme judiciaire intervenue le 30 mai 1992 a institué trois juridictions au sommet, parmi lesquelles le Conseil constitutionnel qui reprend les attributions jadis dévolues à la Cour suprême en matière de contrôle de la constitutionnalité des lois et en matière électorale.

Avec la réforme due à la loi n° 2008-35 du 7 août 2008, la Cour suprême a été à nouveau mise en place, mais l'opération de fusion qui a permis cette renaissance ne concernait que le Conseil d'État et la Cour de cassation.

Le Conseil constitutionnel issu de la réforme de 1992 est, à l'évidence, un pilier de l'avancée démocratique au Sénégal. Cette position sur le plan institutionnel a été consolidée avec la loi n° 2016-23 du 14 juillet 2016 adoptée à la suite de la révision constitutionnelle intervenue la même année.

En effet, même si la spécialisation de la juridiction constitutionnelle a fait du juge constitutionnel « **un juge spécial en raison de ses attributions** », nous sommes conscients et convaincus que l'avenir du Conseil constitutionnel est fonction de son aptitude à consolider l'État de droit par ses méthodes et ses techniques de contrôle de constitutionnalité des lois et de régulation électorale. Son avenir réside non seulement dans la légitimité et dans l'autorité de ses décisions, mais aussi dans les relations qu'il parviendra à établir avec les autres juridictions communautaires.

C'est donc à cette réalité-là que nous sommes invités à consacrer nos réflexions pendant ces deux jours.

Vous l'avez compris, il s'agira de revenir sur l'évolution de la justice constitutionnelle, la protection des droits fondamentaux, le contentieux de la constitutionnalité, le contentieux électoral et le dialogue entre le juge constitutionnel et les autres juges (nationaux et internationaux).

La démocratie et le constitutionnalisme sont aujourd'hui les piliers de nos systèmes politiques. C'est pourquoi il est nécessaire, face aux menaces graves contre les acquis de l'État de droit, la liberté et l'ouverture, de trouver des espaces de concertations et de coopération, afin de rendre les relations inter-institutionnelles non conflictuelles.

Le Conseil constitutionnel, garant des droits fondamentaux, de la sécurité juridique et des normes constitutionnelles de manière générale, doit jouer pleinement son rôle dans la consolidation de la démocratie et, tout en préservant son identité institutionnelle, assurer aux populations un accès à la fois matériel et intellectuel à l'information relative à ses compétences, à son processus décisionnel et à son langage parfois jugé technique, voire ésotérique.

Sous ce rapport, notre institution vit, à l'heure actuelle, un processus de transformation avec des implications positives sur le plan interne et sur le plan international.

Nous faisons référence à la corrélation qu'établit le Conseil entre la consolidation de l'État de droit et le renforcement des droits fondamentaux en matière de contrôle de constitutionnalité et en matière électorale.

Cela se matérialise de plus en plus par les nouvelles techniques de contrôle, notamment le contrôle de proportionnalité, mais également par une motivation de plus en plus étendue des décisions tournées vers la pédagogie et soucieuse d'une plus grande intelligibilité.

Le Conseil constitutionnel, gardien institutionnel du texte constitutionnel, est donc aussi attendu dans la consolidation de l'État de droit et le renforcement de la démocratie au Sénégal. Il a, au regard de la force de ses décisions, qui s'imposent à tous les pouvoirs publics, une grande autorité sur l'ensemble des institutions. Sa responsabilité est à la mesure de ce pouvoir.

Mesdames et Messieurs,

Comme on le voit, notre agenda est ambitieux. Nous sommes cependant convaincus, compte tenu de l'expertise des participants, que les résultats seront à la hauteur de nos attentes.

C'est sur cette note d'espoir que je voudrais déclarer ouvert le colloque de Dakar sur le thème : « **Le Conseil constitutionnel sénégalais dans un contexte d'intégration régionale : passé, présent, devenir.** »

Je vous remercie de votre attention.

Discours du Directeur régional du Programme pour la promotion de l'État de droit en Afrique subsaharienne de la Fondation Konrad Adenauer

✓ **Monsieur le Garde des Sceaux, ministre de la Justice,**

✓ **Monsieur le Président du Conseil constitutionnel du Sénégal,**

✓ **Messieurs les Présidents des Cours et Conseils constitutionnels,**

✓ **Monsieur le Vice-président de la Cour de justice de la CEDEAO,**

✓ **Messieurs les membres de la Cour de justice de l'UEMOA,**

✓ **Chers membres des Cours et Conseils constitutionnels,**

✓ **Messieurs les Présidents de Chambre et Cour d'appel,**

✓ **Monsieur le bâtonnier de l'Ordre national des avocats du Sénégal,**

✓ **Chers universitaires à vos rangs et grades,**

✓ **Chers participants,**

J'ai une joie immense de prendre la parole, ce jour, pour la cérémonie d'ouverture de notre colloque régional portant sur **le Conseil constitutionnel sénégalais dans un contexte d'intégration régionale**.

Cette rencontre est le fruit d'une collaboration avec le Conseil constitutionnel sénégalais entamée depuis la fin de l'année 2019.

De ce fait, vous pouvez imaginer toute ma satisfaction de voir cette activité se tenir au courant de cette dure année liée à la pandémie de Covid-19, qui a coupé les liens physiques entre les humains.

Je remercie profondément le Président et tous les membres du Conseil constitutionnel pour ce formidable travail.

Je voudrais, si vous me le permettez, faire une brève présentation de notre programme avant de venir au sujet qui nous réunit aujourd'hui.

Le Programme pour la Promotion de l'État de droit en Afrique subsaharienne de la Fondation Konrad Adenauer est basé à Dakar, au Sénégal, et intervient dans plus de 20 pays d'Afrique subsaharienne francophone.

Sa mission est double.

Elle consiste, d'une part, à compléter et à relier le travail des programmes nationaux de la Fondation dans le domaine de l'État de droit.

D'autre part, par l'organisation et le financement de colloques, de formations ou encore de publications, elle entend créer une plateforme d'échange d'idées, d'expériences, d'expertises, de succès et de défis en vue de trouver des solutions pratiques et durables en Afrique subsaharienne francophone, et sur l'ensemble du continent africain.

Nous voudrions développer et renforcer l'État de droit à travers l'intégration régionale.

La constitution de blocs régionaux forts apparaît, en effet, essentielle à la réalisation de la paix, de la stabilité et du développement économique et social en Afrique subsaharienne. Ils sont les bases fondamentales de tout État démocratique. Pour ces raisons, notre thématique du jour, qui met l'accent sur lecontexte d'intégration régionale, requiert notre très grand intérêt et démontre la convergence de nos idées.

Le Conseil constitutionnel sénégalais vient d'avoir vingt-huit (28) ans, avec plus de cent décisions à son compteur.

Créé par la loi de révision constitutionnelle du 30 mai 1992 qui avait supprimé la Cour suprême, le Conseil constitutionnel a été maintenu par la nouvelle constitution du Sénégal adoptée en 2001, ce qui prouve l'importance que les autorités étatiques accordent à l'institution.

Ce progrès important de la justice constitutionnelle témoigne de la volonté des autorités de renforcer les institutions démocratiques du Sénégal.

C'est dans ce cadre que parmi les attributions du Conseil constitutionnel, nous pouvons en citer :

- en matière constitutionnelle
- en matière électorale
- en matière référendaire
- en matière consultative

Le Conseil constitutionnel du Sénégal a donc une place importante dans la marche démocratique de l'État, même s'il faut reconnaître que les citoyens ne le connaissent pas bien.

En effet, la grande majorité des citoyens ne connaissent que les attributions en matière électorales du Conseil.

Ces attributions ont donné naissance à des débats intenses, comme dans la plupart des États africains.

Il s'agissait des questions liées aux mandats électifs, à la recevabilité de ces derniers et à leur durée.

Ces débats qui renvoient à l'interprétation des Constitutions portaient sur le rôle et la place du juge constitutionnel, ses pouvoirs et ses limites.

Ils ont été portés par des spécialistes du droit constitutionnel certes, mais aussi par les citoyens de toutes catégories socio-professionnelles qui s'impliquaient par la même occasion dans la vie politique de leur pays.

Donc vous conviendriez avec moi que la justice constitutionnelle touche au droit, mais également au processus et au fonctionnement démocratique des États modernes.

En matière juridique, le processus de création du Conseil constitutionnel sénégalais en est une belle illustration. Les débats doctrinaux se posent sur sa compétence ou non sur telle ou telle affaire, sur la constitutionnalité ou non d'une loi.

On peut noter par exemple la saisine du Conseil constitutionnel sénégalais par les députés de l'opposition pour qu'il déclare « anticonstitutionnelle » la loi sur le parrainage aux élections présidentielles.

C'est dans cette logique que le Professeur Antonio La Pergola disait, je cite :

> « **La justice constitutionnelle affecte, et je serai même tenté de dire qu'elle inspire, le fonctionnement de la constitution, aussi bien comme cadre des activités du gouvernement qu'en tant que déclaration de droit** ».

La justice constitutionnelle se positionne comme garant, dès lors, de la conformité des lois par rapport à la constitution, et à la promotion de la démocratie comme système politique. Et pour y arriver, les membres des Cours et Conseils constitutionnels y ont un grand rôle à jouer.

Dans cette optique, les Cours et Conseils constitutionnels d'Afrique de l'Ouest francophone tentent bien que mal de répondre aux aspirations de leur peuple.

Des initiatives inclusives ont été mises en œuvre surtout lors des processus électoraux pour impliquer la société dans le processus. On peut noter le cas du Conseil constitutionnel du Sénégal qui avait associé quelques membres de la société civile lors de la vérification des parrainages des candidats à l'élection présidentielle de 2019.

Cette décision a permis de rassurer les candidats, et surtout de dissiper quelques doutes fondés ou non sur sa neutralité et d'apaiser la situation préélectorale.

Toujours dans le cadre de son ouverture, le lancement de la première édition de la bourse doctorale du Conseil constitutionnel est une invite au monde universitaire de s'intéresser davantage à l'institution.

C'est dans ce contexte de mutations profondes que se tient notre colloque, qui certes est focalisé sur le Conseil constitutionnel du Sénégal, mais ouvre une large fenêtre sur le contexte régional avec les représentants des Cours et Conseils constitutionnels de l'Afrique de l'Ouest.

Ne dit-on pas que pour cerner le présent, il faut s'inspirer du passé ? Que le futur sort du présent ?

Ces deux phrases inspirées de la sagesse africaine nous permettront de revenir d'abord sur la trajectoire du Conseil constitutionnel sénégalais en faisant le bilan de ses activités comme acteur principal de la justice constitutionnelle, de ses modes de saisine et de l'accès à la justice constitutionnelle au Sénégal. Ensuite, nous ouvrirons des perspectives à l'échelle régionale.

Mes interrogations ne visent aucune réponse de ma part, je laisserai nos brillants communicants, praticiens et experts s'exprimer sur la question, éclairer plus sur la justice constitutionnelle et formuler des recommandations pertinentes.

Je renouvelle mes remerciements encore au Président du Conseil constitutionnel sénégalais et à toute son équipe pour le bon travail effectué, aux présidents des Cours et Conseils constitutionnels qui ont rehaussé l'événement par leur présence, au Vice-président de la Cour de justice de la CEDEAO, aux membres de la Cour de justice de l'UEMOA, des Cours et Conseils constitutionnels et aux universitaires.

J'espère que ce colloque posera les fondements d'une intégration effective, inclusive et productive des Cours et Conseils constitutionnels d'Afrique de l'Ouest et pourquoi pas au-delà.

Je vous remercie.

Propos introductifs

BABACAR KANTÉ

Doyen honoraire de l'UFR des Sciences juridiques
et politiques de l'Université Gaston Berger
de Saint-Louis (Sénégal) Ancien Vice-président
du Conseil constitutionnel du Sénégal

L'organisation, par le Conseil constitutionnel du Sénégal, d'un colloque international sur le thème « Le Conseil constitutionnel sénégalais dans un contexte d'intégration régionale : passé, présent, devenir », est un acte de haute portée qu'il faut commencer par saluer. Il est d'abord rare que les juridictions constitutionnelles africaines organisent des rencontres scientifiques de ce type et, ensuite, le thème choisi invite à une analyse réflexive ; ce qui relève du courage et d'une certaine hygiène de vie. Le Conseil sénégalais poursuit ainsi sa politique d'ouverture à, et vers l'extérieur. C'est une innovation salutaire qui permet à cette juridiction, jusque-là fermée sur elle-même, au nom d'une interprétation parfois excessive de la sacro-sainte obligation de réserve, de s'interroger sur elle-même, de faire son bilan et d'envisager des mesures de nature à mieux la faire connaître et à mieux se faire connaître.

Il avait d'ailleurs entamé cette démarche depuis 2018, en vue de la préparation de l'élection présidentielle du 24 février 2019, par une série de rencontres avec les médias, mais aussi après le scrutin pour une séance de débriefing. Ces deux rencontres avec la presse ont permis d'expliquer, d'une part, l'organisation et le fonctionnent du Conseil et, d'autre part, de rendre publiques ses méthodes et techniques d'examen des candidatures à l'occasion de l'élection présidentielle[1]. C'était

[1] Conseil constitutionnel et médias : un dialogue à établir ou à rétablir, Complexe Mbind-Siga, du 26 au 28 novembre 2018 ; Conseil constitutionnel et médias : un dialogue à maintenir, Saly les 25 et 26 juillet 2019.

une première dans la vie du Conseil, encore inimaginable il y a encore peu de temps.

Ce colloque, qui intervient vingt-huit ans après la création du Conseil, s'inscrit donc dans cette nouvelle dynamique de communication de cette juridiction. Cette stratégie répond, en réalité, à un besoin de modernité. L'exigence de redevabilité s'impose en effet, aujourd'hui, à toutes les institutions, qu'elles soient publiques ou privées, nationales ou internationales. Dans le cas des juridictions constitutionnelles, dès lors qu'elles rendent leurs décisions « au nom du Peuple », elles tendent aussi à être soumises aux mêmes exigences de responsabilité devant leurs mandants. Certaines l'ont compris et y adhèrent, alors que d'autres sont encore réticentes à l'idée de rendre compte de leurs activités jurisprudentielles, même si elles y sont parfois contraintes à l'occasion des élections présidentielles.

Mais vingt-huit ans pour une analyse réflexive, c'est beaucoup et pas assez. C'est beaucoup dans la mesure où elle part de la naissance du Conseil. Elle ne laisse donc de côté *a priori* aucun pan de l'évolution de sa jurisprudence. Mais ce n'est pas assez au regard de cette jurisprudence qui n'est pas quantitativement importante par rapport à la production d'autres juridictions du même genre. En outre, cette jurisprudence reste largement centrée sur les questions électorales et très peu tournée vers le contentieux des droits des citoyens. On peut regretter cet état de fait. Il n'empêche qu'elle a déjà tracé des lignes de force qui sont constantes et jeté les bases d'une évolution qu'il serait intéressant d'apprécier.

Mais avant d'en arriver à l'analyse de la jurisprudence du Conseil, c'est son existence même qui interroge. Comme beaucoup d'autres juridictions constitutionnelles en Afrique, sa naissance a été une surprise. Un certain nombre d'éléments marquent, en effet, son émergence. On n'a pas assisté sur le continent, comme cela s'est produit par exemple en Europe ou aux États-Unis, à un débat doctrinal préalable[2]. L'idée d'une justice constitutionnelle, telle que nous la connaissons aujourd'hui dans nos systèmes juridiques, ne relève pas de l'évidence[3]. Il s'agit essentiellement, faut-il le rappeler, de contrôler l'exercice du

---

[2] N. Zanon, La polémique entre Hans Kelsen et Carl Schmitt sur la justice constitutionnelle, Annuaire international de la justice constitutionnelle, 1989, Vol. V, p 177.

[3] M. Fromont, Justice constitutionnelle comparée, Paris, Dalloz, 2013, voir le titre préliminaire de l'ouvrage consacré à l'historique de la justice constitutionnelle, pp 13-68.

pouvoir politique par le délégataire de la souveraineté nationale, le pouvoir législatif. Au Sénégal, les enjeux de cette problématique ont été escamotés et la réponse a été une irruption d'un juge constitutionnel dans l'organisation judiciaire.

On a cependant pu trouver ses origines lointaines, étrangement, dans des facteurs exogènes comme la chute du mur de Berlin et le discours de la Baule. L'une, intervenue le 9 novembre 1989 et l'autre, le 20 juin 1990, auraient, semble-t-il, provoqué la marche des pays africains vers un processus de démocratisation, dont le point de départ est, tout le monde en convient, la Conférence nationale du Bénin du 19 février 1990. Il s'agit d'une explication pour le moins curieuse, dans la mesure où cette Conférence nationale du Bénin est antérieure au fameux discours de la Baule. Il s'ajoute à cet anachronisme que cette approche néglige la montée des revendications politiques, économiques et sociales que le Bénin a connues pendant toute l'année 1989, dont les tentatives de résolution ont conduit à la conférence des forces vives de la nation. De même, elle ignore tout le mouvement de lutte pour la fin de l'apartheid, qui a conduit à une Afrique du Sud démocratique et qui a inspiré les autres pays du continent.

En réalité, la création de juridictions constitutionnelles en Afrique, du moins dans sa partie occidentale qui nous intéresse, serait plutôt due à une conjonction de facteurs dont les plus importants sont certainement endogènes. Il s'agissait de répondre à une situation apparemment spécifique au continent, mais qui correspondait en fait à une aspiration universelle à plus de démocratie. L'évolution des sociétés contemporaines est ainsi faite qu'elles exigent de plus en plus de justice sociale et de respect des droits des citoyens. Elle a seulement pris une tournure nouvelle depuis 1990 en Afrique occidentale surtout.

C'est dans ce contexte global qu'est né le Conseil constitutionnel du Sénégal, à l'occasion d'une réforme de l'organisation judiciaire[4]. On pourrait alors penser qu'il s'agit de l'aboutissement logique d'un processus mûrement réfléchi, que cette réforme était peut-être pensée. Mais, dans les faits, cette dernière est intervenue de manière si brutale qu'elle en devient mystérieuse. La lecture de l'exposé des motifs de la révision constitutionnelle qui a consacré l'existence de cette juridiction, comme celle des autres d'ailleurs, nées dans le même sillage, donne à penser qu'il s'agissait d'un choix rationnel consistant à faire réaliser un bond

[4] Loi organique n° 92-23 du 30 mai 1992 sur le Conseil constitutionnel.

démocratique au système politique sénégalais, par la création de juridictions spécialisées[5]. Chacune des nouvelles juridictions créées, le Conseil constitutionnel, le Conseil d'État et la Cour de cassation, est chargée de connaître, en effet, d'un contentieux spécial. Un tel schéma, replacé dans le contexte de l'évolution politique du Sénégal, semble cohérent.

Cependant, en s'en tenant au Conseil constitutionnel, on se rend compte que sa création n'était pas attendue. Il importe dès lors de s'interroger sur les raisons profondes, les circonstances de sa naissance et, en d'autres termes, son passé. Ses origines déterminent effectivement, en large partie, son évolution. Mais en l'état actuel de son parcours, on constate que c'est sa jurisprudence, surtout électorale, comme dans de nombreux autres pays africains d'ailleurs, qui fait l'objet de critiques doctrinales et de vives contestations politiques. Ces contestations aussi, à leur tour, font débat : sont-elles fondées en droit, sont-elles politiquement pertinentes ? En raison de la nature des questions posées au Conseil, on pourrait en discuter au regard de l'enchevêtrement des arguments d'ordre juridique et politique dans les analyses. Certaines décisions ne sont peut-être pas aussi bonnes qu'on l'aurait souhaité, mais d'autres ne sont certainement pas aussi mauvaises qu'on le dit. Mais en allant plus loin et en réfléchissant sur son devenir, surtout dans son environnement international, il apparaît que le Conseil, ainsi, est appelé à affronter de nombreux autres défis. Comme toutes les autres juridictions similaires de l'espace ouest-africain, il s'insère dans un réseau d'institutions, qui le place entre les juridictions du système international et celles relevant de l'ordre interne. Il s'agit non seulement d'identifier ces défis, mais aussi d'évaluer la capacité et la volonté du Conseil à les relever.

Trois questions fondamentales au moins se posent alors logiquement quand on pense au Conseil constitutionnel en termes de passé, de présent et d'avenir. S'il est aisé de les formuler, leur résolution n'est pas acquise d'avance en raison de la jeunesse de l'institution mais aussi, et surtout, de la tradition de discrétion qui entoure son organisation, son fonctionnement et même son existence. Mais, en considérant sa trajectoire, on constate que les trois étapes de son évolution correspondent à celles d'un organisme vivant qui se développe et qui a, de ce fait, sa

[5] Loi n° 92-22 du 30 mai 1992 portant révision de la Constitution.

dynamique propre qu'il faut évidemment prendre en considération, mais en la combinant avec des facteurs externes qui exercent une influence plus ou moins importante sur son développement.

L'interrogation sur le passé du Conseil renvoie ainsi à la recherche d'une explication sur sa conception, c'est-à-dire les conditions de sa naissance. Celle relative au présent correspond à une analyse de sa croissance et, en d'autres termes, sa gestation. Quant à la question sur son devenir, elle conduit à une espèce d'analyse prospective de son processus de maturation.

Ces propos introductifs au colloque sur « le Conseil constitutionnel sénégalais dans un contexte d'intégration régionale : passé, présent, devenir » seront en conséquence articulés, dans une démarche chronologique, autour de ces trois temps du développement du Conseil avec, comme moment période charnière, le présent. De ce fait, nous retiendrons deux étapes dans la vie du Conseil : la première, qui va de sa conception à sa gestation, et la deuxième, qui part de sa gestation à sa maturation.

I. De la conception à la gestation

Malgré le nombre de plus en plus important d'études consacrées aux juridictions constitutionnelles africaines, ce dont il faut se réjouir, on ne peut que constater que celles portant sur les conditions historiques, sociologiques et politiques de leur naissance ou de leur création restent encore rares. L'approche souvent empruntée consiste à analyser la jurisprudence de ces juridictions en matière électorale surtout, ou de protection des droits fondamentaux. De remarquables thèses ont d'ailleurs été produites sur ces sujets[6].

---

[6] Voir à titre d'exemples, P. M. Sy, Le développement de la justice constitutionnelle en Afrique noire francophone : les exemples du Bénin, du Gabon et du Sénégal, Thèse de doctorat d'État en droit, Université Cheikh Anta Diop de Dakar, 1998 ; M. M. Sy, La protection constitutionnelle des droits fondamentaux en Afrique : l'exemple du Sénégal, Paris, L'Harmattan, 2007, 562 p ; C. M. Ndiaye, La protection juridictionnelle de l'ordre constitutionnel au Sénégal, Thèse de doctorat, Université Cheikh Anta Diop, 2016 ; Y. Niang, Le contrôle juridictionnel du processus électoral en Afrique noire francophone : les exemples du Sénégal et du Bénin, Thèse de doctorat, Université de Bordeaux-Université Gaston Berger, 2018 ; M. S. Sané, Le contentieux des élections nationales dans les États d'Afrique noire francophone subsaharienne : les exemples du Sénégal et du Bénin, Thèse de doctorat, 2019.

Pourtant, la dimension historique de l'étude des juridictions constitutionnelles révélerait, sans aucun doute, des éléments très intéressants d'appréciation de la perception qu'ont ces institutions de leur propre rôle mais aussi de leur jurisprudence. Le contexte de la naissance d'une institution, quelle qu'elle soit, est en effet un facteur d'explication des ressorts de son fonctionnement, des grandes tendances de son évolution et de son œuvre.

Dans le cas du Sénégal, on constate, de ce point de vue, que la naissance du Conseil constitutionnel est le résultat d'une fécondation de la politique par le droit.

A. La fécondation de la politique par le droit

Dans la science du vivant, la fécondation est entendue comme la rencontre entre un élément mâle et un élément femelle qui, par fusion, donne naissance à une cellule qui, à son tour, deviendra un embryon. Dans la recherche des origines du Conseil constitutionnel du Sénégal, un constat objectif s'impose : sa naissance a été précédée d'une crise politique et sociale majeure. C'est, en partie, pour répondre à cette situation que le Conseil est né. Il apparaît alors comme une solution juridique à un problème politique.

Il y a donc eu une fécondation de la politique par le droit à un moment donné de l'histoire du Sénégal, en ce que la réforme qui a vu naître le Conseil constitutionnel est le résultat de la conjonction entre le droit et la politique.

1. La crise politique de 1988

Cette crise couvait, en réalité, depuis très longtemps. Elle trouve ses origines lointaines notamment dans la modification de l'article 35 al 2 de la Constitution sénégalaise du 7 mars 1963, qui faisait du Premier ministre l'intérimaire du Président de la République en cas de vacance du pouvoir[7]. Avant même le départ du président Léopold Sédar Senghor, son « dauphin », le président Abdou Diouf faisait l'objet d'un procès en illégitimité. L'élection présidentielle de 1983, la première à laquelle le président Diouf était candidat, et qu'il a remportée, n'a pas

---

[7] Loi n° 76-27 du 6 avril 1976 portant révision de la Constitution du 7 mars 1963.

suffi à asseoir sa légitimité aux yeux de l'opposition. Sa victoire à celle de 1988, au lieu de calmer ses opposants, n'a fait, au contraire, qu'aggraver sa situation à leurs yeux.

Le Sénégal était ainsi plongé dans une crise qui rappelait étrangement celle de mai 1968. En effet, à la contestation des résultats des élections, surtout de la présidentielle, est venue se greffer une revendication estudiantine qui a entraîné une année blanche. Le régime en place a cependant tenu et n'a pas cédé aux revendications de l'opposition politique de l'époque, fondées sur la fraude.

Ce n'est finalement qu'à la veille des élections de 1993, conscient qu'il n'est pas possible d'organiser le prochain scrutin dans les mêmes conditions, que le régime en place a pris la décision de réformer le système électoral sénégalais, en commençant par le code électoral qui constituait le principal point d'achoppement entre la majorité et l'opposition. Un nouveau code, tenant compte des revendications de l'opposition, a ainsi été adopté en 1992[8]. C'est ainsi qu'est né le code dit consensuel. Il réalisait un certain nombre d'avancées importantes en matière de transparence du processus électoral. Ainsi, les partis politiques étaient représentés à toutes les étapes du processus, de l'inscription sur les listes électorales à la proclamation des résultats provisoires. Malgré tout, sa première application a été un échec[9].

2. La réponse juridique de 1992

Pour mettre un terme à la situation délétère qui persistait depuis 1988 et, en même temps, anticiper une source potentielle de conflits que pourraient constituer les élections générales de 1993 qui s'annonçaient, le pouvoir a alors procédé à une réforme institutionnelle de nature à mieux gérer le contentieux électoral. C'est le sens de la révision constitutionnelle du 3 septembre 1992 complétant le code électoral[10].

Ce que les observateurs retiennent d'ailleurs généralement de la réforme judiciaire de 1992, c'est qu'elle a instauré une dualité de juridictions au sommet de l'organisation judiciaire en créant, à côté de la Cour de cassation, un Conseil d'État. Une Cour des comptes, juridic-

---

[8] Loi n° 92-16 du 07 février 1992 portant code électoral.

[9] La première application du code dit consensuel de 1992 a débouché sur la démission du président du Conseil constitutionnel, qui avait présidé la Commission chargée de sa rédaction.

[10] Loi n° 92-54 du 3 septembre 1992 complétant le code électoral.

tion à statut particulier, a aussi été créée plus tard, dans le même mouvement. Mais en plus de ces hautes juridictions de l'ordre administratif et judiciaire, le législateur a créé un Conseil constitutionnel. La justice constitutionnelle devenait ainsi autonome. L'explication, donnée dans l'exposé des motifs des lois créant ces nouvelles juridictions, tournait invariablement autour du même argument : la nécessité de spécialiser les institutions chargées de connaître des différentes branches du contentieux. Cette évolution se justifiait par un besoin de faire réaliser un bond démocratique au Sénégal, après une phase d'apprentissage ou d'initiation à travers le système d'unité de juridiction[11].

L'argument est séduisant et même convaincant surtout qu'au même moment, d'autres pays africains semblaient suivre la même tendance à la création de Conseils ou de Cours constitutionnels. La convergence des modèles institutionnels s'est effectivement renforcée à partir du début des années quatre-vingt-dix en Afrique[12]. On ne peut cependant pas s'empêcher de trouver un continuum entre l'adoption d'un code électoral consensuel et la création d'un Conseil constitutionnel au Sénégal. Pour s'en rendre compte, il suffit de se rappeler qu'une des fonctions les plus importantes dévolues à ce Conseil était le traitement du contentieux des élections présidentielle et législatives. En outre, et ce n'est certainement pas le fait du hasard, c'est le président de la commission chargée d'élaborer le nouveau code électoral de 1992, qui a été nommé président du Conseil constitutionnel créé la même année.

On pourrait donc voir dans ce Conseil constitutionnel une tentative de solution, au moins partielle, du problème politique qui persistait au Sénégal depuis longtemps à travers une contestation permanente des élections, qui est allée crescendo. Le nouveau Conseil était porteur d'un espoir qu'avec son entrée en fonction, il allait garantir la sincérité des scrutins qui lui seront déférés et que le Sénégal pourrait ainsi avoir les contestations électorales derrière lui. Il est vrai que ce n'est pas son seul titre de compétence, ni même le plus important au regard des standards des grandes Cours constitutionnelles et de la démocratie. Mais, en raison du contexte qui l'a vu naître, c'est ainsi que cette nouvelle juridiction allait être perçue par les citoyens, les acteurs politiques et peut-être même par ses membres.

---

[11] D. SY, Droit administratif, 2e édit, Dakar, L'Harmattan, 2014, pp. 15 à 52.

[12] S. Baldé, La convergence des modèles constitutionnels, Études de cas en Afrique subsaharienne, Edit Publibook, 2011, 536 p.

B. La naissance du Conseil constitutionnel

Selon ses concepteurs, la réforme du 30 mai 1992 allait donner naissance à un Conseil constitutionnel qui devrait être l'incarnation de la volonté des autorités sénégalaises de « juridiciser » la politique, en faisant accepter les résultats des élections par les différentes parties prenantes. C'est ainsi que va naître au Sénégal, pour la première fois depuis son indépendance, une justice constitutionnelle autonome.

Cette justice constitutionnelle revêt cependant dans ce pays un certain nombre de traits caractéristiques, produits de son contexte, qui lui sont spécifiques.

1. L'émergence d'une justice constitutionnelle autonome

C'est connu, le système sénégalais d'organisation de la justice constitutionnelle emprunte ses traits dominants au modèle européen, notamment celui de la France. Il s'en détache cependant en ce qui concerne tant le processus de sa création que du point de vue du produit de son évolution.

Si on aime à rappeler à loisir le contexte de la création du Conseil français, pour ce qui est de celui du Sénégal, sa genèse n'a pas souvent été faite. Il est pourtant important de préciser le contexte de sa naissance qui a permis un détachement de cette justice constitutionnelle de la Cour suprême.

On pourrait d'autant plus s'étonner de ce détachement du Conseil de la Cour suprême, que cette dernière était réputée être, à un moment où on ne parlait pas encore d'ouverture de la transition démocratique dans les autres pays africains, un garant efficace de la protection des libertés publiques. Des exemples jurisprudentiels devenus classiques, et même banals, pour nos étudiants en deuxième année de sciences juridiques, illustrent suffisamment le rôle particulièrement important de la Cour suprême à cet égard. On pourrait ainsi citer des arrêts où la Cour protège les droits des citoyens en annulant des actes administratifs illégaux des autorités administratives. Il en est ainsi des décisions où elle annule un décret présidentiel portant exclusion d'une étudiante[13], ou nomination

[13] Cour suprême 5 juillet 1979 Aminata Sall et autres in D. Sy, Droit administratif, op. cit., p. 293.

d'un administrateur civil[14], ou un arrêté interministériel relatif à l'interdiction d'une publication[15]. On pourrait multiplier à loisir les exemples montrant que la Cour suprême était un protecteur efficace des droits et libertés individuels contre les excès de pouvoir de l'administration.

La création d'une juridiction constitutionnelle ne répondait, dès lors, pas à un besoin de protection des droits des citoyens comme c'est le cas des pays en sortie de crise, notamment le Bénin et la République d'Afrique du Sud, souvent cités en exemples. Le contexte sénégalais était tel que la préoccupation fondamentale pour achever l'édifice de l'État de droit était autre.

2. Les spécificités de la nouvelle juridiction constitutionnelle

Depuis le début des années quatre-vingt-dix, qui correspond à ce qu'il est convenu d'appeler, à tort peut-être, l'ouverture de la transition démocratique, on assiste à une évolution convergente dans la mise en place de nouvelles institutions en Afrique, surtout de l'Ouest. De nombreux Conseils et Cours constitutionnels ont ainsi été créés presque à la même époque. Cette convergence était fondée sur le partage d'une communauté de destin des pays concernés. Ces États, à l'exception peut-être du Sénégal, avaient vécu sous des régimes dictatoriaux ou autocratiques. Pour sortir de ces trente années de régimes non démocratiques, ils ont, pour l'essentiel, initié des Conférences nationales au terme desquelles ils ont donné naissance à des institutions qui leur sont propres, afin de garantir l'État de droit et de promouvoir la démocratie.

Mais, en ce qui concerne le Conseil constitutionnel du Sénégal, son formatage doit beaucoup certes à des facteurs politiques d'ordre interne, mais aussi à d'autres qui sont moins connus. En effet, le leadership exercé par son premier président, qui ne l'a pourtant présidé que pendant un an, y a laissé des empreintes très profondes. Il a su y instaurer une tradition de discrétion qui se traduit par un effacement de la scène publique. Ainsi, les membres de cette juridiction prêtent serment entre eux et non devant le Président de la République, comme c'est le cas dans presque tous les autres pays ayant le même système

---

[14] Cour suprême 23 juillet 1975 Souleymane Sidibé in D. Sy, Droit administratif, op. cit., p. 307.

[15] Cour suprême 6 février 1974 Abdourahmane Cissé in D. Sy, Droit administratif, op. cit., p. 310.

juridique. De même, ils ne sont pas représentés parmi les institutions de la République devant présenter des vœux de Nouvel An au Chef de l'État. Enfin, même si sa mission première semblait être le règlement du contentieux électoral, le constituant sénégalais a voulu éviter de banaliser sa parole. Il a, de ce fait, limité sa compétence, à sa naissance, à deux types d'élections et ses attributions à deux contentieux. Il s'agit, d'une part, des élections présidentielle et législatives et, d'autre part, du contentieux de la publication de la liste des candidats et de la proclamation des résultats définitifs.

Néanmoins, pendant les vingt-huit ans de son existence, d'autres éléments sont venus influencer la gestation du Conseil sénégalais. Certains ont été des contraintes. Les conditions même de la naissance du Conseil ont été un facteur limitant de l'extension de sa compétence. Après sa création, on ne le dit pas souvent, en raison de sa coexistence avec d'autres juridictions et du fait que les questions de compétence sont d'ordre public, le Conseil devait veiller scrupuleusement au strict respect de la répartition des compétences entre elles. De ce fait, il a été conduit à se déclarer incompétent pour connaître, par exemple, des actes administratifs en raison de l'existence d'un Conseil d'État spécialement créé à cet effet ; une solution correcte qui n'a malheureusement pas toujours été bien comprise[16].

Les concepteurs du Conseil semblaient considérer que le constitutionnalisme au Sénégal souffrait d'une lacune ou, au moins, d'une certaine incohérence ; ce qui n'était pas inexact. Alors que les autorités exécutives étaient soumises depuis longtemps au principe de légalité par le juge de l'administration qui le leur imposait à travers le contrôle qu'il exerce sur elles, le principe de constitutionnalité semblait limité dans son application. La soumission du pouvoir politique à la Constitution était, en effet, plus aléatoire et moins effective. Le Conseil avait ainsi pour mission de renforcer ce deuxième pilier du constitutionnalisme.

Une idée malheureusement largement partagée en Afrique et sur l'Afrique consiste à considérer la démocratie sous l'angle essentiellement électoraliste. Des élections libres et transparentes sont encore considérées, sur le continent, comme le fondement de la légitimité démocratique. Le Sénégal ayant, pendant un certain temps, souffert du

---

[16] Décision 1 et 2/E/2005 du 11 juillet 2005 relative à la récusation du Président et du Vice-président de la Commission électorale nationale autonome (CENA), Recueil des décisions du Conseil constitutionnel, janvier 1993-mars 2019, édition 2020, p. 341.

qualificatif de « démocratie sans alternance », se devait de redorer son image. Dans ce contexte, le Conseil avait la mission de réhabiliter le système politique sénégalais par la garantie d'élections transparentes. De ce fait, il s'est vu coller l'étiquette de juge des élections présidentielle et législatives.

Il n'a pas encore réussi à se défaire de cette image malgré des tentatives récentes de communication avec son environnement, notamment la presse, les avocats et les magistrats[17]. On ne peut que le regretter. Il faut, en effet, rappeler que le propre des grandes Cours constitutionnelles des démocraties avancées est d'être avant tout un protecteur des droits des citoyens contre les abus du pouvoir politique. C'est en cela qu'elles contribuent au renforcement du constitutionnalisme. Le Conseil sénégalais devrait, peut-être, fendre l'armure pour arriver à cette consécration.

II. De la gestation à la maturation

En l'état actuel de son évolution, le Conseil sénégalais semble se trouver entre deux eaux : la gestation et la maturation. Malgré ses vingt-huit années d'existence, il est encore en cours de formation lente, de recherche de sa propre personnalité vers la maturation. Le Conseil connaît bien une période de gestation dans la mesure où il est dans une phase de travail progressif sur soi, d'élaboration et de construction d'une identité. Il est donc en croissance, tendu vers un processus devant mener, à terme, à un développement complet, en définitive, à la maturité. Cette phase correspond à un grand tournant de son histoire, particulièrement délicat à négocier.

Le Conseil traverse, en effet, une période critique qui se traduit par une forme de crise de croissance. Il s'agit pour lui de surmonter ce défi pour passer, avec succès, de son stade actuel à une phase qualitativement supérieure de son évolution, afin d'atteindre son plein épanouissement, la maturation.

A. La crise de croissance

Comme tout organisme vivant, le Conseil constitutionnel, au cours de son évolution, est traversé par plusieurs courants dont certains sont centripètes, alors que d'autres sont centrifuges. Mais il s'agit essentiel-

[17] Séminaire du Conseil constitutionnel sur l'exception d'inconstitutionnalité organisé les 3 et 4 décembre 2020.

lement de facteurs contradictoires, particulièrement difficiles à concilier. Ils peuvent, en effet, être politiques, juridiques ou historiques. Il lui faudra nécessairement résoudre ces contradictions qui entravent son développement progressif et harmonieux.

À son corps défendant, peut-être, le Conseil devra faire des options et des choix forts pour concilier ces facteurs. Parmi les questions qui se posent et qui continueront de se poser à lui, qui appellent donc nécessairement des réponses de sa part, on pourrait retenir au moins deux : d'une part, la résolution de la contradiction qui peut exister entre les textes qui régissent son organisation et son fonctionnement et le contexte dans lequel il évolue aujourd'hui ; d'autre part, la détermination de la mesure dans laquelle il devra privilégier ou non la politique dans son acception politicienne au détriment du politique au sens noble.

1. La difficile conciliation des textes et du contexte

La détermination de la compétence du Conseil constitutionnel, comme pour les institutions similaires, est faite par la Constitution qui le crée et la loi organique qui en définit les modalités d'organisation et de fonctionnement. Il se trouve que ces textes confèrent une compétence d'attribution au Conseil, selon une motivation qui lui est d'ailleurs chère, qu'il répète souvent au point de s'attirer des sarcasmes de la classe politique. Le fait est pourtant incontestable. Cependant, il est tout de même loisible de constater qu'à partir des mêmes textes, d'autres juridictions constitutionnelles semblables sont arrivées à des conclusions totalement différentes de l'interprétation que le Conseil sénégalais en fait. Il en est ainsi en matière de contrôle de constitutionnalité des lois.

Dans ce domaine, les textes ne distinguent généralement pas les différents types de lois. Malgré ce silence, presque toutes les juridictions constitutionnelles de la sous-région se reconnaissent compétentes pour connaître des lois de révision constitutionnelle[18]. En revanche, la juridiction sénégalaise, depuis sa création, interprète de façon stricte le champ de sa compétence. Dès lors qu'elle n'a pas reçu une compétence expresse pour connaître de ce type de loi, elle considère qu'elle est

---

[18] M. M. Aïdara, Le juge constitutionnel africain et le contrôle des lois portant révision constitutionnelle : une contribution au débat, Revue *Afrilex* en ligne http://wwww.afrilex.u-bordeaux4.fr, année 2011.

incompétente pour en connaître[19]. Cette jurisprudence a été vivement critiquée par les saisissants du Conseil, notamment les partis d'opposition, suivis d'ailleurs en cela par la doctrine sénégalaise.

La critique est parfois, et à certains égards, excessive. Il s'agit d'une jurisprudence constante, qui est donc régulièrement appliquée. Mais les requérants en tirent la conséquence que le Conseil constitutionnel du Sénégal se déclare toujours incompétent. En réalité, le Conseil s'est généralement déclaré incompétent sur les lois constitutionnelles conformément à la jurisprudence de son devancier, le Conseil français, et sur les actes administratifs. Les hypothèses où le Conseil s'est déclaré incompétent sont donc, en réalité, très limitées. Mais leur répétition crée, volontairement ou involontairement, un sentiment d'incompétence générale de la juridiction. Le reproche de déclaration d'incompétence à répétition fait au Conseil serait donc, pour un arrêtiste, une fausse querelle.

Cependant, cette jurisprudence n'est pour autant pas exempte de critique. En droit français, la décision du 26 mars 2003, par laquelle le Conseil constitutionnel s'est déclaré incompétent pour connaître de la loi de révision constitutionnelle relative à l'organisation décentralisée de la République votée par le Congrès, a fait l'objet d'un nombre particulièrement important de commentaires dans les revues juridiques[20]. Il faut préciser que la plupart d'entre eux allaient dans le sens d'une appréciation négative, accompagnée d'une invitation à un revirement de jurisprudence. Au Sénégal, la conséquence de cette jurisprudence a, en effet, été catastrophique pour la stabilité constitutionnelle du pays, comme pour faire écho aux observations de la doctrine française. La Constitution du 22 janvier 2001, adoptée à 94 % des voix par référendum, a ainsi été modifiée seize fois, par son initiateur en plus, sans qu'aucune des révisions ait été contrôlée par le juge constitutionnel[21]. Certaines, il est vrai, n'en valaient pas la peine du fait qu'elles

---

[19] Décision 9/C/98 du 9 octobre 1998 relative à la suppression de la limitation des mandats présidentiels et du quart bloquant, Recueil des décisions du Conseil constitutionnel janvier 1993-mars 2019, édition 2020, p. 196.

[20] Décision n° 2003-469 du 26 mars 2003 relative à l'organisation décentralisée de la République.

[21] D. Sy, Alternances politiques, changements et enjeux constitutionnels au Sénégal, in Alternances politiques en Afrique : défis démocratiques et enjeux constitutionnels, Actes du colloque international de la Société burkinabè de Droit constitutionnel (SBDC), Presses académiques burkinabè, 2017, p. 55.

relevaient du pouvoir discrétionnaire du pouvoir constituant et, qu'en outre, elles n'avaient pas de portée réelle sur les droits des citoyens.

Cependant, cette situation de répétition des révisions constitutionnelles, qui découle d'une jurisprudence dont le Conseil n'avait certainement pas mesuré les conséquences, interpelle le juge constitutionnel. Elle a conduit à une désacralisation regrettable de la Constitution. La sécurité juridique et le principe de confiance légitime sont aujourd'hui des éléments constitutifs nécessaires de l'État de droit[22]. Pour garantir ce dernier, le juge ne devrait-il pas veiller à la stabilité de l'ordonnancement juridique ? Cette question est d'autant plus importante que, dans la matière qui retient le plus l'attention des requérants devant le Conseil, les élections, le législateur adopte souvent des lois de circonstance et de complaisance. Il en est ainsi du domaine favori des révisions constitutionnelles : la durée et le nombre de mandats du président de la République[23].

La réserve du juge constitutionnel au sujet des lois de révision constitutionnelle a donc fini par créer une situation d'instabilité, contraire ou incompatible avec l'État de droit au sens moderne du terme. Le constitutionnalisme, dans son sens substantiel, en souffre énormément en conséquence. Il connaît, en effet, une sérieuse lacune qu'il convient de combler.

2. L'enjeu de la priorité du politique sur la politique

En raison de ses origines, et sous l'influence de ses concepteurs, le Conseil constitutionnel a très tôt été perçu comme une juridiction politique faite pour les candidats en compétition pour la conquête ou la conservation du pouvoir. À preuve, les textes le régissant ne permettent pas aux particuliers de le saisir directement pour faire valoir leurs droits subjectifs. Il s'agit d'une différence fondamentale d'avec le système diffus de contrôle de constitutionnalité des lois, caractéristique des pays anglophones, qui habilite les citoyens à saisir le juge ordinaire de la constitutionnalité des lois quand leurs droits sont violés, dès lors qu'ils y ont intérêt.[24] L'inconvénient du système sénégalais, hérité de la

---

[22] B. Plessix, Sécurité juridique et confiance légitime, RDP 2016, n° 3, p. 799.

[23] J-P. Camby, La stabilité constitutionnelle comme contrainte : le cas de la limitation du renouvellement des mandats des chefs d'État, LPA du 10 juillet 2019, n° 137, p. 10.

[24] M. Böckenförde et autres, Les juridictions constitutionnelles en Afrique de l'Ouest Analyse comparée, IDEA-Fondation HANNS SEIDEL, 2016, 192 p.

France, est qu'il protège insuffisamment le citoyen face au législateur. La loi était, disait-on, l'expression de la volonté générale. Aujourd'hui, avec un système représentatif biaisé, elle est plutôt l'expression de la volonté de la majorité présidentielle ou même du président de la République. Elle mérite, dès lors, une attention plus soutenue du juge constitutionnel.

Pour un besoin légitime de répondre aux demandes de plus en plus fortes des citoyens ou, de façon plus triviale, pour des objectifs inavoués de conservation du pouvoir, on assiste à une inflation législative. Toutes les lois, malgré l'intention avouée du législateur, ne sont pas conformes au principe de constitutionnalité. Même dans les cas où l'objectif déclaré est la poursuite de la satisfaction de l'intérêt général, le contrôle du juge constitutionnel devrait trouver à s'exercer en raison des nouvelles exigences démocratiques dont la satisfaction ne trouve pas nécessairement une solution dans le texte de la Constitution. L'éthique et la morale tendent, insidieusement, à devenir des conditions de validité des actes juridiques, notamment de la loi. Il faut rappeler qu'aussi bien en France qu'aux États-Unis, pour éviter ce glissement dangereux, le juge constitutionnel a dû créer des principes généraux du droit pour adapter son contrôle à l'évolution des rapports entre l'État et le citoyen.

La perception du Conseil constitutionnel comme un juge politique a produit une double conséquence fâcheuse pour l'ancrage du constitutionnalisme. D'une part, les recours en matière électorale sont plus nombreux alors qu'ils ne concernent que (serait-on tenté de dire) la lutte pour l'accession au pouvoir; d'autre part, les actions en faveur de la défense des droits subjectifs des citoyens sont malheureusement faibles, tant quantitativement que qualitativement. Cela signifie qu'entre le politique, entendu au sens de la recherche des voies et moyens permettant de résoudre les problèmes de la société et la politique, c'est-à-dire la compétition pour le pouvoir, le système sénégalais semble privilégier la seconde.

Le bilan de la jurisprudence du Conseil porte à croire qu'une des raisons les plus importantes de cette orientation est que le Conseil sénégalais n'est pas souvent mis en situation de protéger les droits fondamentaux des citoyens garantis par la Constitution ou les conventions internationales. Malgré les travaux scientifiques, de plus en plus nombreux, sur la protection des droits fondamentaux par le juge constitutionnel en Afrique, on est obligé de constater que dans le cas du Sénégal, sa contribution reste encore faible, à la décharge du Conseil, faute de recours dans ce sens. L'exception d'illégalité, conçue pour compenser cette lacune, n'est pas souvent utilisée par les requérants. Elle a été utilisée moins d'une dizaine de fois en vingt-huit ans[25].

La montée en puissance du Conseil nécessiterait donc une prise en compte de la défense des droits des citoyens de façon encore plus déterminante qu'à l'heure actuelle. La solution passe cependant par une ouverture plus large de son accèsaux particuliers et une jurisprudence plus hardie dans le domaine des droits fondamentaux, chaque fois que l'occasion lui en sera donnée. De ce point de vue, le débat récurrent depuis quelques années sur la réforme du Conseil, dans le sens de sa transformation en une Cour constitutionnelle, ne semble pas particulièrement pertinent. Aucune des grandes Cours constitutionnelles citées aujourd'hui en exemple n'a attendu une réforme lui conférant un plus large domaine de compétence pour s'ériger en protecteur des droits des citoyens. Il suffit de penser à la Cour suprême des États-Unis, qui a « inventé » le contrôle de constitutionnalité qui n'était pas prévu par la Constitution. De même, le Conseil français n'a subi aucune réforme spécifique avant de rendre sa fameuse décision du 16 juillet 1971 sur la liberté d'association, qui lui a permis d'accéder au même rang que les Cours européennes, avant même l'instauration de la question prioritaire de constitutionnalité. Le défi, pour le Conseil sénégalais, consiste donc plutôt à se doter de méthodes et de techniques novatrices, nécessaires pour intensifier son contrôle sur l'activité du législateur, qu'il soit constitutionnel ou ordinaire. C'est à ce prix qu'il deviendra une vraie Cour constitutionnelle, apte à se mesurer aux plus grandes.

B. Le processus de maturation

Ce processus est inéluctable. Qu'il le veuille ou non, le Conseil est appelé à évoluer. C'est dans la nature des choses. Il le fera, soit de sa propre initiative en contrôlant le processus, soit sous la pression de l'extérieur, avec le risque d'en perdre la maîtrise. Il est d'ailleurs heureux que l'intitulé du colloque porte sur « le devenir » et non l'avenir du Conseil. L'avenir (du latin *ad venire)* renvoie plutôt à ce vers quoi on se dirige, une finalité, avec une certaine neutralité ; alors que le

[25] Séminaire du Conseil constitutionnel sur l'exception d'inconstitutionnalité organisé les 3 et 4 décembre 2020.

devenir (du latin *de venire)* évoque en revanche un trajet ou un parcours, avec une participation plus ou moins active. En choisissant de réfléchir à son devenir, le Conseil suggère, il faut l'espérer, une contribution déterminante à son évolution. Si tel est le vœu ou la volonté du Conseil, il faut s'en réjouir et l'en féliciter.

Cependant, pour réussir cette mutation et passer de la gestation à une pleine maturation, il lui faut remplir une condition fondamentale : la construction d'une jurisprudence volontariste ayant pour fondement et pour finalité la protection de l'ordre constitutionnel. La satisfaction de cette condition passe nécessairement par deux modalités au moins : la première consiste à réussir le passage de la mission qui lui est confiée, à une vocation que le Conseil se donnerait lui-même ; la deuxième concerne le passage de la territorialisation actuelle de sa jurisprudence vers un droit constitutionnel global.

1. Le passage d'une mission assurée à une vocation assumée

Comme pour toute institution, les textes qui créent le Conseil constitutionnel lui fixent une mission précise. Elle est déterminée, en l'occurrence, par la Constitution et la loi organique portant organisation et fonctionnement du Conseil. Comme le Conseil l'a souvent répété, ces textes lui attribuent une compétence strictement délimitée. Leur analyse révèle, en effet, que la juridiction constitutionnelle ne bénéficie pas d'une compétence générale de contrôle de l'activité des pouvoirs politiques, ainsi que le Conseil français aime à le rappeler souvent[26]. Mais, comme cela a déjà été dit, ces textes sont interprétés différemment selon les juridictions concernées et le contexte dans lequel elles évoluent.

On remarque ainsi qu'au Sénégal notamment, le Conseil constitutionnel, dans les cas où il est saisi, a tendance à s'en tenir à une confrontation de la norme contrôlée, la loi ou un engagement international, à la norme de référence, la Constitution. Il se sert souvent d'une méthode d'interprétation dite exégétique, consistant à se limiter au texte en lui donnant son sens littéral. Ce faisant, le seul objectif visé par le juge est de garantir la conformité de la loi ou de l'engagement international à la Constitution. Il opère ainsi un contrôle de basse intensité sur les textes

[26] M. Verpeaux, Le Conseil constitutionnel, une juridiction pas comme les autres, Revue politique et parlementaire, n° 1085-1086, du 13 juillet 2018.

qui lui sont soumis. Ce contrôle est objectif, mais peut cependant être insuffisant. Une loi, conforme au texte de la Constitution tel qu'il est interprété par le juge, pourrait, en effet, être contraire à un certain nombre de valeurs qui fondent la République. Ne serait-ce pas alors du rôle du Conseil de veiller à ce que les lois respectent l'esprit de la Constitution ?

Il paraît important, au stade actuel de l'évolution des États africains, que les juridictions constitutionnelles, notamment le Conseil sénégalais, sans aller jusqu'à imposer un « gouvernement des juges », aillent au-delà de la stricte mission de contrôle de la constitutionnalité qui leur est fixée, pour s'intéresser à la promotion de la démocratie, notamment par la défense de l'égalité et de la liberté. C'est, en effet, l'enjeu du moment dans nos sociétés actuelles et, en définitive, la finalité même de l'existence du juge.

On constate cette tendance essentiellement dans les pays ayant connu une vie politique tumultueuse et où la juridiction constitutionnelle est perçue comme « un rempart contre le retour à l'arbitraire ». Cette évolution est souhaitable du fait que non seulement le marqueur des grandes Cours est d'être d'abord des protectrices des droits fondamentaux des citoyens mais, en outre, les menaces les plus sérieuses qui pèsent aujourd'hui sur l'équilibre de nos sociétés viennent de l'injustice et des inégalités sociales[27]. Le rôle du juge devrait donc consister à jouer un rôle politique de régulation des institutions et de pacification de l'espace public en sanctionnant les violations du principe d'égalité et, ce faisant, en anticipant les crises sociales qui en découlent.

Après une période d'adaptation à sa nouvelle situation de juge constitutionnel autonome, il serait souhaitable que le Conseil franchisse un pas de plus en se portant garant de l'équilibre de la société et des institutions. Il est vrai qu'il doit y être aidé par une réforme des textes qui le régissent dans le sens d'une plus grande ouverture aux particuliers, mais aussi par les requérants à travers une saisine plus effective par l'exception d'inconstitutionnalité. Rien ne l'empêche cependant de dégager une nouvelle vision de son rôle et de sa place et de la faire partager. Toutes les occasions seraient bonnes à saisir à cet effet. Ce pourrait être, apparemment du moins, le sens de ce colloque.

[27] F. Worms, Les maladies chroniques de la démocratie, Paris, Édition Desclée de Bouwer, 2017, pp. 18-125.

2. Le passage de la territorialisation du droit à sa globalisation

Les États africains de la sous-région ont connu la même histoire et ont un destin commun. Ils font face aux mêmes problèmes et devraient, en principe, tendre vers les mêmessolutions sous réserve de quelques spécificités. Pourtant, curieusement, on constate que les juridictions constitutionnelles concernées ont tendance à développer une logique nationale, voire nationaliste, en tenant compte, plus que de raison, de situations qui leur sont en apparence propres. On assiste ainsi à une territorialisation du droit constitutionnel jurisprudentiel face à des problèmes globaux; ce qui provoque, en définitive, une contrariété de jurisprudence qu'on aurait pu éviter.

Il en a été ainsi, tout d'abord, en matière de prorogation des mandats des députés ou du président de la République. Des pays de l'Afrique de l'Ouest comme le Sénégal, la Côte d'Ivoire et le Bénin ont connu ce problème de la modification des textes régissant le statut de ces autorités. Pourtant, alors même que les dispositions relatives à leur situation sont à peu près les mêmes dans ces trois pays, les solutions ont été différentes. La Cour du Bénin, au nom de la stabilité des institutions et surtout du fameux « consensus national », produit de la Conférence nationale de 1990, a refusé d'admettre une telle éventualité[28]. En revanche, au Sénégal et en Côte d'Ivoire, les Conseils constitutionnels y ont considéré, pour le premier, qu'il n'avait pas à en connaître du fait qu'elle résultait d'une loi constitutionnelle qui lui échappe et, pour le second, qu'au nom de la continuité de l'État, elle était parfaitement concevable[29].

Fort heureusement, on assiste, depuis un certain temps, à un rapprochement horizontal, souhaitable et même nécessaire, entre les jurisprudences des États africains. C'est le chemin que semble emprunter Madagascar à travers la décision de sa Haute Cour constitutionnelle du 25 mai 2018 relative à une requête en déchéance du président de la

---

[28] Décision DCC 06-074 du 8 juillet 2006 Président de la République, in N. Mede, Les grandes décisions de la Cour constitutionnelle du Bénin, Éditions universitaires européennes, 2012, p. 118.

[29] Décision 3/C/2005 du 18 janvier 2006 relative à la prorogation du mandat des députés, Recueil des décisions du Conseil constitutionnel janvier 1993-mars 2019, Édition 2020, p. 346 ; M. Djedjro, Les grands arrêts de la jurisprudence constitutionnelle ivoirienne, Centre national de la documentation juridique, Abidjan, 2012, p. 514.

République[30]. Dans cette décision, la Cour malgache s'inspire expressément dans sa motivation, ce qui est inédit, des décisions rendues par les Cours du Bénin et du Gabon. On pourrait, de ce fait, en dégager la portée selon laquelle le droit comparé devient une source du droit constitutionnel. Cet élargissement des sources matérielles du droit constitutionnel est facilité, il est vrai, par l'appartenance des juridictions constitutionnelles concernées aux mêmes associations dont on pourrait retenir au moins deux : l'Association des Cours constitutionnelles francophones (ACCF) et la Conférence des Juridictions constitutionnelles africaines (CJCA).

Il en a été, ensuite, en matière d'application des décisions des juridictions internationales par les juridictions constitutionnelles. On pourrait, en effet, se demander si cette tendance vers une harmonisation horizontale des jurisprudences constitutionnelles va se poursuivre au plan vertical. Des développements récents révèlent que les rapports entre les juridictions internationales et les Conseils ou Cours constitutionnels ne sont pas aussi harmonieux qu'on l'aurait souhaité. Le « dialogue des juges », tel qu'il était entendu par le concepteur de la notion, Monsieur Bruno Genevoix, qui ne souhaitait ni un gouvernement des juges, ni une guerre des juges, ne semble pas avoir cours dans notre sous-région[31].

On note, en effet, une certaine résistance ou une réticence de la part des juges constitutionnels nationaux à donner une suite aux décisions rendues par les juridictions internationales. Ces dernières sont de plus en plus souvent saisies par les citoyens des États membres des organisations internationales sous-régionales et même de l'Union africaine. Cela est dû, d'une part, aux difficultés d'accès aux juridictions constitutionnelles par les particuliers et, d'autre part, à la méfiance que ces dernières inspirent du fait du reproche de manque d'indépendance qui est généralement fait à leurs membres. Dans les décisions qu'elles rendent, ces juridictions internationales s'évertuent pourtant à préciser, avec beaucoup de soin d'ailleurs, qu'elles ne sont pas des juridictions de cassation des décisions des juridictions constitutionnelles nationales[32].

---

[30] Haute Cour constitutionnelle Décision n° 18 HCC/D3 du 25 mai 2018.

[31] M. Genevois, Retour sur le dialogue des juges, in B. Bonnet (sous la direction de), Traité des rapports entre ordres juridiques, Paris, LGDJ, 2016, p. 1809.

Malgré cette précaution, souvent répétée, le problème demeure. Alors, comment articuler les effets des arrêts de ces juridictions internationales avec ceux des décisions rendues par les juridictions constitutionnelles ? La difficulté n'est pas nouvelle. Elle a été au cœur des rapports entre les juridictions européennes, comme la Cour européenne de justice ou la Cour européenne des droits de l'Homme, et le Conseil constitutionnel français, dont les États francophones s'inspirent. Sa résolution, par un « dialogue des juges », a été le fruit d'un long cheminement[33]. Après une période de frictions, inévitable dans ce genre de situation, où chacun essaie de délimiter son territoire dans un combat de frontières, le Conseil français a fini par trouver le moyen de concilier ses décisions et l'autorité de la chose jugée par ces juridictions internationales.[34]

La situation en Afrique est, pour le moment, moins favorable à une telle solution. Les juridictions constitutionnelles n'acceptent généralement pas de tirer les conséquences des effets qui s'attachent aux décisions rendues par ces juridictions internationales, surtout en matière électorale[35]. C'est un problème qui date déjà de la première décision rendue par la Cour africaine des droits de l'Homme et des peuples, relative aux candidatures indépendantes[36]. Ainsi, la décision de cette Cour prononçant l'illégalité de l'interdiction des candidatures indépendantes n'a pas été suivie d'effets dans le cadre national. Les restrictions apportées à ces candidatures n'ont pas toujours pas été relevées, ni sanctionnées par les juridictions constitutionnelles africaines, alors que l'occasion leur en était donnée au moment de l'examen de la constitutionnalité des lois portant code électoral.

Mais, plus inquiétante est la tendance qui semble se dégager actuellement au sein des Cours constitutionnelles ouest-africaines. Elles s'opposent ouvertement à l'application des décisions rendues à l'échelle internationale. Il en a été ainsi à plusieurs reprises ces dernières années.

---

[33] B. Genevois, op. cit.

[34] B. Bonnet (sous la direction de), Traité des rapports entre ordres juridiques, Paris LGDJ, 2016, notamment pp. 695-780 : « Repenser le rôle du juge ».

[35] CJ CEDEAO Jugement n° ECW/CCJ/JUG.16/15 du 13 juillet 2015 Congrès pour la Démocratie et le Progrès (CDP) et autres contre l'État du Burkina Faso.

[36] Cour Africaine des Droits de l'Homme et des Peuples (CADHP) 14 juin 2013 Tanganyika Law Society, The Legal and Human Rights Centre c. République unie de Tanganyika, Révérend Christopher Mtikila c. République unie de Tanganyika

Outre le cas de la Cour constitutionnelle du Burkina Faso, qui a expressément refusé de donner suite à la décision de la Cour de Justice de la Communauté économique des États de l'Afrique de l'Ouest relative aux candidatures à l'élection présidentielle de 2015, on pourrait citer ceux de la Cour constitutionnelle du Bénin et du Conseil constitutionnel ivoirien[37]. Cette attitude est d'autant plus préoccupante qu'elle inspire de plus en plus aux États membres des organisations internationales une attitude de défiance à l'égard de ces institutions. Pour rester dans la sous-région, on peut rappeler le retrait par le Bénin, le 24 avril 2020, suivi par la Côte d'Ivoire, quatre jours plus tard, le 29 avril 2020, de la déclaration facultative de juridiction obligatoire prévue à l'article 34 (6) du Protocole relatif à la Charte africaine des droits de l'Homme et des peuples portant création d'une Cour africaine des droits de l'Homme et des peuples. Ce retrait, qui enlève à ladite Cour sa compétence pour connaître des recours des individus et des organisations non gouvernementales ressortissants de ces pays, intervient en réaction à des décisions de la Cour condamnant ces deux États. On assiste ainsi à une forme de convergence de vues entre autorités politiques et judiciaires tendant à affaiblir, à terme, l'autorité des juridictions internationales[38]. On peut le regretter dans la mesure où on aurait pu espérer qu'après une période confrontation, les deux types de juridictions en arrivent à un modus operandi pour créer un cadre favorable à la protection des droits fondamentaux des citoyens.

Une harmonisation des jurisprudences nationales et internationales serait pourtant bienvenue. Elle donnerait non seulement son sens à l'intégration tant vantée sur le continent, mais assurerait aussi l'unité de l'ordre juridique du continent ou de sa région ouest-africaine.

---

[37] Pour le Bénin, voir à titre d'exemples : CADHP Affaire Sébastien Germain Marie Aïkoue Ajavon c. République du Bénin du 17 avril 2020 ; Décision DCC 20-434 du 30 avril 2020 sur l'inapplicabilité du Protocole additionnel A/SP.1/01/05 du 19 janvier 2005 de la CEDEAO. Pour la Côte d'Ivoire, CADHP arrêt du 18 novembre 2016 Action pour la Protection des Droits de l'Homme (APDH) c. La République de Côte d'Ivoire ; CADHP arrêt du 22 avril 2020 Affaire Guillaume Kigbafori Soro et autres.

[38] M. Bensimhon, L'avenir de la Cour africaine des droits de l'Homme se jouera sur l'exécution de ses décisions, LPA du 13 mai 2019, n° 144d8, p. 4.

Conclusion

C'est un lieu commun que de constater qu'en vingt-huit ans, nos sociétés politiques ont profondément et rapidement changé : les exigences démocratiques des citoyens sont de plus en plus fortes et sont de plus en plus portées par une société civile qui s'internationalise. Elles tendent à s'exprimer à l'égard des juridictions constitutionnelles, sous forme d'un contrôle informel sur leur activité surtout en période électorale sur le continent. En retour, ces dernières y répondent progressivement, chacune à son rythme, par une plus grande ouverture vers leur environnement par la création de services chargés de la communication et en associant les citoyens à leurs activités même contentieuses.

Le Conseil constitutionnel du Sénégal, pour sa part, évolue incontestablement vers la maturité. On pourrait lui en faire crédit au vu de l'organisation de ce colloque. Elle est, en effet, révélatrice de sa volonté de prendre en compte cette nouvelle donne et de tenter d'y répondre par une participation active au mouvement de globalisation du droit constitutionnel. C'est un changement de paradigme qu'il convient de saluer. Il fauty voir un outil de communication en vue de s'ouvrir à des facteurs extra-juridiques ou internationaux, qui exercent *nolens volens* une influence sur son évolution.

Au stade actuel de son évolution, le Conseil devrait être en mesure de tenir compte des enjeux actuels de la justice constitutionnelle avec discernement afin de réorienter sa jurisprudence, avec tact et mesure, dans un sens qui lui permettra d'acquérir une légitimité populaire derrière laquelle il court depuis sa création. Il ne reste qu'à lui souhaiter que sa nouvelle approche soit couronnée de succès. Mais je n'en doute pas.

Sous-thème I : Le passé

De la Cour suprême au Conseil constitutionnel : ruptures et continuités

BOUBACAR BA
Professeur agrégé de Droit public
à la FSJP de l'UCAD

Les fondations institutionnelles du système juridique sénégalais ont toujours cristallisé une importante production scientifique que des chercheurs au profil éclectique se sont disputés l'apanage. S'il reste constant qu'historiens, sociologues et autres valeureux chercheurs ont pu marquer leur empreinte, les juristes aussi s'y complaisent pour mieux décrypter, assimiler pratiques et mécanismes réputés soutenir et préserver l'ordre juridique en présence.

Notons juste, qu'une fois l'indépendance acquise, les nouveaux États africains étaient confrontés à l'épineux choix du modèle d'organisation et de distribution du pouvoir d'État. Alors qu'une Cour fédérale était érigée sous l'empire de la Constitution de 1959, celle-ci disparut naturellement avec l'éclatement de la Fédération du Mali.

Il restait alors à savoir vers quel modèle d'organisation judiciaire le Sénégal devrait se tourner. Au final, la formule d'organisation judiciaire arrêtée se démarqua de l'archétype de la 5e République, au profit assurément des modèles américain, marocain (**le Dahir N° 57-223 du 27 septembre 1957**), d'unité de juridiction (ordonnance N° 60-17 du 30 septembre 1960). Mais à la différence du modèle marocain, l'ordonnance instituant la Cour suprême innove en investissant officiellement un rôle consultatif à la Cour suprême, tout en lui aménageant des attributions constitutionnelles, totalement inconnues dans le modèle marocain[1].

On peut dès lors comprendre les propos de M. **Isaac Foster, Premier Président de la Cour suprême** :

> « Je le déclare avec ferme déférence à Messieurs les Députés du Sénégal : chaque fois que vous aurez à voter une loi, prenez garde que celle-ci respecte la Constitution; sinon la Cour suprême, saisie, la déclarera inconstitutionnelle et elle ne sera pas promulguée »[2].

Mais la Cour suprême, dans sa formation « **Sections réunies** »[3], dépositaire des attributions constitutionnelles sera plus tard remplacée par une juridiction spécialisée, le Conseil constitutionnel, à la faveur de la grande réforme judiciaire du 30 mai 1992. Toujours est-il que leur statut de juridiction constitutionnelle ne fait l'objet d'aucun doute, si on s'en tient au sens du Doyen L. Favoreu, c'est-à-dire, « des juridictions créées pour connaître spécialement et exclusivement du contentieux constitutionnel… ».

D'où l'étude de ce sujet : « **De la Cour suprême au Conseil constitutionnel : ruptures et/ou continuités ? ».**

Mais avant de poursuivre, un éclaircissement s'impose, car l'appréhension de la « Cour suprême » de manière systémique incite à l'étudier sous le prisme de toutes ses compétences (judiciaire, administrative, de la comptabilité publique et constitutionnelle), ce qui dépasse très largement les préoccupations de ce sujet. Par conséquent, ne sera tenue compte que l'étude stricto sensu de ses attributions de la Cour suprême en matière constitutionnelle, office pris en charge par la formation « Sections réunies ».

Quant au **Conseil constitutionnel**, rentreront en ligne de compte aussi bien celui régi alors par la LO 92-23 du 30 mai de 1992 ou celui régi par la LO 2016-23 du 14 juillet 2016.

---

[1] Aurillac (Michel), « La Cour suprême du Sénégal », 1961,

[2] Cité par Gabriel D'Arbousier, Communication au Congrès de Lagos, janvier 1961, p. 10. Cité par DIOP (El Hadji Omar), La justice constitutionnelle au Sénégal ?

[3] Puisque d'après l'article 20 de l'ordonnance, les formations de la Cour suprême sont : les sections réunies, les sections et l'assemblée générale consultative.

Mais en fin de **compte il s'agit ici juste d'apprécier dans le cadre de la justice constitutionnelle, le passage de la Cour suprême au Conseil constitutionnel**. A chacune de ses juridictions, on peut lui investir une volonté d'assurer, dans la limite ou non de ses compétences, le souci de garantir une justice constitutionnelle véritable.

On apprend par exemple que la Cour suprême avait, dans son arrêt **ONCAD, en date du 23 août 1980**, déclaré recevable un « recours portant sur une loi promulguée », alors qu'elle ne tenait cette compétence d'aucun texte.

Quant au Conseil constitutionnel, il avait marqué les esprits en déclarant dans sa prime jurisprudence, « qu'après s'être déclaré valablement saisi et malgré le silence des textes, il a l'obligation de se prononcer sur la question portée devant lui ; qu'en effet, ni le silence de la loi, ni l'insuffisance de ses dispositions, n'autorisent le Conseil compétent en l'espèce, à s'abstenir de régler le différend porté devant lui ; qu'il doit se prononcer par une décision en recourant au besoin, aux principes généraux du droit, à la pratique, à l'équité et à toute autre règle compatible avec la sauvegarde de l'état de droit et avec l'intérêt commun » (Décision N° 5/93 du 2 mars 1993). Une telle prise de position proclamée engageait, sans aucun doute, le juge constitutionnel sénégalais à ne jamais être confronté à un déni de justice.

Intérêts :

Avant l'étape des années 1990, les écrits sur la justice constitutionnelle n'étaient guère reluisants. L'on a indexé le manque d'épanouissement de la justice constitutionnelle en Afrique en raison autant des facteurs politiques (régimes militaires, choix idéologiques) que technique (problèmes de compétence, absence lisibilité des procédures de contrôle...) (Fr. Moderne)[4], tandis que le Doyen L. Favoreu[5] pointait l'absence d'un débat suffisamment profond à propos du modèle africain de justice constitutionnelle au moment de l'adoption des Constitutions. Sans être nécessairement caustiques, ces réflexions des années anté-

---

[4] « L'évolution des juridictions constitutionnelles dans les États francophones et la République Malgache, in *Les institutions constitutionnelles d'Afrique francophone et la République malgache*, Paris, Economica, 1979, p. 185.

[5] « Brèves réflexions sur la justice constitutionnelle en Afrique », in *Les Cours suprêmes en Afrique*, Tome 2, Paris, Economica, 1989, p. 40.

rieures décrivaient un diagnostic de la justice constitution-nelle dans leur processus de formation, voire plus tard de maturation.

À l'épreuve du temps, et dans le contexte particulier des années 1990, les transformations profondes des systèmes juridiques et politiques africains ont permis de tracer des passerelles entre les instances juridictionnelles qui assumaient, avec plus ou moins de réussite, les fonctions juridictionnelles et leurs remplaçantes, réputées mieux organisées et ouvertes aux défis nouveaux engendrés par les nouvelles options de démocratisation.

De manière plus technique, une réflexion importante sur les archives constitutionnelles de sorte à s'approprier de certains traits d'identification que l'on prête aux juridictions modernes. L'on peut ainsi se saisir du fait que nombre de concepts à qui l'on prête une modernité, une contemporanéité avancée ne sont en vérité que des « recyclages », des « reconstructions » que la doctrine antérieure avait bien labourés. La sanction juridictionnelle de « l'incompétence négative » que le Conseil constitutionnel a bien définie dans sa décision (Entente CADAK-CAR) a fait l'objet de plusieurs arrêts de l'ancienne Cour suprême, passée spécialiste dans la « répartition des compétences ». Elle a soutenu dans l'affaire « Ordre des médecins et pharmaciens », Sections réunies, 25 novembre 1961, que « Attendu que la loi fixant, d'une manière générale, les règles concernant la création de catégories d'établissements publics n'étant pas intervenue, le législateur ne peut être réputé avoir délégué au pouvoir réglementaire (...) les prérogatives qu'il tient de la Constitution (...) ». Cette position a été réitérée dans l'affaire « Commissariat à l'urbanisme et à l'habitat », CS, Sections réunies, 5 mars 1963. De même, le mécanisme de « délégalisation » a été souvent mis en œuvre par la Cour, par exemple à travers l'affaire « Statut de la Coopération dans les territoires relevant du ministre français d'Outre-mer », CS, Sections réunies, 25 mai 1965.

Il n'est pas à cet égard à exclure même l'histoire du droit pour peu que l'on souhaite approfondir ces questions. Mais enfin, le présent sujet ne demandera certainement pas un effort aussi soutenu, il sera juste question de en tout état de cause, **sur le plan statistique**, le bilan laisse apparaître **un peu plus de 80 arrêts rendus par la Cour suprême** (entre 1960 et 1992, **en 32 ans**) alors que la jurisprudence produite par le Conseil constitutionnel depuis 1992 gravite autour de **150 décisions (en 28 ans)**.

Dès lors, la question qui se pose est de savoir : « Eu égard à leur office, comment apprécier le passage de la Cour suprême au Conseil constitutionnel ? » Autrement posé, « Sommes-nous dans une perspective de rupture et/ou de continuité ? ».

Toute remarque qui, dans une perspective dynamique, incite à proposer une démarche en deux temps :

– Dans un premier temps, **une rupture institutionnelle mitigée (I)**

– Et dans un second temps**, une continuité jurisprudentielle avérée (II)**

I. Une rupture institutionnelle mitigée

À considérer qu'une institution est composée de structures et des règles, il peut alors être question de réserver à ces deux composantes des développements : une rupture structurelle véritable (A) et une rupture matérielle raisonnable (B).

A. Une rupture structurelle véritable

Cette rupture passe par la mutation organique (1) et la réorganisation interne (2) au sein de l'institution.

1. La mutation[6] organique

Attributaire de compétences en matières judiciaire, administrative et de comptabilité publique, l'ancienne Cour suprême avait aussi reçu compétence en matière constitutionnelle, en Sections réunies. L'on est passé : ***d'une formation intégrée à une juridiction* (Sections réunies) à la formalisation d'une *juridiction autonome* (Conseil constitutionnel**).

En effet, **si l'article 1er** de l'ordonnance N° 60-17 du 3 septembre 1960 dispose que « la Cour suprême se prononce sur la constitutionnalité des lois et des engagements internationaux », cette fonction échoit plus exactement à la formation dénommée « Sections réunies ». En effet, aux

---

[6] Diagne (Mayacine), « La mutation de la justice constitutionnelle en Afrique : l'exemple du Conseil constitutionnel sénégalais », *Annuaire international de justice constitutionnelle*, 12-1996, 1997, pp. 99-122.

termes de l'article 20 de ce texte, les formations sont au nombre de 3 : **les Sections, l'assemblée générale consultative** et les **Sections réunies** (instance la plus solennelle) qui, d'après l'article 21 de l'ordonnance visée, comprennent les hauts magistrats qui dirigent les formations : « Les sections réunies comprennent sous la présidence du premier Président ou en cas d'absence ou d'empêchement du premier président sous la présidence du plus ancien Président de section et les quatre conseillers ». Les Sections réunies siègent obligatoirement en nombre impair.

En revanche, avec l'adoption de la loi 92-23, c'était « pour la première fois dans l'histoire constitutionnelle du Sénégal que le constituant instaure une justice constitutionnelle autonome et en attribue l'exercice à un organe dénommé Conseil constitutionnel »[7]. On peut aisément comprendre le bond qualitatif, car la spécialisation du juge participe, a priori, à mieux prendre en charge la singularité des questions de nature constitutionnelle. C'est pour cette raison que pour certains, la création d'une juridiction spécialisée en matière constitutionnelle était un impératif absolu pour la sauvegarde de l'institution judiciaire.

2. La réorganisation interne (il n'est pas anodin d'en dire quelques mots)

Le passage de la Cour suprême au Conseil a suggéré un réaménagement interne. En effet, alors que le personnel interne (fonctionnaires spécialisés en matière de comptabilité publique, secrétariat de la Cour, Greffier en chef, les trois autres greffiers, le personnel de bureau et de service) sont à la disposition de la Cour indistinctement des formations en présence. Cependant, la loi organique sur le Conseil constitutionnel de 1992 met à la charge du Président la gestion des « crédits de fonctionnement qui lui sont délégués et dirige le personnel mis à la disposition du Conseil » (articles 9-10). Mieux encore, c'est avec la LO de 2016 sur le Conseil constitutionnel, les articles 10 à 13 consacrent :

– **l'autonomie financière du Conseil (10) ;**

– **le Président étant ordonnateur du budget ;**

– **avec des innovations à propos de la création d'un Service d'études et de documentation dirigé par un membre du Conseil ;**

---

[7] Idem.

– **et un Service administratif et financier dirigé par un membre du personnel.**

En dehors de la rupture d'ordre organique, il y a aussi celle matérielle qui reste mesurée.

B. Une rupture matérielle raisonnable

Une rupture matérielle concrétisée par l'extension des modalités de contrôle de constitutionnalité (1) et l'autorité renforcée des avis en matière constitutionnelle (2).

1. L'extension des modalités de contrôle de constitutionnalité

Avant : **Dans sa mouture initiale, la faculté de saisir la Cour suprême était exclusivement réservée au seul PR** d'après l'article 30 de l'ordonnance du 3 septembre 1960 : « Les recours tendant à faire constater l'inconstitutionnalité d'une loi ou d'un engagement international sont présentés par le PR ».
Ensuite, cette faculté a été élargie aux députés avec la révision constitutionnelle du 28 décembre 1978. **Contrôle par voie d'action**.

Aujourd'hui : En plus de ce contrôle par voie d'action reconnu aux mêmes autorités politiques, il y a un **Contrôle par voie d'exception**. (article 20 de la LO de 1992, confirmée par l'article 22 de la loi 2016-23).
On peut tout aussi noter qu'avec la loi organique de 1992, **le Conseil constitutionnel** semblait même incarner un « Tribunal des conflits », car l'article 21 disposait clairement que « **Saisi par le Garde des Sceaux, ministre de la Justice, à la demande de toute partie intéressée, le Conseil constitutionnel se prononce sur les conflits des compétences entre le CE et la Cour de cassation** ».

2. L'autorité renforcée des avis en matière constitutionnelle

(Conseil de 1992 au Conseil de 2016)

Avant : Sous l'empire de l'ordonnance de 1960, bien que la Cour suprême renfermât une formation dénommée « Assemblée générale consultative », son rayon d'action ne couvrait guère la possibilité d'émettre des avis en matière constitutionnelle. Étaient impliqués

« l'examen des projets de textes législatifs et réglementaires, mais aussi les demandes d'avis portant sur la matière administrative »[8].

Aujourd'hui : Il est formellement posé à l'article 92 de la Constitution que « **Le PR peut saisir le Conseil constitutionnel pour Avis** » et la loi organique 2016-23 du 14 juillet 2016, l'article 24 prévoit que « Le Conseil rend en toute matière, des décisions motivées ».

Le régime des Avis rendus par le Conseil a souvent fait l'objet de confusions, de la part du Conseil qui, saisi par le PR, a déclaré qu'il était « **d'avis que le PR peut sur proposition du PM et après avoir consulté les Présidents de l'AN et du Sénat, soumettre au référendum le projet de Constitution** ». Décision *Affaire N° 75/2000* du 9 novembre 2000 ; ou est d'avis qu'« en l'absence de disposition législative, le Président de la République peut prendre toutes mesures réglementaires relatives à l'organisation du référendum », cf. l'affaire concernant l'« organisation du référendum », Décision N° 5/2000 du 16 novembre 2000.

Cependant, dans une autre affaire en date du 9 octobre 2001, réagissant à la saisine pour avis, faite par le Président de la République à propos de la loi organique relative à la loi de finances votée par l'Assemblée nationale, le Conseil, tirant les conséquences de la suppression du contrôle obligatoire des lois organiques à la faveur de la nouvelle Constitution, déclare dans sa réponse que « ni la Constitution, ni la loi organique N° 92-23 du 30 mai 1992 ne confèrent une compétence consultative au Conseil constitutionnel ».

Dans sa décision N° 1/C/2016, portant sur la matière consultative en date du 12 février 2016, sur le projet de réforme constitutionnelle, la portée de cette délibération a occasionné beaucoup de commentaires, au point que la nouvelle loi organique 2016-23 du 14 juillet 2016, ait prévu en son article 24 que « Le Conseil rend en toute matière, des décisions motivées ». Cette disposition a été bien visée par le Conseil dans sa Décision 5 -E-2017 du 14 août 2017, (Considérant N° 40 à 42) « Considérant qu'il résulte des alinéas 2 et 4 de l'article 92 de la Constitution que le PR peut saisir le Conseil constitutionnel pour avis et que les décisions rendues par le Conseil constitutionnel s'imposent aux pouvoirs publics et à toutes les autorités administratives et juridictionnelles ». « … Qu'en

---

[8] cf. Sall (Mamadou), « Le rôle consultatif du Conseil d'État », *Revue administrative*, N° 6, 1999, pp. 23-31.

vertu de l'article 24, le Conseil rend en toute matière, des décisions motivées... que la décision rendue le 26 juillet 2017 s'imposait par conséquent aux autorités administratives en charge de l'organisation des élections».

En résumé, de la Cour suprême au Conseil constitutionnel, il est remarquable que ce passage a engendré une rupture institutionnelle globalement mitigée.

Qu'en est-il alors de la jurisprudence? Tout semble indiquer à cet égard, qu'il y a eu une continuité jurisprudentielle.

I. Une continuité jurisprudentielle avérée

De la Cour suprême au Conseil constitutionnel, la pratique jurisprudentielle (dans ses fonctions consultatives comme contentieuses) laisse apparaître les signes remarquables d'une continuité (A) auxquels il faut adjoindre les indices salutaires d'un dépassement (B).

A. Les signes d'une continuité

On ne reviendra pas sur le style des décisions, on se limitera juste que la Cour suprême préférait les «Attendu» alors que le Conseil adopte depuis 1992 les «Considérant».

1. Contentieux de la répartition des normes s'appliquant aux Collectivités territoriales.

L'exemple : Dans le contentieux impliquant l'application des règles du droit des CL, le Conseil a eu à confirmer une jurisprudence qui date de 1968. Dans **l'arrêt «Commune de Kaolack»**, CS, Sections, réunies, la Cour avait établi que «*S'agissant de* la libre administration des collectivités locales, de leurs compétences et de leurs ressources, que seuls les principes fondamentaux qui leur sont applicables sont du domaine de la loi*; qu'il s'ensuit que la fixation d'une Commune déterminée ne relève pas de la loi*». Cette position a été réitérée par le Conseil constitutionnel, dans **ses décisions en date du 11 décembre 2001**, «**Délégations spéciales»** plus connue sous «Amendement Moussa Sy», et «Entente CADAK-CAR», en date du 25 avril 2019. Le Conseil s'aligne sur cette jurisprudence en estimant (dans son Considérant 10) qu'en vertu de l'article 67, «la loi ne détermine que les principes fondamentaux de la libre administration des Collectivités territoriales, *leurs* *compétences et leurs ressources ; qu'il en résulte que pour ces matières, les règles de mise en œuvre sont du domaine du règlement*».

2. Contrôle des modalités d'adoption de la loi organique

1er exemple : l'exercice du contrôle des lois organiques. Il a été remarqué, que la Cour suprême comme le Conseil **prêtent une attention constante aux conditions d'adoption des lois organiques qui leur sont transmises**. Dans son arrêt N° 2-C-81 du 9 juin 1981 par exemple, la Cour procède à la vérification à travers son « 1er Attendu » : déclare qu'« il résulte de l'extrait du procès-verbal analytique de la séance du 24 avril 1981 de l'Assemblée nationale, que la loi organique soumise à l'examen de la Cour suprême, a été votée conformément à l'article 67 de la Constitution, à la majorité absolue des membres composant l'Assemblée nationale ». Dans la dernière loi organique examinée, c'est le contrôle de constitutionnalité de la LOLF, qui a donné lieu à la décision N° 1/C/2020 en date du 24 février 2020, où le Conseil déclare (au Considérant 14) : « Considérant que l'extrait du procès-verbal en sa séance du 3 février 2020 de l'AN indique que la LO N° 02/20, dont le Conseil constitutionnel est saisi, a été adoptée ainsi qu'il suit : 100 voix pour ; 01 voix contre ; 07 abstentions ; Considérant que l'AN compte 165 membres ; que l'adoption de la loi organique par 100 membres est conforme à l'article 78, alinéa 1 de la Constitution ».

Sur le contentieux électoral

Un glissement heureux : le laconisme de la Cour est largement couvert par l'effort d'argumentation du juge constitutionnel, assorti de techniques comme ou ***la proportionnalité*** ou ***l'effet déterminant.*** Dans sa décision N° 5/93 du 2 mars 1993 portant Proclamation des résultats de la présidentielle de 1993, le juge sénégalais estime que « Le Conseil constitutionnel n'est compétent que si les irrégularités commises [...] sont susceptibles de porter atteinte, par leur nature et leur gravité, à la sincérité des opérations électorales »[9].

[9] Khouma (Ousmane), « La sincérité du scrutin présidentiel devant les juridictions constitutionnelles africaines. (Les exemples du Bénin, de la Côte d'Ivoire, du Mali et du Sénégal) », 44 pages.

S'il y a donc des signes de continuité de manière indiscutable, on peut en plus entrevoir des indices d'un approfondissement, dépassement.

B. Les indices d'un dépassement (un approfondissement)

On s'abstiendra de parler de révolution mais sans doute d'une évolution ! (en deux temps).

1. De la Cour au Conseil (1992/2016).

Le 1er exemple : Si à travers **son arrêt du 13 mars 1978**, ***Abdoulaye Wade c/Élection présidentielle*** du 26 février 1978, la Cour suprême réaffirmait le principe suivant **lequel** « ... en l'état actuel du droit sénégalais qui ignore le contrôle de la constitutionnalité des lois promulguées »[10], avec la réforme judiciaire de **1992 qu'il sera introduit l'exception d'inconstitutionnalité**. Jusque-là, cette jurisprudence de l'exception d'inconstitutionnalité est certes peu ravitaillée (11 décisions intervenues), mais elle reste pleine d'enseignements, en matière de collaboration harmonieuse des institutions.

2e exemple : **Quant à la préservation des droits et libertés** (sur le plan statistique), elle est plus remarquée, l'excuse du contexte, et sur le plan substantiel aussi, les réponses.

Toutefois, sur les libertés collectives, la Cour suprême n'a pas souvent été du côté de la préservation des droits et libertés (**CS, 29 mai 1965, Statut de la coopération dans les territoires relevant du ministère de la FOM**, la Cour a décidé que ***les dispositions subordonnant l'existence d'un type de société à un agrément de l'autorité publique affectent les garanties fondamentales accordées aux citoyens pour l'exer- cice de la liberté de s'associer reconnue à l'article 9 de la Constitution)***.

À l'inverse du Conseil qui fait des efforts sur la préservation du principe d'égalité (Sanction des actes du PR : effigie du PR); La série de décisions rendues le 11 juillet 2016 (Numéros 2, 3, 4, 5).

---

[10] Sylla (Salifou) et Diop (Serigne), « Les compétences de la Cour Suprême du Sénégal en matière constitutionnelle », *Les Cours Suprêmes en Afrique*, sous la direction de Gérard Conac, Paris, Economica, Tome 1, 1987, pp. 313-350.

2. Du Conseil de 2012 à celui de 2016

À propos d'un projet de révision constitutionnelle (l'ancienne jurisprudence du Conseil se limitait à un contrôle sommaire, Avis du Conseil constitutionnel sur la régularité du référendum constitutionnel, **Décision 75/2000 du 9 novembre 2000** ; la jurisprudence posée par la décision *1/C/2016 du 12 février 2016*, sur le fondement du contrôle préventif posé par l'article 51, a substantiellement examiné le projet de révision constitutionnelle).

On peut se réjouir d'une sorte **d'expansion prudente des normes de références**, à travers l'allusion aux « objectifs de valeur constitutionnelle » de « la sécurité juridique » et de « la stabilité des institutions » (Considérant 25 de la décision 1/C/2016 du 12 février 2016).

À propos de la diversification des techniques de validation : **les déclarations sous réserve**, et même des **injonctions** (depuis 2016) avec une série de décisions.

Présentation de l'exception d'inconstitutionnalité : le dénouement

BOUBACAR BA
Agrégé en Droit public
Université Cheikh Anta Diop de Dakar.

Introduction

Dans le procès constitutionnel, si **la procédure renferme sa part d'importance**, l'issue du litige est assurément le moment le plus attendu. Il est question ici de réfléchir sur le dénouement du procès en exception d'inconstitutionnalité.

La **sémantique** et l'étymologie étant très importantes dans la communication, il convient alors de retenir que le terme « dénouement » est issu du verbe « dénouer », le terme est composé du préfixe « ***dé*** » qui traduit « enlever, ôter » et « ***nouer*** » qui peut signifier « sceller, attacher ». « Dénouer » signifie « détacher », « libérer », « défaire », l'idée d'une issue, la fin, l'épilogue d'une affaire.

Dans le langage processuel le vocable s'apparente alors à « l'issue du litige », « la solution définitivement retenue par l'organe appelé à le trancher ».

L'issue du litige est censée être localisable dans **le dispositif** de la décision de justice. Le dispositif d'un jugement est la « partie finale d'un jugement débutant par la formule « par ces motifs», qui contient la solution du litige et à laquelle est attachée l'autorité de la chose jugée »[1].

Mais, faudrait-il le souligner, ce dispositif n'est que le résultat logique (en principe) d'un argumentaire préalablement développé par le juge pour trancher la question. C'est en un mot, une conclusion

---

[1] *Lexique des termes juridiques 2018-2019*, Paris Dalloz, 2018, p. 386.

logique au terme d'une démonstration articulée sur des motifs de droit et de fait qui aboutissent en toute rationalité à une solution, c'est-à-dire au dénouement du litige portant sur la **question préjudicielle de constitutionnalité**[2] ou **exception d'inconstitutionnalité**.

À l'évidence, la justice constitutionnelle doit son succès à son accessibilité. Celle-ci s'opérant suivant des mécanismes bien connus comme le CVA, le pouvoir d'autosaisine[3] ou l'exception d'inconstitutionnalité qui retiendra notre attention..

L'exception d'inconstitutionnalité est définie par *le* ***Lexique des termes juridiques*** comme « un moyen de défense pris de la non-conformité d'un texte légal à la Constitution et aux exigences constitutionnelles »[4]. Cette définition générique ne semble pas pour autant couvrir tous les contours de l'opération en droit positif, car l'exercice du contrôle de constitutionnalité par voie d'exception embrasse parfaitement les engagements internationaux.

Sur le plan technique, le mécanisme se décrit **non pas** *comme une exception de procédure*, *mais* une **voie de recours, un moyen de fond qui appelle l'arbitrage du juge habilité à en connaître**. D'ailleurs, **la chambre administrative de la Cour suprême** s'est essayée à la clarification conceptuelle lorsqu'elle soutient, dans son arrêt N° 50 du 26 septembre 2013, « **Cheikh Tidiane Sy et autres c/État du Sénégal** », que « **l'exception d'inconstitutionnalité n'est pas une exception de procédure mais un moyen de fond visant à établir le défaut de base légale de l'acte attaqué qui se fonde sur un texte de loi dont la constitutionnalité est contestée** ». C'est aussi une approche définition qui méconnaît l'engagement international.

En pratique, le procédé s'attache en clair, à « rattraper » les contrariétés contenues dans ces supports juridiques (dispositions législatives

---

[2] Alexis Essono Ovono, « La question préjudicielle de constitutionnalité dans les Constitutions africaines *», in, La Constitution béninoise du 11 décembre 1990 : un modèle pour l'Afrique ?* Mélanges en l'honneur de Maurice Ahanhanzo-Glélé, Paris, L'Harmattan 2014, p. 525 et s.

[3] Le pouvoir d'autosaisine est prévu par la Constitution burkinabè révisée. D'après l'article 157 *in fine* de la Constitution de 1991, « Le Conseil constitutionnel peut se saisir de toutes questions relevant de sa compétence s'il le juge nécessaire ». Dans sa décision N° 2019-012 CC, autosaisine pour le contrôle de la constitutionnalité de la loi N° 044-2019/AN du 21 juin 2019, portant modification de la loi N° 025-2018/AN du 31 mai 2018 portant Code pénal.

[4] *Lexique des termes juridiques 2018-2019*, Paris Dalloz, 2018, p. 470.

et celles des engagements internationaux), **en vue de les corriger et de les mettre en cohérence avec les normes de référence, l'ordonnancement juridique, et garantir une véritable sécurité juridique.**

Par ailleurs, si le mécanisme s'accommode d'une certaine diversité d'appellations (Question **prioritaire, préjudicielle** de constitutionnalité), il convient de préciser que le Sénégal avait retenu cette dénomination (exception d'inconstitutionnalité) au moment de la grande réforme judiciaire de 1992. D'inspiration française, l'exception d'inconstitutionnalité a pourtant tardé à s'y implanter (2008) suite à l'échec des deux projets de réforme en 1990 (Badinter), et 1993 (Vedel), rejetés tour à tour par le Sénat français. **L'exception d'inconstitutionnalité a introduit une «mixité» des modalités de contrôle de constitutionnalité»**, à côté de l'autre mécanisme (le contrôle par voie d'action) qui existait depuis 1959 (Cour fédérale, sous le régime de la Fédération du Mali).

À son intégration en 1992, dans un contexte de reconstruction du système judiciaire, l'exception d'inconstitutionnalité fut promise à un bel avenir, car associant le « citoyen » à la préservation de la Constitution, de l'ordonnancement juridique. Mais, très tôt, l'instrument a été mobilisé **dans un contexte transitoire**, pour servir à solutionner d'épineuses questions relatives à des décisions définitives rendues par l'ancienne Cour suprême «cf. l'affaire Rabat d'arrêt»). Pour autant, l'outil peinait à remplir amplement cet objectif en raison de l'instance tout de même élevée et **aléatoire** (la Cour suprême, et avant la Cour de cassation et le Conseil d'État), pour s'en prévaloir. Ainsi, de juin 1992 au 4 avril 2016, le justiciable ne pouvait agiter l'exception d'inconstitutionnalité que si, par le jeu des renvois, le litige atterrissait devant la Cour suprême. Cette condition procédurale hypothéquait manifestement l'efficacité qui était recherchée.

Mais avec la promulgation de la loi constitutionnelle N° 2016-10 du 5 avril 2016, la Cour d'appel comme la Cour suprême constituent **des instances où il est possible de soulever l'exception d'inconstitutionnalité**. Il s'agit assurément d'une innovation importante, qui tarde encore à recevoir les répercussions attendues du procès constitutionnel. À notre connaissance, seule une affaire, alors pendante devant la Cour d'appel de Dakar (l'affaire Khalifa Sall, en 2018) a donné lieu aux Conseillers du saisissant de s'opposer par la voie d'exception, à une loi. La Cour de céans n'avait pas donné de suite à cette requête, estimant : « Qu'il échet en conséquence de dire n'y avoir lieu à saisir le

Conseil constitutionnel de l'exception d'inconstitutionnalité soulevée par Khalifa Ababacar Sall».

En dépit de cet accueil expérimental salutaire de la réforme de 2016, qui élargit l'instance à la Cour d'appel, il faut reconnaître que l'usage de l'exception d'inconstitutionnalité reste très parcimonieux et même aléatoire.

En tout état de cause, le mécanisme d'exception d'inconstitutionnalité reste appréciable sous deux angles.

Au plan historique, alors que les États-Unis constituent par essence la terre d'élection de la justice constitutionnelle, cette réputation est bâtie sur l'aménagement d'un seul mécanisme de contrôle, celui par voie d'exception**, en l'absence remarquée du contrôle par voie d'action**. Un tel aménagement se retrouve pareillement dans d'autres pays comme le Brésil. L'attachement à ce seul mécanisme a continué de vouer à ces États des systèmes juridiques de référence, où la loi ne révèle ses limites qu'à l'épreuve de sa concrétisation.

Actuellement, le développement fulgurant du droit constitutionnel jurisprudentiel a fini d'instaurer un rapprochement des ordres judiciaires, au moyen de ce que la doctrine a appelé «le dialogue des juges». La pratique de l'exception d'inconstitutionnalité dans un système de centralisation ou de spécialisation de la justice constitutionnelle provoque fatalement la rencontre d'ordres juridictionnels. À défaut d'une instance juridictionnelle d'arbitrage des conflits (positifs ou négatifs), il faudrait alors que les textes délimitant les seuils de compétence propre à chaque ordre juridictionnel, soient clairs et précis. Ceci en vue d'anticiper sur les conflits de compétence et les divergences d'interprétation susceptibles d'affecter la crédibilité de la justice ou de placer le justiciable dans une optique d'insécurité juridique. Vis-à-vis de la position des parties impliquées dans une instance, la doctrine décrit deux (2) déclinaisons de l'exception d'inconstitutionnalité : **une exception positive** «offensive» où on attaque un texte qu'on estime comme étant contraire à la Constitution et **une exception négative** «défensive» où l'on se défend quand on se voit appliquer une loi.

En Afrique, le mécanisme suit une dynamique acceptable. En effet, des États comme la Côte d'Ivoire, le Niger, le Burkina Faso, habilitent les parties au procès dès la première instance à soulever l'exception d'inconstitutionnalité. Il en est de même de l'Italie, où la question préjudicielle de constitutionnalité peut être posée devant le *juge a quo*, c'est-à-dire tout organe ayant la qualité de juge.

Dans les États qui ont aménagé une saisine individuelle directe, il a tendance à être relégué, car le particulier ne sent pas le besoin d'être partie à un procès ordinaire pour saisir le juge constitutionnel. Il en est ainsi de l'Afrique du Sud, du Bénin, du Gabon, du Burkina Faso, par exemple. Cela ne doit pas inciter à croire que l'exception d'inconstitutionnalité ne serait pas opératoire, il en est fait recours avec moins de fréquence.

Au Sénégal, l'exception d'inconstitutionnalité est assurément la voie la plus appropriée pour le citoyen d'accéder au système de justice constitutionnelle. Par conséquent, il ne serait pas superflu d'aménager à son profit les conditions propres à la rendre opératoire et efficace. En la matière, après un peu moins de trois (3) décennies de mise en œuvre, le procédé peine à produire ses effets, eu égard à la faiblesse du nombre de décisions intervenues sur la question (moins d'une douzaine) rendues à cet effet par le Conseil constitutionnel. L'on a parlé même de « sécheresse jurisprudentielle », appuyée par « cette décennie » incomprise de « disette » (2002-2012) durant laquelle la juridiction n'a pas été saisie du moindre recours par voie d'exception.

Cette constatation laisse entière l'impression résultant de son impopularité, ou de son manque de maîtrise par les acteurs (conseils des parties au procès).

Toujours est-il que dans le lot des décisions, certaines intervenues **dans le fond** sont **matériellement** en rapport avec **la défense de droits individuels** (N° 3/C/96 et 4/C/95 du 3 juin 1996, « Moussa Ouattara et autres et Djim Momar Kébé et autres » à propos du « respect et la garantie intangible... du droit de propriété »), de **droits collectifs** (Affaire N° 2/C/2013 du 18 juillet 2013, « Pape Djigdiam Diop », à propos de laquelle étaient en cause l'exercice de la liberté syndicale et le droit de grève), ou mettent en perspective le **contrôle normatif** (Affaire N° 1/C/2015 du 02 mars 2015, portant sur un **Accord international** « Hissein Habré, à propos de la qualification du type d'engagement en cause, ou des **normes législatives** Affaire N° 1/C/19 du 25 avril 2019, « Entente CADAK-CAR », à propos des normes appartenant au domaine de la loi ou celui du règlement). **Sur le plan du bilan décisoire : 3 décisions de renvoi et 8 décisions de fond.**

L'approche méthodologique qui va guider la réflexion sera très resserrée **substantiellement** autour des onze (11) décisions rendues par le Conseil constitutionnel portant exclusivement sur l'exception d'inconstitutionnalité. Bien évidemment, les textes juridiques qui organisent le mécanisme ne seront pas en reste. En plus de ces références spécifiques, il sera possible d'invoquer quelques-uns des arrêts de la Cour suprême du Sénégal dont l'objet présente une « incidence **manifeste sur la solution à apporter au litige par la juridiction** ». Ponctuellement, il pourra aussi être question de faire recours au droit comparé africain ou occidental, en vue de mettre en évidence les éléments textuels comme jurisprudentiels, pertinents. En tout état de cause, le contrôle par voie d'action n'emportera guère quelque attention que cela puisse être.

Toute considération qui invite à susciter cette problématique : « Quel est le régime du dénouement de l'exception d'inconstitutionnalité ? »

En matière de contrôle de constitutionnalité par voie d'exception, si le formalisme procédural est régulier, il est attendu du juge de trancher le litige en présence. L'analyse rigoureuse de ce dénouement (la solution dégagée par le Conseil constitutionnel) peut laisser suggérer une structuration de la démarche autour de deux axes principaux : dans une première Partie, on se propose d'étudier la **teneur de la solution (I)** et dans la seconde Partie, d'apprécier la **valeur de la solution (II)**.

I. La teneur de la solution

Lorsque le Conseil constitutionnel a été saisi pour connaître d'un recours en inconstitutionnalité par voie d'exception, cette opération ne peut déboucher que sur deux solutions : soit il accepte de connaître l'exception, de l'examiner (A), soit il se résout à la renvoyer (B) au juge compétent sur le principal.

A. L'examen de l'exception par le Conseil

Connaître dans le fond le traitement de l'exception d'inconstitutionnalité est une compétence expressément et exclusivement reconnue au Conseil constitutionnel. C'est-à-dire vrai, le résultat de la spécialisation du contentieux de contrôle de constitutionnalité, à laquelle ont fait allégeance les textes qui la régissent. Cette reconnaissance est posée par la Constitution (article 92), comme les textes infra-constitutionnelles (LO 2016-23 du 14 juillet 2016 sur le Conseil constitutionnel). Dans la pratique, l'examen laisse place à l'opération de vérification (1) pouvant aboutir à la déclaration de conformité ou de non-conformité du juge (2).

1. L'opération de vérification

On peut faire sienne de cette interrogation de **L. Favoreu en 1981** : « Les lois doivent-elles voir leur régularité appréciée par rapport aux seules dispositions écrites de la Constitution (conception positiviste) ou par rapport aux principes et règles même non écrits, se déduisant de la Constitution et de son esprit (conception naturaliste) ? » À cette question, l'auteur avait répondu que : « La plupart des juridictions constitutionnelles étudiées appliquent la première conception. Seule la Cour autrichienne adopte un principe, une attitude résolument positiviste (...), ce qui n'est pas surprenant dans le pays de Kelsen ». Cela revient à considérer qu'en matière de vérification de la constitutionnalité, les normes de référence servent, en règle générale, d'étalon de mesure privilégié des dispositions suscitées dans le cadre du contrôle de constitutionnalité par voie d'exception.

La vérification de la constitutionnalité reste une opération minutieuse qui exige en soi le contrôle du formalisme, mais aussi la maîtrise des composantes du bloc de constitutionnalité (préambule, texte constitutionnel, déclarations des droits, conventions constitutionnalisées). Elle varie en intensité selon que le recours en exception s'est affranchi ou non des exigences de forme.

En effet, lorsque l'exception excipée devant le juge du fond n'a pas expurgé de toutes les fins de non-recevoir, le Conseil se borne à opposer « sa doctrine », « sa jurisprudence constante » à la requête. Il n'aura pas besoin de l'apprécier au fond puisqu'« un pourvoi, non purgé de toutes fins de non-recevoir, ou simplement fantaisiste, ne saurait servir de prétexte pour saisir le Conseil constitutionnel d'une exception d'inconstitutionnalité, qui si elle était reçue et examinée par le Conseil, constituerait un véritablement détournement de procédure » (Affaire N° 1/C/95 du 13 février 1995, « Demba Mbaye »). Ce type de vérification, « sommaire », en comparaison de l'autre, a été plusieurs fois mise en œuvre à travers les affaires Affaire N° 2/C/95 du 13 février 1995 « Moussa Ouattara et autres », Affaire N° 2/C/2012 du 6 décembre 2012, « Ndiaga Soumaré ».

Par ailleurs, si le juge au principal s'est bien acquitté de cet exercice de contrôle formel, l'exception soulevée et trans-mise régulièrement aura des chances d'être examinée par le Conseil. **L'exercice consistant à soumettre la norme querellée (disposition législative ou stipulations d'un engagement international) aux normes de référence qui composent le bloc de constitutionnalité.**

Il faut relever que dans toutes les espèces jurisprudentielles sous analyse, le Conseil s'est toujours attaché à l'invocation d'une pluralité des textes de référence pour conforter le fondement juridique de son raisonnement. Dans la première décision du genre, « Rabat d'arrêt » (N° 2/C/93 du 23 juin 1993), le Conseil s'est appesanti sur l'article 6 de la Constitution de 1963 (« La personne humaine est sacrée. L'État a l'obligation de la respecter et de la protéger. La liberté de la personne humaine est inviolable. Nul ne peut être condamné si ce n'est en vertu d'une loi entrée en vigueur avant l'acte commis »), mais aussi, l'article 8 de la DDHC de 1789, et 11.2 de la DUDH de 1948 pour réitérer que « la règle de la non-rétroactivité des lois n'a de valeur constitutionnelle qu'en matière pénale » (Considérant 7)[5].

Il en est de même dans l'Affaire « Pape Djigdjam Diop », N° 2/C/2013 du 18 juillet 2013, le Conseil cherchera même à tirer argument dans les 336e (Cas 2383) et 304e Rapports de l'OIT ainsi que les DUDH du 10 décembre 1948, 14 du Pacte international relatif aux droits civils et politiques, 7 de la Charte africaine des droits de l'Homme et des peuples, pour décider que « toutefois, ni la liberté syndicale, ni le droit de grève ne sont absolus, que le législateur est habilité à limiter ou à interdire leur exercice notamment en cas d'impérieuse nécessité ».

Qu'elle soit d'origine interne ou externe, la surabondance des normes de référence visées participe à renforcer la crédibilité de l'interprétation convergente mise au service, ou opposée à la norme en cause.

Si l'opération de vérification permet au Conseil de statuer tant dans la forme que dans le fond, sur de la requête, il ne serait pas superflu d'apprécier la déclaration du juge à l'issue de ce contrôle.

2. La déclaration (de conformité ou de non-conformité) du juge

Rappelons que dans la structuration formaliste de la décision juridictionnelle[6], c'est le « dispositif » qui abrite la déclaration du juge. En effet, la saisine de la juridiction constitutionnelle dans le cadre de la

---

[5] Mbodj (El Hadj), « La mise à mort du rabat d'arrêt ? Observations sous Conseil constitutionnel, 23 juin 1993 », *EDJA* N° 23, octobre-novembre-décembre 1994, pp. 76-86.

[6] Gaudemet (Yves), Les méthodes du juge administratif, Paris, LGDJ, 1972, pp. 76 et s. Dans l'arrêt qu'elle a rendu le 31 janvier 2013, *Ndiaga Soumaré c/ État du Sénégal*, la Cour suprême du Sénégal soutient « qu'un arrêt rendu par une juridiction administrative comporte quatre parties : l'identification de la juridiction qui a rendu la décision, les visas, les considérants et le dispositif »

vérification au fond des normes en cause doit aboutir à une déclaration de conformité ou de non-conformité. Cette étape traduit l'épilogue de la lecture herméneutique à laquelle était convié le juge. Elle clôture en fait l'office suscité du juge constitutionnel dans l'affaire, par une décision de validation/invalidation ou une déclaration de conformité ou de non-conformité[7].

La ***déclaration de conformité*** correspond à l'hypothèse, où, à la suite d'une interprétation savante à coups d'arguments juridiques convaincants, le juge parvient à la conclusion d'une concordance parfaite des dispositions querellées aux normes de référence. Ici, le juge délivre « un brevet de constitutionnalité » à la norme dont le vice d'inconstitutionnalité était allégué.

Quant à la **déclaration de non-conformité**, elle donne gain de cause au requérant, car le juge de l'exception parvient, à l'issue de l'interprétation, à établir la contrariété qui subsiste entre la norme en cause et les normes de référence. Ici, le juge administre une « cure clinique » pour expurger les dispositions en cause des vices.

Dans la pratique, on le sait, la faculté de se prononcer dans le fond induit alors que la requête en matière d'exception a satisfait aux exigences de forme, sous peine d'être précocement rejetée. Toute considération qui valide, dans le dispositif, le prononcé sur la recevabilité de l'exception.

À l'examen synthétique des décisions intervenues de fond sur le contentieux de l'exception d'inconstitutionnalité, les décisions de conformité (7) sont bien plus nombreuses que celles de non-conformité (1 seule).

Les décisions de conformité, au moins **sept (7)** ont été dénombrées :

– Affaire N° 3/C/95 du 19 juin 1995 « **Demba Mbaye** » : « L'article 140 du CPP inclus dans «la disposition particulière concernant la détention provisoire des auteurs de certaines infractions» ***est conforme à la Constitution*** ». En l'espèce, les requérants reprochant à l'article 140 du Code de procédure pénal de porter atteintes aux droits de la défense et à la présomption d'innocence en se fondant sur le préambule et l'article 6 de la Constitution, n'ont pu obtenir gain de cause.

---

[7] La déclaration d'inconstitutionnalité peut frapper tout ou partie des dispositions d'une loi. La première hypothèse se réalise lorsque toutes les dispositions de la norme contrôlée sont déclarées inconstitutionnelles, soit quand il y inséparabilité entre les dispositions non conformes avec l'ensemble de la loi.

– Affaires N° 3/C/96 et 4/C/95 du 19 juin 1996, « Moussa Ouattara et autres et Djim **Momar Kébé** et autres » : « La loi N° 76-67 ***est déclarée conforme à la Constitution*** ».

– Affaire N° 4/C/2000 du 8 février 2001, « Accord de siège BCEAO » : « L'article 6 dudit Accord de siège ***est conforme à la Constitution*** ». En l'espèce, le juge confirme la Cour d'appel de l'immunité de juridiction et d'exécution dont bénéficie la BCEAO dont l'accord de siège a été internalisé par un acte de droit national (approbation par décret).

– Affaire N° 2/C/2013 du 18 juillet 2013, « Pape **Djigdiam Diop** » : « L'article 8 de la loi N° 69-34 du 30 octobre 1969 relative au statut du personnel des douanes ***n'est pas contraire à la Constitution*** ».

– Affaire N° 1/C/2014 du 3 mars 2014, « Karim **Meissa Wade** » : « **Les lois** 81-53 sur la répression de l'enrichissement illicite et 81-54 portant création de la Cour de répression de l'enrichissement illicite du 10 juillet 1981 ***sont conformes à la Constitution*** ».

– Affaire N° 1/C/2015 du 02 mars 2015, « **Hissein Habré** » : « L'accord du 22 août 2012 entre la République du Sénégal et l'Union africaine ***ne comporte aucune stipulation contraire à la Constitution*** ». En pratique, le requérant s'opposait à la procédure de ratification de l'Accord sur le fondement duquel il a été jugé. **Considérant 10** : « l'Accord n'entre pas dans le champ de l'article 96 de la Constitution qui énumère limitativement les traités et Accords qui sont soumis à la procédure prévue à cet effet ; qu'il s'agit d'accords dits "en forme simplifiée" reconnus par le droit international des traités, par opposition aux accords "en forme solennelle", visés par l'article 96 de la Constitution ».

– Affaire N° 1/C/19 du 25 avril 2019, « Entente CADAK-CAR » : « L'article 119 du Code de collectivités territoriales ***n'est pas contraire à la Constitution*** ».

– Quant aux **décisions de non-conformité**, une seule aura été répertoriée :

– Affaire N° 2/C/93 du 23 juin 1993 « Rabat d'arrêt » : « L'alinéa 2 de l'article 33 de la loi organique 92-25 du 30 mai 1992, sur la Cour de cassation, n'est pas conforme à la Constitution ». « ***Il ne peut plus en être fait application de cette disposition conformément à l'article 20***

de la loi organique 92-23 du 30 mai 1992 sur le Conseil constitutionnel». En l'espèce, la nouvelle procédure de « rabat d'arrêt » instaurée par la disposition visée crée une nouvelle voie de recours en autorisant la rétroactivité des arrêts non entièrement exécutés à la date du pourvoi Inconstitutionnalité.

Dans ces conditions, **la prédominance ainsi relevée** des déclarations de conformité appelle, à notre sens, deux (2) lectures possibles :

– **soit la *légistique* est bien maîtrisée** au point que les textes (législatifs et accords) soient bien mis en cohérence de sorte qu'il ne puisse presque jamais y avoir de contrariété entre les normes de référence et les stipulations conventionnelles ou les dispositions législatives;

– **soit que l'interprétation des normes** soit tendanciellement favorable au maintien et à la préservation des situations juridiques déjà stabilisées, si bien qu'il paraîtrait aventureux de les remettre en cause par une déclaration de non-conformité.

Constat : La pratique des réserves d'interprétation n'a pas encore gagné le champ de l'exception.

S'il reste vrai que le «dispositif» ne fait pas à lui seul la décision de constitutionnalité, il n'est pas sans intérêt de rappeler qu'il constitue un indicateur important, la partie décisive du prononcé juridictionnel.

On le voit donc, le Conseil est tenu de connaître dans le fond les exceptions dont il est saisi, certaines d'entre elles ne connaîtront pas ce régime de traitement. Elles feront l'objet d'un renvoi vers la même juge au principal pour, *ex ante*, satisfaire à certaines formalités procédurales.

B. Le renvoi de l'exception par le Conseil

Le Conseil constitutionnel n'examine pas au fond toutes les requêtes transmises portant sur l'exception d'inconsttutionnalité. Certains des recours dont il est saisi peuvent, à son avis, être frappés d'un vice procédural qui l'oblige à renvoyer l'affaire auprès du juge du fond, en particulier la Cour suprême, ou le cas échéant, la Cour d'Appel, depuis 2016. Dès lors, il serait important d'examiner les fondements du renvoi opéré par le juge constitutionnel (1) avant de faire cas des protestations, de réticences ou des discordances, des objections (2) dirigées contre cette posture du juge constitutionnel.

1. Les fondements

À l'examen des décisions, il ressort que lorsque le Conseil décide de renvoyer l'affaire dont il a été saisi en matière de contrôle par voie d'exception, **il ne convoque pas les normes de référence**, il convoque la disposition juridique contenue dans la loi organique qui prévoit l'établissement de la connexité entre la solution attendue et l'appréciation de la constitutionnalité (ancien article 67 de la loi organique sur la Cour de cassation ; article 56 de la loi sur l'ancien Conseil d'État).

Pour légitimer le renvoi de certaines affaires au juge du fond, le Conseil constitutionnel s'est très vite construit une « doctrine », « une jurisprudence » aujourd'hui « constante » visant à mettre à la charge des anciennes juridictions suprêmes (Conseil d'État et Cour de cassation), comme de l'actuelle Cour suprême l'exigence de vérifier les conditions de forme et de recevabilité des recours en matière d'exception d'inconstitutionnalité, sous peine d'y voir « un détournement de procédure ». Cette « doctrine » est fondée sur une interprétation de la « disposition-passerelle » bien connue (article 67 de la LO sur l'ancienne Cour de cassation, 56 de la LO sur l'ancien CE) : l'article 91 de la LO n° 2017-09 du 17 janvier 2017 sur la Cour suprême, l'article 22 de la LO n° 2016-23 du 14 juillet 2016 relative au Conseil constitutionnel : « Lorsque la solution d'un litige porté devant la Cour d'Appel ou la Cour suprême est subordonnée à l'appréciation de la conformité des dispositions d'une loi ou des stipulations d'un accord international à la Constitution, la juridiction saisit obligatoirement le Conseil constitutionnel de l'exception d'inconstitutionnalité ainsi soulevée et sursoit à statuer jusqu'à ce que le Conseil constitu- tionnel se soit prononcé... ».

En vertu de cette disposition, comme le soutient le juge dans l'Affaire N° 1/C/95 du 13 février 1995 « Demba Mbaye », « il convient que le Conseil constitutionnel ne soit saisi que de recours recevables devant la Cour de cassation » appelée à se prononcer « avant toute saisine du Conseil constitutionnel, sur sa compétence et sur la recevabilité du pourvoi ou la déchéance, tout examen de la «solution du litige» leur étant subordonné... ».

L'exigence de vérifier les conditions de forme a été très tôt affichée avec vigueur par le Conseil. Il a soutenu dans l'Affaire N° 1/C/95 du 13 février 1995 « Demba Mbaye », considérant 4 : « *la Cour [de cassation] doit se prononcer avant toute saisine du Conseil constitutionnel, sur sa compétence et sur la recevabilité du pourvoi ou la déchéance, tout examen de la solution du litige leur étant subordonné*, qu'un pourvoi non purgé de toutes fins de non-recevoir ou simplement fantaisiste, ne saurait servir de prétexte pour saisir le Conseil constitutionnel d'une exception d'inconstitutionnalité qui*, si elle devait être reçue et examinée par le Conseil, constituerait un véritable détournement de procédure*». Autrement dit, pour le Conseil, il reste important pour le juge saisi du fond d'examiner toutes les fins de non-revoir avant la transmission de l'exception au Conseil. À travers cette position de principe, le Conseil constitutionnel investit en la Cour suprême une fonction implicite de «juge-filtre», ou d'un «contrôle pré-constitutionnel» (Kébé) suivant deux (2) exigences.

D'une part, l'exigence de vérifier les conditions de recevabilité pour ne point transformer le recours en détournement de procédure puisque la transmission machinale de toute requête d'exception agitée à l'occasion d'une instance s'apparenterait à une sorte de *nouvelle procédure amputée de l'examen des conditions de forme*. Cela rendrait également inopérante la conditionnalité qui subordonne la recevabilité de l'exception à l'issue du litige. Il est alors impératif que l'exception présente des liens incontestables avec la solution attendue du litige, sous peine d'être rattrapé par le « détournement de procédure».

D'autre part, le Conseil entend couper court aux recours « fantaisistes » ayant pour finalité de retarder le procès principal. D'ailleurs, si la nature juridique de l'acte dont la constitutionnalité est soulevée est étrangère à la loi ou aux stipulations d'un accord international, le juge du fond l'écarte systématiquement. C'est du moins l'attitude de la Cour suprême dans l'Affaire N° 9, **Cour suprême, 03 mars 2011, *Birassy Guissé c/Recteur de l'Université Gaston Berger.* Le juge a écarté le moyen d'exception d'inconstitutionnalité soulevé, au motif que : «L'exception d'inconstitutionnalité prévue à l'article 92 de la Constitution ne peut être soulevée que relativement à la conformité des dispositions d'une loi ou des stipulations d'un accord international à la Constitution. Dès lors, doit être rejetée l'exception soulevée par des requérants qui contestent la conformité d'un décret à la Constitution».**

On peut, dès lors, comprendre que dans sa prime jurisprudence, le Conseil constitutionnel se soit mis dans la prédisposition de « déblayer» le formalisme applicable à toute forme de transmission d'une requête sur l'exception d'inconstitutionnalité.

Cependant, cette démarche de renvoi n'a pas toujours été favorablement accueillie par le juge au principal, d'où l'existence de « réticences », voire des « discordances ».

2. Les objections

Si l'idéal d'une structuration harmonieuse des juridictions est largement promu par les textes, la pratique juridictionnelle peut pourtant révéler des écarts dans la *juridiction (le pouvoir dont est investi le juge de dire le droit en répondant à une situation de fait dont il est saisi)*. La façon de décrypter la norme juridique et de l'appliquer à une situation de droit ou de fait peut laisser entrevoir des vues et démarches tranchées. Si bien que la nature des rapports entre les juridictions supérieures (Cour suprême et Conseil constitutionnel) ne puisse inférer toujours des réflexes de cordialité. En un mot, l'hospitalité attendue de la décision laisse place à l'hostilité du juge du fond, qui met en doute la décision du juge. Plus concrètement, la « doctrine » du Conseil constitutionnel sur l'exigence d'examiner les conditions de recevabilité des recours en matière d'exception d'inconstitutionnalité a bien rencontré de la résistance, se construisant à coup d'arguments juridiques.

S'il reste vrai, en effet, que la juridiction constitutionnelle n'exerce pas de pouvoir hiérarchique direct sur les juridictions judiciaires, son office peut, dans le cadre de l'examen d'une exception d'inconstitutionnalité, l'amener à connaître partiellement et ponctuellement de l'affaire en instance. Elle reste habilitée à se prononcer sur la conformité querellée d'une disposition législative ou conventionnelle à la Constitution.

Pour autant, la pratique du « renvoi » peut se heurter à des réticences, des résistances, voire des objections implicites ou explicites soulevées par le juge ordinaire, qui peut tout aussi justifier à coups d'arguments juridiques sa position.

Chronologiquement, **le premier point de friction identifié**, apparaît dans l'Affaire précitée, N° 3/C/95 du 19 juin 1995, « Demba Mbaye », où la Cour de cassation a semblé lire à travers les précédents jusque-là entretenus par l'Affaire « Rabat d'arrêt », la formulation par le Conseil constitutionnel d'une « injonction » à lui adressée. Cette forme de « protestation » de la Cour de cassation a rencontré une posture tempérée du Conseil qui, dans la décision visée « Demba Mbaye » (N° 3/C/95 du 19 juin 1995), admet à son (considérant 4), que « la seule préoccupation du Conseil constitutionnel demeure le fonctionnement harmonieux et complémentaire des juridictions, qui commande au juge de corriger les imperfections de la loi, de combler ses lacunes par des constructions jurisprudentielles réfléchies, patientes et parfois audacieuses ».

Ensuite, quelques années plus tard, dans l'Affaire « Accord de Siège de la BCEAO » 4/C/2000 du 8 février 2001, le juge constitutionnel s'est limité à faire relever que « **la présente saisine**, faite par lettre N° 427 du 7 novembre 2000 du Greffier en chef de la Cour de cassation, enregistrée le même jour au Greffe du Conseil constitutionnel, sous le N° 4/C/2000, conformément à l'article 20 de la loi organique N° 92-23 du 30 mai 1992, **est régulière** ». Ce faisant, et sans mettre en doute son professionnalisme, le juge ne fournit guère un étalon d'appréciation qui permettrait à l'observateur de mesurer s'il est toujours accroché au rigorisme du contrôle formel posé depuis l'Affaire « Rabat d'arrêt » ou s'il l'assouplit par moments. Plus tard, dans l'Affaire N° 1/C/2014 du 3 mars 2014 « Karim Meissa Wade », la formule utilisée paraît plus expressive, car le juge pose (dans son **Considérant 2)** : « que la Cour suprême doit se prononcer avant toute saisine du Conseil constitutionnel sur sa compétence et sur la recevabilité du recours ou sa déchéance ; **que ce préalable obligatoire a été formellement observé** ». Cette formule a été reconduite dans l'Affaire N° 1/C/2015 du 02 mars 2015, « Hissein Habré » (**Considérant 2**).

Pour autant, **l'impression d'un Conseil constitutionnel qui dicte ses visées à la Cour suprême** ne semble point aplanie. En exigeant d'elle l'examen des conditions de recevabilité sur chaque cas d'exception d'inconstitutionnalité soulevé, le Conseil constitutionnel donne les apparats d'une juridiction qui lui est supérieure. *Et la Cour ne s'est point gênée à signifier sa position au Conseil constitutionnel.*

En effet, dans les « épisodes » « Ndiaga Soumaré », la chambre administrative de la Cour suprême a semblé vouloir réfuter systématiquement toute idée de « suprématie » *supposée* ou *réelle* du juge constitutionnel. Dans l'arrêt qu'elle a rendue le **31 janvier 2013, *Ndiaga Soumaré c/État du Sénégal,*** la juridiction administrative, réagissant en l'espèce au reproche d'une précédente décision du Conseil constitutionnel (arrêt n° 2/C/2012 du 6 décembre 2012, *Exception d'inconstitutionnalité « Ndiaga Soumaré »*), pour ne s'être prononcé « ni sur sa compétence ni sur la recevabilité du recours porté devant lui », déclara que : « Cette exigence du Conseil constitutionnel n'a aucun fondement juridique, **d'autant que les arrêts de la Cour suprême ne peuvent être censurés par aucune autre juridiction** ; ... que la loi fondamentale et la loi organique sur le Conseil constitutionnel ne mettent à la charge de la Cour suprême, que la seule obligation de saisir le Conseil constitutionnel de l'exception d'inconstitutionnalité des dispositions d'une loi ou des stipulations d'un accord international, soulevée par une partie à l'occasion d'un litige porté devant elle, dont la solution dépend de l'appréciation de cette exception » ; (…) Qu'il y a lieu en conséquence de saisir à nouveau le Conseil constitutionnel de l'exception d'inconstitutionnalité soulevée et de surseoir à statuer sur le recours de Ndiaga Soumaré… ».

Plus tard, dans l'Affaire « Karim Meissa Wade », le Conseil précisera que **:** « le Conseil constitutionnel n'est pas juge de la bonne application de la loi ; que par conséquent, il n'est pas habilité à censurer les décisions rendues pas la Cour suprême ».

Enfin, **de manière un peu plus implicite, cette attitude « quelque peu répulsive » de la Cour suprême** sur la question de l'exception peut aussi résulter d'une conviction suivant laquelle la « littéralité » de la prescription des références en vigueur doit prévaloir sur toute interprétation du recours en présence. En effet, **la tournure rédactionnelle** de l'article 91 de la loi organique 2017-09 du 17 janvier 2017, l'article 22 de la LO n° 2016-23 du 14 juillet 2016 relatif au Conseil constitutionnel ne semble pas anodine. Il est généralement admis que « Lorsque la solution d'un litige porté devant la Cour suprême est subordonnée à l'appréciation de la conformité d'une loi ou des stipulations d'un accord international à la Constitution, **la Cour saisit obligatoirement le Conseil constitutionnel de l'exception d'inconstitutionnalité ainsi soulevée** et sursoit à statuer jusqu'à ce que le Conseil constitutionnel se soit prononcé ». Ici, l'idée d'une ***saisine obligatoire*** dépouillée de formalité semble ressortir de cette disposition et récuse toute interprétation, puisque l'adage nous rappelle qu'« il ne faut pas distinguer là où la loi ne distingue pas ».

Le mutisme de la loi à exiger du Conseil la vérification des conditions de recevabilité, semble fonder les réticences de la Cour à respecter la solution dégagée par la jurisprudence « Moussa Ouattara et autres et Djim Momar Kébé et autres », et réitérée dans sa Décision N° 2/C/2012 du 6 décembre 2012, *Exception d'inconstitutionnalité* « Ndiaga Soumaré ».

C'est convenir en définitive que le renvoi effectué devant le juge du fond appelle de sa part une réactivité afin de pouvoir saisir à nouveau le Conseil en vue d'une décision dans le fond. En réalité, c'est cet examen au fond qui donne à l'exception une résonance singulière, car permettant de prendre en considération et sécréter tous les effets qu'elle renferme.

Toute considération qui invite à apprécier la portée, c'est-à-dire la valeur de la solution à travers sa valeur, d'où la seconde partie de notre présentation.

II. La valeur de la solution

Qu'elle soit une déclaration de conformité ou une déclaration de non-conformité, la valeur d'une décision rendue en matière de contrôle de constitutionnalité par voie d'exception est de produire ses effets sur le litige principal alors pendant devant la Cour suprême ou la Cour d'Appel. Il est vrai que la déclaration de conformité laisse en principe intactes les situations juridiques (sauf d'avoir différé la date d'intervention de l'arrêt). À l'inverse, la déclaration de non-conformité entraîne des effets on ne peut plus instructifs sur le terrain processuel. Dans ces conditions, il paraîtrait intéressant de décliner deux niveaux d'appréciation à prendre en considération : d'abord, le niveau des parties au procès en instance d'où les effets inter partès (A) et ensuite, le niveau qui confère à la décision une autorité absolue, d'où les effets erga omnès (B).

A. Les effets inter partes

Rappelons que l'origine du mécanisme d'exception porte sur un procès ordinaire à l'occasion duquel s'est greffée une question d'interprétation de conformité d'une norme à la Constitution, exercice pour lequel le juge constitutionnel est seul héritier de la compétence, en droit positif. À cet égard, la prise en compte effective de la solution au litige en instance (1) aboutit à la neutralisation des dispositions passées inconstitutionnelles (2).

1. L'application de principe de la solution au litige pendant

Par principe, la décision rendue par le Conseil constitutionnel doit se prolonger dans le litige principal. Cet aménagement réputé « fluide » résulte d'un vœu ouvertement proclamé par la construction de l'État droit : l'instauration d'un **dialogue des juges**.

Une fois rendue, l'exception est programmée pour s'appliquer au litige encore pendant. Il doit lui être réservé un accueil hospitalier et non hostile. Le résultat de l'expertise technique de la juridiction constitutionnelle a vocation à être accueilli et prise en considération par la Cour (suprême ou d'appel) puisque l'application de la solution du litige a suscité le recours. Une telle exigence est adossée à un fondement textuel.

Dans la mesure où le juge au principal n'a pas reçu compétence pour connaître la question de constitutionnalité soulevée, il demeure normal de renvoyer la question de l'appréciation de la conformité de la norme en cause vers le juge spécialisé, le Conseil constitutionnel (Article 92 de la Constitution). D'ailleurs, le juge constitutionnel a été sans équivoque lorsqu'il a rappelé dans l'Affaire « Karim Meissa Wade » que « l'appréciation de la conformité à la loi échappe totalement à l'emprise de la Cour suprême ; qu'en effet, cette mission est expressément et exclusivement dévolue au Conseil constitutionnel… ».

Cet aménagement des compétences **suggère une collaboration harmonieuse entre les juges**, sous peine de voir les dysfonctionnements desservir la cause du requérant. D'ailleurs, le souci d'une collaboration harmonieuse a été à maintes reprises rappelé par le juge constitutionnel à l'occasion de certaines affaires. Dans la décision « Demba Mbaye » (Affaire N° 3/C/95 du 19 juin 1995), le Conseil estime que : « Considérant que la seule préoccupation du Conseil constitutionnel demeure le fonctionnement harmonieux et complémentaire des juridictions, qui commande au juge de corriger les imperfections de la loi, de combler ses lacunes par des constructions jurisprudentielles réfléchies, patientes et parfois audacieuses ».

À travers cette décision, le Conseil constitutionnel circonscrit son rôle dans le cadre de ses rapports avec les juridictions suprêmes, sachant que « ses interventions sont uniquement motivées par le souci d'un fonctionnement « harmonieux » et « complémentaire » des juridictions »[8].

Mieux encore, **le juge constitutionnel, pour accueillir un recours en exception d'inconstitutionnalité, s'est fondé à rectifier utilement quelques-unes des confusions entretenues par le juge du fond dans** son recours. Il a considéré dans l'Affaire « Moussa Ouattara et autres »

[8] El Hadj Omar Diop, *La justice constitutionnelle au Sénégal*, Dakar, DREDILA, 2013, p. 192.

(N° 2/C/95 du 13 février 1995). « Il est utile de relever que lorsque le CE mentionne dans le dispositif de l'arrêt visé : « déclare recevable l'exception d'inconstitutionnalité soulevée », il doit être entendu que cela signifie que le litige qui lui est soumis est susceptible d'être transmis au Conseil constitutionnel, conformément aux dispositions de l'article **56 de la LO sur le CE et non point que l'exception elle-même est recevable »**.

Cette démarche apaisante de bonne foi traduit une préoccupation commune dans la gestion d'un litige ordinaire qui, de manière incidente, a entraîné la saisine du Conseil. Par conséquent, sa décision devra être appliquée par la Cour au litige en instance, surtout lorsque cette dernière est une déclaration de non-conformité.

Si le premier effet *inter partès* vise à appliquer la solution du Conseil au litige, un autre a trait à la neutralisation des dispositions inconstitutionnelles.

2. La neutralisation des dispositions inconstitutionnelles

Au Sénégal, les textes juridiques qui encadrent le mécanisme du contrôle de constitutionnalité par voie d'exception ont réservé un sort singulier aux dispositions déclarées non conformes à la Constitution. *Ce particularisme qui n'anéantit pas les situations juridiques créées par les dispositions, dorénavant passées pour inconstitutionnelles, promeut plutôt leur effet abrogatif donc immédiat*, c'est-à-dire leur « **neutralisation** ». Cette notion non consacrée par la législation en vigueur est souvent utilisée par la doctrine[9] et convient parfaitement à la disposition de **l'article 22, *in fine* de la LO sur le Conseil constitutionnel**, suivant laquelle : « Si le Conseil estime que la disposition dont il a été saisi n'est pas conforme à la Constitution, il ne peut plus en être fait application ». *Cette disposition aux allures d'une interdiction formelle ne préconise pas l'annulation de la loi, elle proclame le* « gel » définitif des dispositions frappées d'inconstitutionnalité. Cette solution qui existe approximativement (ne pas/ne plus) depuis 1992 gagnerait pourtant à être plus précise. En effet, la neutralisation juridictionnelle des dispositions inconstitutionnelles ne garantit pas toujours tout risque d'application ultérieure, surtout lorsque les citoyens et les acteurs

---

[9] El Hadj Omar Diop, *La justice constitutionnelle au Sénégal*, Dakar, DREDILA, 2013, 333 pages ; Papa Assane Touré, *La réforme de l'organisation judiciaire au Sénégal, commentée et annotée*, Dakar, L'Harmattan, 2016, p. 184.

potentiellement impliqués dans un jeu relationnel qui implique l'application de ces normes, ne sont pas à ce niveau d'information.

Il nous semble à cet égard que les leçons du droit constitutionnel comparé puissent servir d'inspiration.

À titre illustratif, la **Constitution gabonaise du 26 mars 1991** pose en son **article 86** que si la Cour constitutionnelle « déclare la loi incriminée contraire à la Constitution, cette loi cesse de produire ses effets à compter de la décision. Le Parlement examine, au cours de la prochaine session, dans le cadre d'une procédure de renvoi, les conséquences découlant de la décision de non-conformité à la Constitution rendue par la Cour». La cessation des effets de la disposition en question est immédiate et le constituant met à la charge du Parlement, dès sa prochaine session, la mission de tirer les conséquences de cette neutralisation d'une loi déclarée non conforme à l'issue d'un contrôle par voie d'exception.

En France, quand bien même l'objet de la QPC est circonscrit aux droits et libertés que la Constitution garantit (article 61-1), «une disposition déclarée inconstitutionnelle sur le fondement de l'article **61-1 est abrogée à compter de la publication de la décision du Conseil constitutionnel ou d'une date ultérieure fixée par cette décision. Le Conseil constitutionnel détermine les conditions et limites dans lesquelles les effets que la disposition a produits sont susceptibles d'être remis en cause» (article 62 de la Constitution de 1958)**. Cette référence permet ainsi au juge constitutionnel de «moduler» les effets de sa décision suivant les implications implicites ou explicites de toutes natures, attachées à sa décision QPC. Au lieu de préconiser l'annulation avec ses conséquences rétroactives, telles que la remise en cause de droits acquis, la prudence semble avoir dicté une parfaite lisibilité qui permettra au juge de déterminer le moment le plus propice pour soustraire l'acte de l'ordonnancement juridique.

Si le premier niveau des effets concerne les parties au procès, on ne peut méconnaître les effets erga omnès qui s'attachent aux décisions du juge constitutionnel.

B. Les effets *erga omnes*

Par « effets *erga omnès* », il convient d'entendre l'extension des effets de la décision juridictionnelle à l'égard de tous. Tandis qu'à l'origine de cette action, les parties au procès étaient les seules concernées, à l'arrivée, la déclaration de non-conformité invite à voir ses conséquences s'étendre à d'autres horizons[10]. Pour cette raison, il sera question d'examiner la décision rendue par le Conseil constitutionnel qui bénéficie de l'autorité absolue de la chose jugée (1), voire l'exécution (2).

1. L'autorité absolue des décisions du Conseil.

Comme dans le cadre du contrôle par voie d'action, les décisions rendues par les juridictions constitutionnelles à l'issue du contrôle par voie d'exception jouissent indubitablement de l'autorité de la chose jugée[11]. « Cela signifie que leurs décisions sont définitives, ne peuvent **faire l'objet d'un recours et sont absolument contraignantes** »[12]. Elle crée une présomption de vérité légale au profit de la décision. Ici, « les effets juridiques de la décision rendue s'imposent à tous, non seulement aux parties en instance, mais également à l'ensemble des tiers lato sensu (individu, juge, administration...) »[13].

Alors qu'aux États-Unis, l'autorité des décisions rendues en matière contentieuse ne vaut que pour les parties au procès (**autorité relative**), sauf si la Cour suprême, sur la même affaire, statue en dernier ressort sur la question, au Sénégal, la décision d'exception se présente de manière quelque peu différente.

En droit sénégalais, les conséquences de la décision du juge constitutionnel débordent la relation *inter partès* pour valoir *erga omnès*. Pour s'en convaincre, il faut remonter aux fondements constitutionnel

---

[10] Pour Xavier Magnon, si l'autorité de la chose jugée renvoie à « l'étendue du caractère obligatoire » de ce qui a été jugé, la force de la chose jugée renvoie à « l'exécution de ce qui a été jugé ». « Sur un pont aux-ânes ? L'autorité des décisions du Conseil constitutionnel, pour une distinction entre "autorité" et "force" de la chose jugée », pp. 3-4. L'auteur soulignera plus loin qu'« il est question de l'autorité *de chose jugée dès lors qu'il s'agit de savoir si le Conseil constitutionnel doit ou ne doit pas se prononcer sur ce qu'il a déjà jugé, ce qui est couvert par l'article 1351 du Code civil ; il est question de* force *de chose jugée lorsqu'il s'agit d'envisager les effets de la décision du juge constitutionnel, ce qui est visé par l'article 62 »*. file:///C:/Users/HP/OneDrive/Documents/Droit%20Pub%20Economique/Xavier%20Magnon-Autorit%C3%A9_force_de_chose_jug%C3%A9e_d%C3%A9cision_du_CC.pdf, consulté ce 2-12-2020.

[11] Jean Waline *« Préface » Grandes décisions du Conseil constitutionnel*, 17e édition, Paris, Dalloz, 2013.

[12] Babacar Kanté et H. Kwasi Prempeh, « L'autorité des décisions des juridictions compétentes en matière de contrôle de constitutionnalité », in *Les juridictions constitutionnelles en Afrique de l'Ouest : Analyse comparée*, p. 135.

[13] *Lexique des termes juridiques 2018-2019*, Paris, Dalloz, 2018, p. 109.

et infra-constitutionnel de cet aménagement pour s'en rendre compte. **L'article 92, alinéa 3 de la Constitution de 2001,** est sans équivoque lorsqu'il dispose que « Les décisions du Conseil constitutionnel ne sont susceptibles d'aucune voie de recours. Elles s'imposent aux pouvoirs publics et à toutes les autorités administratives et juridictionnelles ». Quant à **la loi organique sur le Conseil constitutionnel**, son **article 24** semble définitivement unifier le régime de la délibération du Conseil en soutenant que « Le Conseil constitutionnel rend, en toute matière, des décisions motivées », bien qu'il puisse être saisi par le Président de la République pour avis (article 92, al. 2).

Ainsi, l'effet absolu de la décision est très en vue dans le contentieux des normes. Le caractère désincarné et abstrait semble plus marqué. Dans la seule affaire ayant occasionné **une déclaration de non-conformité**, « Rabat d'arrêt », le Conseil constitutionnel a décidé que : « L'alinéa **2 de l'article 33 de la loi organique 92-25 du 30 mai 1992, sur la Cour de cassation, n'est pas conforme à la Constitution** ». « **Il ne peut plus être fait application de cette disposition, conformément à l'article 20 de la loi organique 92-23 du 30 mai 1992 sur le Conseil constitutionnel** ». Le juge, par cette disposition, ne se borne pas à établir la contrariété de la norme en cause, il confère une portée abrogative et immédiate de la disposition litigieuse. Et cette décision vaudra à l'égard de tous.

Un autre exemple puisé du contentieux normatif, concerne **l'Affaire N° 1/C/19 du 25 avril 2019 relative à la répartition des compétences entre la loi et le règlement**, le juge constitutionnel a soutenu que « l'article 67 de la Constitution (...) en déterminant le domaine de la loi, distingue les matières **qui relèvent totalement** du domaine législatif puisque c'est la loi qui en fixe, à la fois les principes fondamentaux, les modalités d'application et celles qui **relèvent partiellement du domaine de la loi** ; celle-ci n'en fixant que les principes fondamentaux » (Considérant 9) et qu'« en renvoyant au règlement pour déterminer les modalités de mise en œuvre des missions relatives au nettoiement et à la salubrité dans les collectivités territoriales, l'article 119 du CGCT n'est en rien contraire à l'article 67 de la Constitution ». Il ressort ainsi de cette solution que la prise en charge de la compétence de nettoiement, devrait échoir au pouvoir réglementaire et non à la loi.

La reconnaissance de cette force contraignante aux décisions du Conseil, y compris celles portant sur l'exception d'inconstitutionnalité, amène, au-delà des parties au procès, à ce que toutes les autres autorités lui manifestent obéissance et respect. S'il n'a pas pu être relevé dans l'échantillon des décisions analysées, un précédent dans lequel le juge confirme cette autorité, on peut se tourner vers le droit comparé.

En droit comparé, dans sa décision N° E-002/2011 du 22 juin 2011, **la Cour constitutionnelle du Togo** se laisse dire que « les décisions de la Cour constitutionnelle ont un caractère impératif ; qu'il en résulte qu'une obéissance absolue est due aux décisions de la Cour ; qu'aucune autorité civile ou militaire ; qu'aucune institution, fut-elle internationale, ne peut s'opposer à une décision de la Cour ».

2. L'exécution des décisions

Rappelons que **c'est un droit pour tout justiciable d'obtenir la mise en exécution des décisions de justice dès lors qu'elles sont devenues « définitives et obligatoires »**, c'est-à-dire **irrévocables**. Dégagée par la CEDH dans l'***arrêt Hornsby c/Grèce du 19 mars 1997***, il constitue la ***troisième composante*** du droit à un procès équitable. **La première** étant ***le droit à un juge*** (***Arrêt Golder c/Royaume-Uni du 21 février 1975***) et ***la deuxième étant le droit à un bon juge*** (indépendant, impartial, statuant en toute équité, avec célérité et respect de toutes les garanties d'une justice exemplaire). Il s'agit d'un ensemble de prédispositions qui garantissent un procès équitable.

La question qui survient alors est de savoir est-ce que le juge constitutionnel statuant en matière d'exception d'inconstitutionnalité s'est positionné sur la question de l'exécution de ou de l'inexécution des décisions rendues ?

La réponse est assurément **OUI** ! Il a bien pris position, **mais de quelle manière ?**

Dans le (Considérant 12) de sa décision précitée « Rabat d'arrêt », le Conseil constitutionnel a clairement fait observer que **l'exécution ou l'inexécution d'un arrêt revêtue de l'autorité de la chose jugée ne relève nullement du juge mais des parties elles-mêmes**. Cette remarque emporte la conviction que l'office du juge est clôturé une fois la décision revêtue de la chose juge jugée. **Il se borne à dénouer le litige et non de s'occuper de son exécution**. Toutefois, le sort d'une décision juridictionnelle est d'être observée, appliquée, exécutée par les parties, les pouvoirs publics et par les juges dans le cadre de l'exception d'inconstitutionnalité.

C'est l'intervention de cette dernière, l'autorité judiciaire, qui retiendra notre attention, mais cette fois-ci, dans le prolongement de la décision d'exception de constitutionnalité vers d'autres sphères contentieuses. L'idée ici sera abordée sous l'angle d'une exécution contentieuse inspirée autant par la jurisprudence de la Cour suprême que celle de la Cour de justice de la CEDEAO.

D'une part, dans **son arrêt N° 21 du 12 mars 2015** ***Hissein Habré c/État du Sénégal***, la **chambre administrative** a clairement fait sienne de la décision portant sur l'exception d'inconstitutionnalité antérieurement rendue par le Conseil constitutionnel sur la question. Dans le **Considérant N° 3**, la Cour suprême avance que : « **Considérant que** le Conseil constitutionnel par décision n° 01 du 2 mars 2015, a rejeté l'exception d'inconstitutionnalité en décidant que l'accord du 22 août 2012 signé entre le Gouvernement du Sénégal et l'Union africaine ne comporte aucune stipulation contraire à la Constitution ». Et la Cour suprême, face à un second moyen en défense produit par le requérant, qui critiquait la composition du Conseil constitutionnel et les motifs de la décision, lui a opposé à son **Considérant N° 6**, ceci : « Il y a lieu de faire observer que conformément à l'article 92 de la Constitution, la décision du Conseil constitutionnel n'est susceptible d'aucune voie de recours, et qu'elle s'impose aux pouvoirs publics et à toutes les autorités administratives et juridictionnelles ; **Qu**'ainsi, la Cour suprême qui ne peut ni apprécier, ni censurer la décision du Conseil constitutionnel, ne saurait lui renvoyer à nouveau l'exception d'inconstitutionnalité, encore moins examiner le moyen qui se borne à critiquer les motifs de la décision ; **Qu**'il y a lieu, dès lors, de rejeter ces moyens développés dans le second mémoire en réponse du requérant ».

D'autre part, l'affaire « Ndiaga Soumaré » qui avait occasionné l'intervention de plusieurs arrêts de la Cour suprême (3), et une décision du Conseil constitutionnel, a connu des suites judiciaires communautaires. Le requérant a repris à son compte un certain nombre de griefs adressés à l'encontre des hautes juridictions sénégalaises, devant la juridiction communautaire de la CEDEAO. En rendant son **arrêt en date du 27 février 2019, la CJCEDEAO** a estimé dans le fond qu'« en l'espèce, en soutenant que son droit à un procès équitable a été violé, Ndiaga Soumaré veut amener la Cour de céans à faire une analyse critique des décisions de la Cour Suprême et du Conseil constitutionnel du Sénégal alors que la Cour de céans, comme elle l'a toujours rappelé dans sa jurisprudence, n'est ni une juridiction d'appel ni une juridiction de cassation des décisions des juridictions nationales… ».

Ces précédents illustrent suffisamment l'impact des solutions juridictionnelles rendues par le Conseil constitutionnel.

Sous-thème II : Le présent

L'accès à la justice constitutionnelle au Sénégal

Isaac YANKHOBA NDIAYE
Professeur agrégé des Facultés de Droit,
ancien Vice-président du Conseil constitutionnel

L'accès à la justice est une variante de l'accès au droit qui, aujourd'hui, est perçu aussi bien comme l'intelligibilité du droit que l'effectivité des droits et des libertés ; il y a là donc un élément d'une figure composite subodoré en plus comme « objectif à valeur constitutionnelle ». Les anthropologues, sociologues et autres philosophes continueront certainement toujours à discuter de tous ces éléments, à titre de « principes de droit et de principes du droit », pour rendre la matière encore plus éclectique.

Notre propos se fera beaucoup plus modeste, sans pour autant se départir de sa substance : le nouveau lien de rattachement qui unit désormais, de plus en plus, le citoyen et la Constitution, dans leur accompagnement en devenir permanent.

L'accès aux tribunaux est un droit fondamental du citoyen ; ce droit serait mieux protégé sous le regard du juge constitutionnel, juge spécial, ayant la charge de veiller au respect de la norme suprême.

Il nous faut répondre à deux questions pour apprécier le sujet :

– pourquoi le citoyen doit-il accéder à la justice constitutionnelle ?
– comment le citoyen peut-il accéder à la justice constitutionnelle ?

I. Pourquoi le citoyen doit-il accéder à la justice constitutionnelle ?

Deux principales raisons pourraient être avancées :

D'abord, le contrôle a priori a étalé ses limites (A) ; ensuite, l'État de droit doit être consolidé (B).

A. Les insuffisances du contrôle a priori

Plusieurs limites peuvent être soulevées dans cette perspective.

Le contrôle a priori n'est obligatoire que pour une certaine catégorie de lois : les lois organiques ; mais il ne faudrait pas oublier de relever qu'au Sénégal, ce contrôle a été mis entre parenthèses plusieurs années durant, sans que l'on sache la véritable raison de cette suspension volontaire ou non.

Il existe par ailleurs des saisissants institutionnels (l'Exécutif et l'Assemblée nationale) qui peuvent s'abstenir d'exercer leurs prérogatives pour des motifs qui leur sont propres, généralement d'ordre politique ; ce qui a pour effet de faire exclure du contrôle des lois qui ne devraient pourtant pas échapper à la compétence du Conseil constitutionnel.

En outre, à supposer que ce contrôle s'exerce, il peut ne concerner qu'une ou certaines dispositions de la loi : on sait en effet que le Conseil constitutionnel n'applique son contrôle avec la même intensité sur les dispositions non contestées, même sous le couvert de « considérant – balai », laissant supposer qu'une inconstitutionnalité d'office aurait pu être soulevée.

On pourrait aussi relever l'existence d'inconstitutionnalités virtuelles ou potentielles, celles qui ne se révèlent qu'à la suite de l'application de la loi.

Enfin, aujourd'hui, il reste convenu que « la loi votée n'exprime la volonté générale que dans le respect de la Constitution ». On ne peut plus, dès lors, affirmer que la loi promulguée bénéficie d'un brevet d'immunité, d'inconstitutionnalité ; que le contrôle effectué en amont aurait la vertu de l'expurger de toute inconstitutionnalité.

La philosophie de la souveraineté de la loi est en effet autrement perçue.

Sous ces différents regards, le contrôle abstrait de la loi par la juridiction constitutionnelle, à bien des égards, a suffisamment révélé ses limites. Aujourd'hui, le droit constitutionnel s'est transformé ; il est aussi devenu le droit du citoyen, et non plus seulement celui de l'État.

Dans ces conditions, dépasser le contrôle a priori n'est pas seulement souhaitable ; il renvoie aussi à un impératif de cohérence de la justice constitutionnelle.

Dans nos pays à démocratie encore fragile, en transition ou en gestation, où les majorités parlementaires sont souvent animées par des inclinaisons dominatrices et abusives, doit-on encore priver le citoyen de moyens d'action susceptibles de préserver les droits et libertés fondamentaux que prône la Constitution ?

Si le principe de l'intervention du citoyen semble être aujourd'hui admis par beaucoup, c'est aussi et surtout par ce qu'il participe au renforcement de la démocratie et de l'État de droit.

B. La consolidation de l'État de droit

L'accès à la justice, le droit au juge, relèvent des droits de l'Homme.

Il est en effet peu à propos, dans un État de droit, de proclamer tant de droits qui risquent de ne pas être protégés.

C'est pourquoi le « constitutionnalisme ne peut que se réjouir lorsque le prétoire de la justice constitutionnelle n'est plus réservé aux seuls gouvernants, lorsqu'il ouvre ses portes aux citoyens ».

C'est ce que traduit avec insistance l'auto glorification de l'exposé des motifs de la loi portant création du Conseil constitutionnel :

« Désormais... tous les citoyens pourront obtenir l'application des garanties fondamentales reconnues par la Constitution, même lorsqu'une loi paraîtra s'opposer à l'application de ces garanties. La Constitution constitue, en effet, le sommet de la hiérarchie des normes juridiques et il importe, dans une démocratie moderne, que sa violation puisse aisément être sanctionnée.

Ce progrès dans la protection des Droits de l''Homme et des libertés qui n'est même pas encore acquis dans toutes les démocraties occidentales, constitue sans doute une des avancées les plus importantes parmi celles que comporte la réforme. Il rendra plus effective la reconnaissance des droits et libertés par la Constitution ».

Dans une intonation plus retenue, la doctrine relève le parti que les citoyens peuvent en tirer par ce qu'il s'agit d'un « facteur de progrès, de la démocratie et de la consolidation des droits et libertés, d'une étape majeure dans le processus de modernisation du système judiciaire ».

C'est qu'en réalité, personne ne peut s'opposer à ce bel unanimisme dû à l'utilité certaine de cette ouverture permettant aux citoyens de participer au processus de contrôle de constitutionnalité des lois.

La lacune principale du contrôle de constitutionnalité des lois résidait dans la quasi-fermeture du prétoire au justiciable ; et cette lacune est davantage ressentie en matière de protection des Droits de l'Homme.

C'est, par suite, un puissant correctif que l'on introduit ici dans le dispositif de contrôle.

Il ne reste plus alors qu'à décliner le *modus operandi* rendant effective cette ouverture tant réclamée et obtenue.

II. Comment le citoyen peut-il accéder à la justice constitutionnelle ?

La réalisation de la mission du juge constitutionnel est surtout fonction des moyens mis à sa disposition ; formellement, il n'existe pas d'obstacles apparents.

Il suffit, en effet, d'invoquer l'inconstitutionnalité (A) afin que le juge constitutionnel puisse en décider (B).

A. L'invocation de l'inconstitutionnalité

Certains pays ont opté pour un contrôle par voie d'action permettant à tout citoyen de faire constater par le juge la violation par la loi de ses droits garantis par la Constitution.

Le Sénégal a pris une autre orientation.

* Dès 1992, à l'occasion d'une grande réforme qui a bouleversé l'architecture du système judiciaire, avec l'avènement de trois juridictions suprêmes (Conseil constitutionnel, Cour de cassation, Conseil d'État), le constituant reconnaissait au citoyen la possibilité de contester une loi déjà promulguée dès l'instant qu'il lui semble, dans le cadre d'une instance, que les droits constitutionnels risquent d'être méconnus.

Certes, ce contrôle ne donne pas au Conseil constitutionnel l'opportunité de trancher un litige ; tout au plus, lui permet-il, à l'occasion d'un litige concret, d'examiner la conformité de la loi à la Constitution.

Le Conseil constitutionnel intervient en aval de la procédure législative ; il se rapproche ainsi de la posture d'un véritable juge, celui qui a le devoir de garantir les droits et libertés des individus.

Mais l'invocation de l'exception d'inconstitutionnalité est aussi cantonnée : elle ne pouvait avoir lieu que devant la Cour suprême ; ce n'est qu'à partir de 2016, qu'elle fut admise, aussi, devant la Cour d'appel. On peut déjà considérer une nette évolution.

Vingt-quatre (24) ans après la réception de l'exception d'inconstitutionnalité, il avait été en effet relevé un déficit de contentieux qualifié de sécheresse jurisprudentielle, en raison du nombre insignifiant de décisions rendues en la matière (moins de 15).

La forte restriction de la voie d'accès dictée par la prudence de l'époque n'y est certainement pas étrangère : on pensait devoir éviter ainsi l'encombrement du prétoire.

Il semblerait aussi que le constituant sénégalais de 1992 s'était tout juste adapté au contexte de l'époque, celui de l'effervescence et du renouveau démocratique en Afrique, et certainement aussi celui des conditionnalités.

Pourtant, certains pays plus concernés par ces contingences sont allés plus loin que le Sénégal dans cette ouverture de la justice constitutionnelle : Madagascar, Togo, Bénin, Mali, Niger, Guinée, Côte d'Ivoire...

Il faut aussi par ailleurs souligner que la juridiction devant laquelle est soulevée l'exception bénéficie d'une marge de manœuvre très réduite : elle ne peut se prononcer sur la recevabilité de l'exception d'inconstitutionnalité en elle-même; elle doit obligatoirement transmettre la question de constitutionnalité au Conseil constitutionnel qui rappelle de manière constante sa compétence exclusive :

« l'appréciation de la conformité de la loi à la Constitution échappée totalement à son emprise... Que cette mission est essentiellement et exclusivement dévolue au Conseil constitutionnel » (CC, 3 mars 2014, Affaire Karim Wade).

Le Conseil a même tenu à préciser que lorsque le juge de renvoi « déclare recevable l'exception d'inconstitutionnalité », il veut simplement dire que le litige qui lui est soumis mérite d'être transmis au Conseil constitutionnel, mais non que l'exception d'inconstitutionnalité soit recevable "(CC, 13 février 1995, Moussa Ouattara et autres, décision, numéro 17).

Il est ainsi interdit au juge saisi de se livrer à toute appréciation de constitutionnalité dans le cadre de la procédure de l'exception d'inconstitutionnalité.

Il ne faudrait toutefois pas en déduire que le juge doit se satisfaire seulement de transmettre la question soulevée. Il doit, en effet, s'assurer de sa compétence et de la recevabilité du recours porté devant lui; il doit purger toutes les fins de non-recevoir avant de saisir le Conseil constitutionnel, car « un pourvoi non purgé de toutes fins de non-recevoir, ou simplement fantaisiste, ne saurait servir de prétexte pour saisir le Conseil constitutionnel d'une exception d'inconstitutionnalité » (CC, 13 février 1955, précité).

Cette exigence renfermerait au moins deux vertus : éviter l'encombrement et assurer une bonne administration de la justice.

Le dialogue que le Conseil constitutionnel essaie ainsi d'instaurer pourrait alors être fécond; mais encore faudrait-il que le juge devant lequel le recours est posé soit toujours réceptif.

Il peut arriver, en effet, parfois que le discours ne soit pas entendu. À deux reprises au moins, on a pu relever une certaine dissonance provoquée par les autres juges qui ont cru pouvoir aller au-delà de ce qui devait être leur posture, en décidant que : « la solution du litige n'est pas subordonnée à l'appréciation par le Conseil constitutionnel de la conformité à la Constitution de la disposition incriminée » (CS ch. adm.24 mars 2016, Stes x Et Y/Commune de Mermoz Sacré-Cœur, numéro 21), CA Dakar, mars 2017, ministère public et Agent judiciaire de l'État/Khalifa Sall).

La situation peut s'avérer dès lors embarrassante, si l'on sait que le Conseil constitutionnel reconnaît lui-même n'avoir aucun pouvoir hiérarchique sur les autres juges, à l'égard de qui il ne peut donner d'injonction. On peut donc craindre l'installation d'un dialogue de sourds, si cette position des juges persiste ?

En tout état de cause, le sort réservé à l'exception d'inconstitutionnalité reste de la compétence du Conseil constitutionnel appelé à rendre sa décision.

B. La décision du Conseil constitutionnel

Elle est l'aboutissement d'une certaine procédure que l'on aurait souhaité moins discrète, voire moins secrète.

En effet, on peut regretter que les autorités publiques soient seules habilitées à produire des mémoires et à faire des observations, sans que les autres parties puissent y accéder; c'est l'absence du contradictoire qui peut gêner à ce niveau.

Pourtant, il est affirmé, à juste titre, que « le contrôle de constitutionnalité par voie d'exception est un procès constitutionnel fait à la loi qui s'immisce dans le procès du justiciable ».

Il serait alors de bon augure qu'il puisse reposer au moins sur le principe du contradictoire, principe de procès équitable comme dans la plupart des pays africains (Bénin, Madagascar, Côte d'Ivoire, Niger, Algérie, Maroc, Burkina-QPC-). Et pourquoi pas connaître une certaine publicité.

L'objet du contrôle, quant à lui, renvoie à confronter une norme avec le texte constitutionnel qui serait atteint.

* La Constitution bien que peu diserte, semble assez expressive quant aux normes pouvant être contestées :

« Lorsque la solution d'un litige porté devant la Cour d'appel ou la Cour suprême est subordonnée à l'appréciation des dispositions d'une loi ou des stipulations d'un accord international, la juridiction saisit obligatoirement le Conseil constitutionnel d'une exception d'inconstitutionnalité ».

* A priori, seuls les lois et les traités internationaux peuvent être contestés par la voie de l'exception d'inconstitutionnalité (Code général des Collectivités locales territoriales, 25 avril 2019, Décision numéro1-C-2019; de la loi sur la Crei, 3 mars 2014, Affaire Karim Wade, Décision n° 1c-2014; du statut du personnel des Douanes, 18 juillet 2013, affaire Papa djihadisme Diop, Décision n° 2-C-2013).

Il s'agit principalement de lois ordinaires ne faisant pas l'objet de contrôle a priori et potentiellement porteuses d'atteintes à des droits fondamentaux, notamment de la famille, du travail, du droit pénal ou fiscal; par contre pour les lois organiques, il est peu vraisemblable qu'elles puissent être visées dès l'instant qu'elles font obligatoirement l'objet d'un contrôle, à moins que ce contrôle n'ait pu être effectué (CC, 23 juin 1993, Affaire du rabat d'arrêt, à propos de la loi du 30 mai 1992 relative à la Cour de cassation). (idem Bénin).

On pourrait aussi songer à faire contrôler les lois constitutionnelles. Mais, au Sénégal, la porte paraît fortement barricadée, malgré l'intensité des débats sur la question.

On peut d'ailleurs rappeler à cet égard la jurisprudence constante de l'incompétence qui serait devenue l'une des «marques distinctives» du Conseil constitutionnel sénégalais.

* Par contre, les accords internationaux n'échappent pas au contrôle (accord Union africaine-République du Sénégal pour la création des chambres africaines extraordinaires CC 2 mars 2015, affaire Hissein Habre, Décision n° 1-C 2015, ou CC 8 février 2001, accord de siège BCEAO).

Il en est autrement pour les actes administratifs (décret de nomination de M. Youssoupha Ndiaye en qualité de Président du Conseil constitutionnel).

L'exception d'inconstitutionnalité couvre aussi la protection des droits fondamentaux, les conflits de compétence, l'organisation du pouvoir fonction essentielle (CC 3 juin 1993, Moussa Ouattara et autres, Décision n° 3 et 4-C-96),

Il faut souligner, globalement, que les normes de référence au Sénégal dans le cadre de l'exception d'inconstitutionnalité vont au-delà de la protection des droits fondamentaux pour intégrer l'organisation du pouvoir (CC 3 juin 2993, Moussa Ouattara et autres, décision n° 3 et 4 C-96; adde : A.Soma, La séparation des pouvoirs, comme droit fondamental dans le constitutionnalisme contemporain, Afrilex, janvier 2018), bien qu'en France, on ait pu penser que « le justiciable n'a pas vocation à s'ériger en gardien de la procédure législative ou du respect des compétences respectives du législateur et du pouvoir réglementaire » (Rapport Comité Balladur).

L'exception d'inconstitutionnalité joue ainsi au Sénégal un double rôle : à la fois protection des droits fondamentaux et préservation de l'ordre constitutionnel.

Les effets des décisions peuvent être orientés vers deux principales directions :

* La décision s'impose erga omnes, c'est sa valeur juridique absolue, à l'instar de pratiquement tous les pays, à moins qu'il ne s'agisse d'une décision d'irrecevabilité.

La décision s'impose aux pouvoirs publics et à toutes les autorités administratives et juridictionnelles (article 92 de la Constitution. adde CS 11 juillet 2019, Entente CADAK-CAR/État du Sénégal, affaire numéro/j/495/RG15/30/12/15).

Par contre, « si le Conseil constitutionnel estime que la décision dont il est saisi n'est pas conforme à la Constitution, il ne peut plus en être fait application ».

On peut se demander pourquoi maintenir encore dans l'ordonnancement juridique une disposition contraire à la Constitution.

Les options peuvent être diverses : faire du juge constitutionnel un législateur négatif en donnant à sa décision un effet abrogatif (Bénin, Maroc, France, Niger, Côte d'Ivoire, Gabon, Madagascar, Algérie) ou encore reconnaître à la décision un effet suspensif, le temps nécessaire pour que le Parlement en tire les conséquences.

À titre conclusif, il ne serait pas hors propos de revenir sur la jurisprudence rendue en matière d'exception d'incons-titutionnalité.

* Hier, on pouvait encore relever que le déficit du contentieux était aussi et surtout accompagné de décisions de conformité, sans que l'on puisse imaginer naïvement le Sénégal en Eldorado constitutionnel à l'abri de toute atteinte.

En réalité, en dépit des vertus dont elle était parée, l'exception d'inconstitutionnalité n'a pas connu un rayonnement à la dimension de sa finalité.

Elle apparaissait, en effet, sous une physionomie peu avantageuse ; le mécanisme est resté peu connu ou méconnu, à tout le moins peu sollicité ; les explications pouvaient certainement être plurielles et inventoriées, les unes à la suite des autres, sans que la vitalité soit retrouvée.

Mais, il fallait aussi reconnaître que la brutalité des statistiques ne donne pas l'exacte mesure de l'enrichissement issu de cette jurisprudence.

Il a été déjà souligné l'œuvre pédagogique initiée par le Conseil constitutionnel, ici ou là ; même sur des aspects de protection des droits et libertés fondamentaux, l'occasion a été donnée au Conseil constitutionnel de tracer la voie qui lui paraissait idoine : sur le droit de propriété, sur la liberté syndicale, le droit de grève, le principe de non-rétroactivité, sur le principe d'égalité et la non-discrimination, le double degré de juridiction, les droits de la défense, les droits acquis ou le principe de la séparation des pouvoirs.

Certes, s'il reste vrai que les résultats n'ont pas toujours été ceux espérés, les enseignements à tirer de cette jurisprudence ne constituent pas nécessairement un passif à supporter indéfiniment.

Il nous faut se convaincre que la réforme intervenue apporte, avec elle, un nouveau ressort susceptible d'exploiter judicieusement les potentialités réputées être en souffrance.

On se permet encore de croire que le législateur n'est pas encore resté au milieu du gué, et que la vitalité du Conseil constitutionnel est en progression, même si c'est selon son propre rythme, étant entendu que le renouveau de la justice constitutionnelle est aussi irréversible.

Sous-thème III : Le présent (suite)

Quel rapport entre le juge constitutionnel et les autres juges nationaux ?

ALIOUNE SALL
Professeur agrégé de droit public,
ancien juge à la Cour de justice de la CEDEAO

Pour l'essentiel, ce rapport entre le Conseil constitutionnel et le juge national s'exprime dans la procédure de l'exception d'inconstitutionnalité : relevant que l'inconstitutionnalité d'une norme évoquée devant lui est alléguée par l'une des parties au procès, le juge – Cour suprême ou Cour d'appel – sursoit à statuer et défère la question au juge de la Constitution pour que celui-ci se prononce sur ce point précis ; après quoi le procès principal reprend son cours.

À vrai dire, il serait quelque peu déplacé de parler d'« échanges » entre les deux juges à cet égard. La jurisprudence elle-même ne livre qu'un enseignement majeur : l'insistance du juge constitutionnel sur la nécessité, pour le collègue qui le saisit, de purger la requête qui lui est adressée des questions de compétence et de recevabilité. En d'autres termes, la Cour suprême ou la Cour d'appel doit avoir statué sur ces deux points précis avant de saisir le Conseil. Cette jurisprudence a été appliquée au Conseil d'État (en son temps, décision du 13 février 1995) et à la Cour suprême (à propos de son arrêt du 26 juillet 2012).

Cela étant, au moins trois types d'observations peuvent être faits au sujet du rapport que le juge constitutionnel entretient avec ses autres collègues.

Premièrement, la question du pouvoir d'appréciation du juge devant qui l'exception d'inconstitutionnalité est soulevée se pose : doit-il automatiquement transmettre l'exception ou peut-il, à l'instar du système français de la QPC par exemple, apprécier la pertinence ou le sérieux de l'exception soulevée ? Peut-il, en d'autres termes, exercer une sorte de pré-jugement de constitutionnalité ? Dans les faits, il semble que le juge d'appel sénégalais exerce un tel contrôle, puisqu'il est arrivé, a-t-on appris d'avocats conviés au colloque, qu'il « rejette » une exception en la jugeant « pas sérieuse ». Il n'est pas certain, à notre sens, qu'un tel pouvoir puisse être déduit des textes. En effet, l'article 92 de la Constitution dispose bien que le Conseil constitutionnel « connaît des exceptions… soulevées » devant la Cour d'appel ou la Cour suprême. Il suffit donc que l'exception soit simplement « soulevée », pas nécessairement « débattue » ou « discutée ». Cela tendrait à établir que le juge saisi du principal est tenu, obligé, de transmettre au Conseil constitutionnel l'exception. L'on pourrait toutefois concéder une chose : que ce juge peut effectivement « rejeter » cette exception lorsque celle-ci est manifestement mal – fondée ou « fantaisiste » (on imagine par exemple un plaideur soulevant l'inconstitutionnalité d'une loi n'ayant aucun rapport avec le litige, à des fins purement dilatoires). Mais en dehors de cette hypothèse, certainement marginale, rien ne nous semble conférer à la Cour d'appel ou à la Cour suprême un pouvoir d'appréciation de la pertinence de l'exception. Bien entendu, il reste parfaitement possible – et peut-être souhaitable pour certains – de conférer à ces juges un tel pouvoir, mais il faudrait alors sans doute que le texte soit plus précis à cet égard. Dans l'absolu, rien n'empêche de faire évoluer celui-ci.

En deuxième lieu, il convient de relever que les possibilités d'« échanges » entre juges sont obérées par trois règles du contentieux constitutionnel sénégalais.

- Le débat constitutionnel n'est pas ouvert aux autres juridictions. Ne sont conviés au procès que le Président de la République, le Premier ministre et le président de l'Assemblée nationale, qui peuvent faire des observations écrites (article 14 de la loi organique relative au Conseil constitutionnel). À bien des égards, celui-ci reste un huis clos et par sa structuration même, il donne à penser qu'il n'intéresse que les organes politiques de l'État, à l'exclusion non seulement du citoyen, mais des autres juges.

- Si l'exception est favorablement accueillie – et donc la loi neutralisée, « il ne peut plus être fait application » de cette norme (article 22 alinéa 3 de la loi organique relative au Conseil). Cette conséquence, évidemment concevable en pure logique, exclut toute chance d'un débat ultérieur, la voix du Conseil constitutionnel met un terme non seulement à un débat judiciaire ponctuel, mais supprime pour l'avenir toute discussion sur une norme désormais expulsée de l'ordonnancement juridique. Si, au contraire, la norme censurée que l'était que ponctuellement et non définitivement – comme c'est le cas dans certains systèmes –, la perspective d'un « échange » inter-juridictionnel aurait été envisageable, l'attitude du juge ultérieurement saisi pouvant être révélatrice d'un « alignement » ou d'une « dissidence » à l'égard du juge constitutionnel.

• Dès lors, la seule modalité des relations entre le juge constitutionnel et les autres juges est de type hiérarchique et « autoritaire » : les décisions du Conseil « s'imposent » aux pouvoirs publics et à toutes les autorités administratives et juridictionnelles » (article 92 de la Constitution). Il faut comprendre que cette disposition, qui se conçoit elle aussi, opère à la manière d'un couperet et rappelle que le « dialogue » inter-juridictionnel a des limites.

En troisième et dernier lieu, il convient de tempérer ces limites, car le Conseil constitutionnel n'a pas pour ainsi dire le monopole de la Constitution, d'autres juges se réfèrent à celle-ci. En effet, le contrôle de constitutionnalité au Sénégal n'est pas aussi « concentré » ou « centralisé » qu'on peut le croire. La Cour suprême notamment, a invalidé des actes administratifs sur la base de dispositions de la Constitution, montrant par là qu'elle est aussi, à l'occasion, un juge constitutionnel. Ainsi, l'arrêt du 24 novembre 2016, « Collectivité léboue de Ouakam » se fonde explicitement sur l'article 15 de la Constitution, qui consacre le droit de propriété, et annule un arrêté préfectoral sur cette base. La Cour suprême estime donc – avec raison pensons-nous –, que le « bloc de la légalité » inclut la Constitution, elle intègre la Constitution dans ses normes de référence. Elle réalise une sorte de contrôle de constitutionnalité dans le cadre d'un pourvoi, la Constitution s'infiltre ainsi dans le contentieux judiciaire, la Cour suprême est donc bien un juge constitutionnel.

Ce fait rend alors pertinente une interrogation sur le fameux « dialogue » des juridictions. Celui-ci se pose dès lors que des juges travaillent concurremment sur le même corpus juridique, qui est ici la Constitution. La conjonction des jurisprudences peut être harmonieuse, elle pourrait aussi être dissonante, d'où, précisément, la nécessité d'une « attention » réciproque. Il reste cependant à espérer que l'intégration de la norme constitutionnelle ne reste pas, au sein de la Cour suprême, une sorte d'apanage de sa Chambre administrative, qui est certes la plus « sensible » aux règles du droit public. La diffusion de la « préoccupation constitutionnelle » dans toutes les sections de la Cour serait de nature à réaliser la fameuse « constitutionnalisation des branches du droit », qui donnerait véritablement corps au principe de la suprématie de la Constitution et à l'ancrage judiciaire et social de celle-ci.

En conclusion et d'un point de vue purement prospectif, on pourrait s'interroger sur l'opportunité d'introduire dans notre système judiciaire un contrôle de constitutionnalité des actes judiciaires. Cette problématique est assurément liée à celle de notre sous-thème, qui porte sur le rapport entre le juge constitutionnel et les autres juges nationaux. Un tel contrôle aurait sa propre autonomie, il induirait une triple spécificité :

– la *procédure* serait spécialement celle d'un contrôle de constitutionnalité des actes judiciaires ;

– le *moyen soulevé* serait la violation de la Constitution par une décision judiciaire ;

– l'instance compétente serait le juge attitré de la Constitution, le Conseil constitutionnel.

Sous-thème IV : Le présent (suite)

Le Conseil constitutionnel, garant de l'expression de la volonté populaire (l'élection présidentielle, l'élection des députés et des hauts conseillers, le référendum)

Monsieur BABALY SALL
Professeur agrégé de Droit public et de Science politique de l'Université Gaston Berger de Saint-Louis,
Directeur du Carrefour d'Études et de Recherche-Action pour la Démocratie et le Développement (CERADD) de l'UGB.

et Dr YAYA NIANG
Enseignant/Chercheur à l'UFR de Sciences juridiques et politiques de l'Université Gaston Berger de Saint-Louis

Axe de Communication : Le Conseil constitutionnel et le contrôle de l'expression de la volonté populaire (l'élection présidentielle, l'élection des députés et des hauts conseillers, le référendum).

Les transitions démocratiques des États africains ont été ouvertes par la République du Bénin à travers sa Conférence nationale du 18 au 29 février 1990. Celle-ci entendait trouver des solutions constitutionnelles aux conflits politiques[1].

[1] J. Du Bois De Gaudusson, « Les solutions constitutionnelles des conflits politiques », *Afrique contemporaine* n° 80, octobre 1996, p. 250.

Les Constitutions modifiées ou adoptées[2], sous l'influence de cette vague démocratique, se sont quasiment toutes soldées, entre autres conséquences, par la création de juridictions constitutionnelles dont une des principales missions consiste à réguler les consultations électorales.

C'est dans ce contexte particulier que les juridictions constitutionnelles autonomes ont émergé. Les trajectoires politiques de chaque État ont été déterminantes dans la définition des attributions du juge constitutionnel. Le droit antérieur à la période de transition a fortement influencé le droit qui en sera issu. Ainsi, selon Babacar Kanté, « dans certains États, au passé récent de régime dictatorial ou de faible intensité démocratique, la juridiction constitutionnelle est souvent conçue comme le garant ou la sentinelle contre toute velléité de retour à l'arbitraire ». Le constat renseigne que la quasi-totalité de ces États ont institué des Cours constitutionnelles. Il en a été ainsi pour le Bénin, le Gabon, le Mali et le Togo.

En revanche, poursuit l'auteur, « dans d'autres, où les institutions fonctionnaient tant bien que mal, la juridiction constitutionnelle est plutôt cantonnée à un rôle plus spécifique et limité »[3]. Le Sénégal fait partie de cette dernière catégorie. Dans ces États comme le Sénégal, les Conférences nationales n'ont pas été organisées. On s'est contenté de modifier juste le texte fondamental en y apportant quelques réaménagements. Au Sénégal, la loi n° 92-22 du 30 mai 1992 portant révision de la Constitution avait bouleversé l'organisation judiciaire sénégalaise par l'éclatement de la Cour suprême en plusieurs juridictions que sont le Conseil d'État, la Cour de cassation et le Conseil constitutionnel.

Ainsi, le Conseil constitutionnel, créé par la loi organique n° 92-23 du 30 mai 1992[4], est désormais spécialisé aussi bien en matière de contrôle de constitutionnalité des lois que celle de contrôle de la régularité des élections nationales. C'est cette dernière catégorie de compétences qui

---

[2] Voir J. Du Bois De Gaudusson, Gérard Conac et Christine Desouche, *Les constitutions africaines publiées en langue française*, Tome 1, Paris, *La documentation française*, 1997, 452 p. ; *Les constitutions africaines publiées en langue française*, Tome 2, Paris, J. Du Bois De Gaudusson, Gérard Conac et Christine Desouches, *La documentation française*, 1998, 458 p.

[3] B. Kanté préface in I.M. Fall (dir.), Les Décisions et avis du Conseil Constitutionnel du Sénégal, Dakar, CREDIALA, 2008, p. 14.

[4] Loi organique n° 92-23 du 30 mai 1992 portant Conseil constitutionnel publiée au J.O. n° 5469 du 1er juin 1992, p. 240 va préciser l'organisation et le fonctionnement. Elle est abrogée et remplacée actuellement par la loi organique n° 2016-23 du 14 juillet 2016, publié au JORS n° 6946 du 15 juillet 2016.

nous intéresse particulièrement dans cette étude. Celle-ci entend faire un bilan de l'exercice de cette fonction essentielle du Conseil constitutionnel qu'est le contrôle de l'expression de la volonté populaire. Depuis sa création, soit vingt-huit (28) ans aujourd'hui, le Conseil a rendu pas moins de soixante (60) décisions en matière électorale[5] (présidentielles, législatives, sénatoriales, Hauts conseillers des collectivités territoriales et référendaires confondues). L'analyse de ces décisions du haut conseil suscite une interrogation, celle de savoir si le Conseil constitutionnel est véritablement garant de l'expression de la volonté populaire ?

Une revue de toutes les jurisprudences en matière électorale révèle que la juridiction constitutionnelle met en œuvre ses larges compétences reconnues par la Constitution aussi bien pour l'éligibilité des candidats que pour l'authenticité des résultats. C'est ce qui dénote une présence remarquable du Conseil constitutionnel pour sauvegarder l'expression de la volonté populaire (I). Cependant, à y regarder de plus près, la lecture de la jurisprudence renseigne aussi sur une figure d'un juge constitutionnel timide dans le contrôle des règles organisant l'expression de la volonté populaire. Le juge invoque fréquemment ses compétences d'attribution pour se retenir d'exercer un contrôle de constitutionnalité des lois constitutionnelles, bien que celles-ci aient une incidence notable sur l'organisation de l'expression de la volonté populaire. Lorsqu'il s'agit précisément des lois organiques ou ordinaires, le juge constitutionnel fait preuve de retenue assimilable à de l'immobilisme. Il en résulte une quasi-absence du Conseil constitutionnel pour ce qui est du contrôle des règles électorales organisant l'expression de la volonté populaire (II).

I. Une présence remarquable du Conseil constitutionnel pour la sauvegarde de l'expression de la volonté populaire

En souvenance « des turpitudes de trois décennies d'exercice autoritaire du pouvoir »[6], le juge constitutionnel électoral semble désormais signer un pacte avec le peuple pour porter à destination tout processus électoral même perturbé. Ce processus, quelles que soient les conditions dans lesquelles il se tient, doit aboutir. Cette réalité est valable pour le juge constitutionnel sénégalais qui présente la figure d'un juge

[5] Décisions disponibles sur ce lien https://conseilconstitutionnel.sn/category/toutes-les-decisions/matiere-electorale-et-referendaire/.

[6] I. Diallo, « À la recherche d'un modèle africain de justice constitutionnelle », A.I.J.C., XX, 2005, p. 95.

garant aussi bien de l'authenticité de l'expression de la volonté populaire (A) que de la sauvegarde de celle-ci par le truchement d'une régulation électorale (B).

A. La figure d'un juge garant de l'authenticité de la volonté populaire

Comme garant de l'authenticité de l'expression de la volonté populaire, le Conseil constitutionnel sénégalais est appelé à se prononcer sur toutes les contestations se rapportant à la validité des résultats. Il statue sur les diverses allégations des requérants. Plusieurs décisions illustrent les diverses possibilités de sa saisine sur de multiples questions comme celles relatives à la composition et au fonctionnement des bureaux de vote[7], à la régularité de la transmission des procès-verbaux[8], à l'intérêt des mentions sur les procès-verbaux[9], à l'entrave au libre accès du bureau de vote par le parti au pouvoir[10] ou à l'interdiction d'accès au bureau de vote[11], à la dénonciation des actes de violence exercés sur les représentants des partis politiques et des membres de bureau de vote[12]. Il peut également être saisi de griefs tirés de l'implication des membres de gouvernement dans le directoire de campagne d'un candidat et de l'utilisation des moyens et biens de l'État[13]. Attaché au principe d'égalité des candidats, le Conseil constitutionnel reste intransigeant sur les contestations relatives à l'utilisation de l'image et du nom du

---

[7] Conseil constitutionnel sénégalais, Décision n°42/98 Affaires n° 12 à 29/E/98 du 08 juin 1998 portant proclamation des résultats des élections législatives.

[8] Conseil constitutionnel du Sénégal, décision 96/2007-affires n° 4/E/2007 et 5/E/2007, Ousmane Tanor Dieng et Abdoulaye Bathily, tendant à l'annulation des procès-verbaux de la Commission nationale de recensement des votes et du 1er retour du scrutin présidentiel du 25 février 2007.

[9] Conseil constitutionnel sénégalais, Décision n°10/93- Affaires n° 20 à 23/E/C/93, I.D. Thiam, M. Diop, D. Ngom, SD. Thiam, candidats aux élections législatives.

[10] Conseil constitutionnel sénégalais, Décision n° 42/98- Affaires n° 12 à 20/E/98 du 08 juin 1998 portant proclamation des résultats des législatives.

[11] Dans le dernier cas de figure, le Conseil a considéré que l'attitude d'un baron socialiste à Rufisque a été constitutive d'une atteinte grave à la régularité du scrutin dans le bureau de vote mis en cause. Il s'en est suivi une annulation des résultats de ce bureau. Voir Décision n° 83-Affaires n° 6 à 12/E/2001 du 12 mai 2001 portant proclamation des résultats des législatives.

[12] Conseil constitutionnel sénégalais, Décision n° 42/98 - Affaires n° 12 à 20/E/98 du 08 juin 1998 portant proclamation des résultats des législatives.

[13] Conseil constitutionnel, Décision n° 4 à 11/E/2000 du 10 mars 2000 portant proclamation des résultats du premier tour de l'élection présidentielle du 27 février 2000.

Président de la République lors d'une compétition électorale à laquelle il n'est pas candidat. C'est ce qu'illustre une décision spectaculaire du juge constitutionnel, celle du 26 mars 2001[14]. En l'espèce, la juridiction constitutionnelle a été saisie par des candidats de l'opposition qui demandait l'annulation de l'arrêté du ministre de l'Intérieur fixant les couleurs et les symboles des bulletins de vote des élections législatives du 29 avril 2001. L'arrêté querellé avait admis que les mentions du nom de « WADE », Président de la République, et sa photo, pouvaient figurer sur le bulletin de vote. Les requérants ont soutenu l'illégalité de cet arrêté et la violation des principes généraux du droit constitutionnel et du droit électoral. En réponse à ces allégations, le Conseil constitutionnel a estimé courageusement que :

« Le principe d'égalité entre les partis et les coalitions de partis commande qu'ils connaissent le même traitement ; qu'ainsi, aucun d'eux ne peut, au cours d'une compétition, électorale à laquelle le Président de la République n'est pas candidat, utiliser l'image et les attributs constitutionnels de celui-ci ».

En conséquence, poursuit le Conseil, il y a lieu de décider que l'arrêté n° 001667 du 21 mars 2001 du ministre de l'Intérieur fixant les couleurs et les symboles des bulletins de vote, pour les élections législatives du 29 avril 2001, doit être modifié.

L'authenticité de l'expression de la volonté populaire s'étend aussi à la matière référendaire. Dans sa fonction de garant de la certification des résultats issus du référendum, le Haut conseil assure une présence remarquable. C'est ce qui ressort des décisions des consultations référendaires du 20 mars 2016[15] et du 7 janvier 2001[16]. Le référendum du 7 janvier 2001 a soulevé d'importantes questions de droit auxquelles le Conseil constitutionnel a apporté des réponses « juridiquement acceptables ». Il en était ainsi des questions se rapportant au pouvoir d'initiative d u référendum par le Président de la République[17], des modalités d'organisation du référendum en cas d'absence de dispositions consti-

---

[14] Conseil constitutionnel, Décision n° 2,3 et 4/E/2001 du 26 mars 2001.

[15] Conseil constitutionnel, Décision n° 1/E/2016 du 30 mars 2016 portant proclamation des résultats définitifs du référendum du 20 mars 2016.

[16] Conseil constitutionnel, Décision n° 1/C/2001 du 15 janvier 2001 portant proclamation des résultats définitifs des opérations de votes du référendum du 7 janvier 2001.

[17] Conseil constitutionnel, Décision n° 3/2000 du 9 novembre 2000 sur le pouvoir d'initiative du Président de la République du référendum.

tutionnelles et législatives y relatives[18]. Enfin, à l'occasion de ce référendum, le Conseil constitutionnel a précisé son incompétence à statuer sur les recours dirigés contre les décisions prises en matière de référendum par le Président de la République[19].

C'est dire qu'en cette qualité de garant de la sauvegarde de l'expression de la volonté populaire, il met en œuvre ses « pouvoirs exorbitants ». Plusieurs de ses décisions illustrent la mobilisation des pouvoirs de réformation et d'annulation partielle.

Il en est ainsi de la décision du 10 mars 2020[20]. En l'espèce, le juge constitutionnel sénégalais a considéré que l'absence de la liste d'émargement au début des opérations électorales ainsi que l'absence de publication et de notification de l'arrêté de nomination des membres des bureaux de vote dans les délais sont de nature à entraîner l'annulation du bureau de vote concerné.

Cependant, il faut préciser que la fréquence des annulations partielles contraste avec la rareté, voire l'inexistence des annulations générales des opérations électorales de scrutins.

Par ailleurs, le juge constitutionnel peut être invité à trouver une solution inédite dans le but de sauvegarder un processus électoral agité. Dans ce cas, il déploie une fonction de régulation.

B. La figure d'un juge garant de la sauvegarde de la volonté populaire dans un processus électoral agité

L'année 1993 devrait marquer un pas décisif dans le processus démocratique sénégalais suite à la mise en place de deux dispositifs que sont le Code électoral consensuel de 1992 et le Conseil constitutionnel créé par la loi n° 92-23 du 30 mai 1992[21]. Le Sénégal espérait vivre dans la quiétude l'expérience de ces deux instruments pour l'élection présidentielle du 21 février 1993. Pour la première fois, on devrait mettre en

---

[18] Conseil constitutionnel, Décision n° 5/2000 du 16 novembre 2000 relative au pouvoir réglementaire du Président de la République relatif aux modalités d'organisation du referendum en cas d'absence de dispositions constitutionnelles et légales.

[19] Conseil constitutionnel, Décision n° 6/C/2000 du 2 janvier 2001.

[20] Conseil constitutionnel, Décisions n° 71/2000-Affaires n° 4 à 11/E/2000 du 10 mars 2000 portant proclamation des résultats du premier tour de l'élection présidentielle du 27 février 2000.

[21] Loi abrogée et remplacée par la loi n° 2016-23 du 14 juillet 2016 relative au Conseil constitutionnel, J.O.S, n° 6946 du 15 juillet 2016.

œuvre les stipulations consensuelles du Code de 1992 et expérimenter un contrôle électoral d'une juridiction constitutionnelle autonome et spécialisée. L'espoir tant suscité par ces nouveaux outils fera long feu.

En effet, l'élection présidentielle du 21 février 1993 a été marquée par un retard notoire de la proclamation des résultats provisoires. Un blocage de la Commission nationale de Recensement des Votes (CNRV) a rendu impossible la proclamation des résultats provisoires de l'élection sus-indiquée. Or, la législation électorale prévoyait, à l'époque, la proclamation provisoire des résultats par la CNRV, avant la proclamation définitive des résultats par le Conseil constitutionnel. Il se trouve que la CNRV n'a pas pu proclamer les résultats provisoires du fait des divergences de vues sur les résultats des représentants des partis politiques, membres de la Commission. Jadis, les représentants des partis politiques, membres de la CNRV, avaient voix délibérative. Qu'est-ce qu'il fallait donc faire si la CNRV n'arrive pas à proclamer des résultats provisoires du fait d'un blocage ?

Ce blocage a été à l'origine de la saisine du Conseil constitutionnel par le Président de la Commission nationale de Recensement des votes. Une saisine avec transmission de l'ensemble des pièces électorales au haut conseil.

Pour résoudre le problème ainsi posé, le Conseil rendra deux décisions spectaculaires. Il s'agit de la décision du 02 mars 1993[22] dans laquelle la juridiction constitutionnelle a fait preuve de beaucoup de courage aussi bien sur la recevabilité qu'au fond pour sauvegarder un processus électoral malmené.

Sur la recevabilité de la requête, le Conseil constitutionnel a considéré qu'en dépit du silence des textes, qu'il entend examiner toute la question juridique se rapportant à cette saisine afin de trouver les ressorts de sa recevabilité du simple fait qu'il est « le seul juge chargé du contentieux des élections[23] [et] la seule instance de recours post-électoral habilitée à connaître de toute difficulté susceptible de faire échec au processus électoral établi par le code électoral pour le recensement des votes ».

S'agissant de sa compétence, le Conseil constitutionnel a estimé :

« qu'après s'être déclaré valablement saisi et malgré le silence des textes, il a l'obligation de se prononcer sur la question portée devant lui ;

---

[22] Conseil constitutionnel, Décision n° 5/93-Affaires n°6/E/93 du 02 mars.

[23] Le Conseil fait allusion aux élections nationales.

qu'en effet, ni le silence de la loi, ni l'insuffisance de ses dispositions, n'autorisent le Conseil compétent en l'espèce, à s'abstenir de régler le différend porté devant lui ; qu'il doit prononcer par une décision en recourant, au besoin aux principes généraux du droit, à la pratique, à l'équité et à toute autre règle compatible avec la sauvegarde de l'État de droit et avec l'intérêt commun ».

En réponse à la question de fond, celle de savoir si le Conseil peut proclamer les résultats définitifs sans qu'intervienne la proclamation des résultats provisoires, les sages ont soutenu que la saisine du Président de la Commission « ne l'oblige à procéder à la proclamation définitive des résultats des votes qu'une fois expirés les délais légaux de contestation des résultats après la proclamation provisoire de ces résultats, point de départ desdits délais ». Il en résulte que le juge constitutionnel a pris une décision de refus de proclamer les résultats définitifs en renvoyant tout le dossier à la Commission, tout en l'obligeant à poursuivre ses travaux dans un délai raisonnable de 72 h. Passé ce délai, précise le Conseil, en l'absence de proclamation des résultats provisoires, la Commission est considérée comme dessaisie et les candidats peuvent faire mention de toute contestation dans le rapport du Président de la Commission. La persistance de l'entrave au fonctionnement de la Commission a conduit celle-ci, après l'expiration du délai impératif de 72 h, à renvoyer le dossier, à nouveau, au Conseil constitutionnel pour proclamation des résultats définitifs. Cette fois-ci, le Conseil constitutionnel a accédé à la demande du Président de la Commission en procédant à la proclamation des résultats définitifs par la décision du 13 mars 1993[24].

L'intervention de cette décision emportant la proclamation des résultats définitifs a clos le chapitre de la turbulence électorale provoquée par le blocage du fonctionnement de la Commission nationale de Recensement des Votes.

Ces décisions spectaculaires renseignent sur les efforts remarquables du Conseil constitutionnel pour sauver l'expression de la volonté populaire.

Toutefois, cette présence notoire du juge constitutionnel contraste avec sa quasi-absence dans le contrôle des règles destinées à organiser le processus d'expression de la volonté populaire.

---

[24] Conseil constitutionnel, Décision n° 6/93 Affaires n° 7 à 12/E/93 du 13 mars 1993.

II. Une absence dommageable du Conseil constitutionnel du champ de contrôle des règles organisant l'expression de la volonté populaire

Dans le processus électoral sénégalais, si la présence, en aval, du Conseil constitutionnel, est remarquable, son absence, en amont, dans la fixation des règles électorales est tout aussi regrettable.

L'analyse de la jurisprudence du Conseil constitutionnel indique que le Conseil se déclare systématiquement incompétent à connaître la constitutionnalité des lois constitutionnelles, y compris celles ayant une incidence électorale. Pour les autres catégories de lois électorales, le haut Conseil fait preuve de retenue s'il est invité à les censurer. Cet état de fait révèle une mollesse du Conseil constitutionnel dans le contrôle des lois électorales organisant les élections (A). Cette absence notoire du juge constitutionnel rétrécit sa fonction de garant de l'expression de la volonté populaire. C'est dire que cette fonction est difficilement assurée lorsqu'un pan entier du processus électoral, celui de la fixation des règles électorales, échappe au contrôle du juge. Il apparaît ainsi qu'il urge de trouver un remède à cette absence dommageable (B).

A. La faible intensité du contrôle des lois ayant une incidence électorale

« Que peut faire le juge face à des dispositions constitutionnelles et législatives qu'il est chargé d'interpréter et dont l'application a pour effet d'exclure des postulants de la compétition pour la conquête et l'exercice du pouvoir ? »[25].

De notre point de vue, « le processus électoral commence depuis la fixation des règles électorales »[26]. Ce sont les lois qui fixent les modalités électorales et le juge se charge de les exécuter[27]. Ces lois peuvent être des lois constitutionnelles ou des lois organiques, voire ordinaires. Pour la première catégorie de lois, le juge constitutionnel se déclare

---

[25] Léon Dié Kassabo, « Le contentieux de l'élection présidentielle », in revue Afrilex, http://afrilex.u-bordeaux4.fr/Afrilex, janvier 2014, p. 10.

[26] Y. Niang, « Les fonctions du juge constitutionnel africain en matière électorale », Afrilex, 2018, p. 7, disponible sur ce lien: http://afrilex.u bordeaux4.fr/sites/afrilex/IMG/pdf/Les_fonctions_du_juge_const_en_matiere_elecorale_Dr_Yaya_NIANG_REVU.pdf.

[27] S. Dako, « Le contentieux électoral dans la jurisprudence de la Cour constitutionnelle du Bénin », », *A.B.J.C.*, *Revue de contentieux constitutionnel*, I.2013, p. 629.

systématiquement incompétent sans considération de leur influence sur le processus électoral. Pour les autres catégories de lois électorales, la juridiction constitutionnelle ne se relâche pas dans son contrôle.

Or, de notre point de vue, les révisions constitutionnelles ayant une incidence électorale ne doivent pas échapper au contrôle de constitutionnalité du Conseil constitutionnel. Il est noté dans beaucoup d'États africains, comme le Sénégal, que le juge constitutionnel s'abstient de contrôler les lois constitutionnelles. Le Conseil constitutionnel du Sénégal, conforme à une jurisprudence établie en France[28], n'admet pas de contrôler la constitutionnalité des lois constitutionnelles[29]. Pourtant, « certaines révisions, constitutives de sources de démolition de la démocratie, peuvent lier une Haute juridiction, avec pour effet pervers d'en faire l'exécutant de basses œuvres légales »[30]. Ces effets peuvent se rapporter aux restrictions à la liberté de candidature, à l'anéantissement[31] de la clause de limitation[32] du nombre de mandats ou encore à la prorogation des mandats.

Quelques décisions récentes illustrent cette politique jurisprudentielle du juge constitutionnel sénégalais consistant à déclarer son incompétence à connaître de la constitutionnalité des lois constitutionnelles malgré leur incidence directe ou indirecte sur l'expression de la

---

[28] Voir Conseil constitutionnel français, Décision n° 203-469 DC du 26 mars 2003, J.O du 29 mars 2003, p. 5570, R.293.

[29] L. Sindjoun, *Les grandes décisions de la justice constitutionnelle africaine*, Bruxelles, Bruylant, 2009, p. 337.

[30] S. bolle, « Vices et vertus du contentieux des élections en Afrique », in J. P. Vettovaglia, J. Du Bois De Gaudusson, A. Bourgi, C. Desouches, J. Maila, H. Sada, A. Salifou (dir), *Démocratie et Élections dans l'espace francophone*, Bruxelles, Bruylant, Prévention des crises et promotion de la paix, vol. 2, Bruxelles, Bruylant, 2010, P.538.

[31] Au Sénégal, instaurée pour la première fois le 26 février 1970, la clause de limitation des mandats présidentiels à deux a été supprimée en avril 1976 avant d'être restaurée en octobre 1991 et supprimée à nouveau en octobre 1998. Cette instabilité de la clause s'explique par le fait qu'à chaque fois qu'elle s'avère être un obstacle à la candidature du Président Abdou Diouf, ce dernier la supprime pour pouvoir se porter candidat. La limitation des mandats présidentiels a été restaurée par la loi n° 2001-03 du 22 janvier 2001 portant Constitution du Sénégal, à travers son article 27.

[32] Sur la limitation des mandats dans les États africains, voir A. Loada, « La limitation du nombre de mandats présidentiels en Afrique noire francophone », Afrilex n°3, 2003, disponible sur ce lien : http://afrilex.u-bordeaux4.fr/sites/afrilex/IMG/pdf/3doc8loada.pdf.

volonté populaire. Il en est ainsi de la décision du Conseil constitutionnel du 09 mai 2018[33].

En l'espèce, le Conseil a été saisi par l'opposition suite à l'adoption de la loi n° 2018-14 du 11 mai 2018 portant révision de la Constitution[34] et instituant le parrainage intégral[35] pour toutes les élections.

Le juge constitutionnel a considéré dans sa décision du 09 mai 2018[36] « qu'il ne tient ni de la Constitution, ni de la loi organique, compétence à statuer sur une révision constitutionnelle ». Le Conseil précise au surplus « que le pouvoir constituant est souverain ; qu'il lui est loisible d'abroger, de modifier et de compléter les dispositions à valeur constitutionnelle dans la forme qu'il estime appropriée ». En application de cette loi instituant le parrainage, le Conseil constitutionnel, dans sa décision du 13 janvier 2019[37] portant publication des candidatures à l'élection présidentielle du 24 février 2019, a invalidé vingt (20) candidatures[38] au motif que les candidats n'ont pas obtenu le minimum de parrainages valides de 0,8 % du fichier électoral exigé désormais par la loi controversée.

---

[33] Conseil constitutionnel, Décision n°1-C-2018 du 09 mai 2018 Affaires n° 1-C- 18 du 09 mai 2018.

[34] Loi n° 2018-14 du 11 mai 2018 révisant l'article 29 de la Constitution, publiée au JORS, numéro 7094 du 12 mai 2018, p. 551.

[35] La loi n° 2018-14 du 11 mai 2018 subordonne la recevabilité d'une candidature à l'élection présidentielle à la satisfaction d'un seuil de parrainages représentant entre 0,8% et 1% du fichier électoral. Il en résulte qu'elle est manifestement restrictive. Or, la liberté de candidature est consacrée par l'article 25 du Pacte international relatif aux droits civils et politiques, et l'article 21 de la Déclaration universelle des Droits de l'Homme, de la Charte africaine des Droits de l'Homme et des Peuples (C.A.D.H.P) du 27 juin 1981 et, enfin, la Déclaration de Bamako adoptée le 03 novembre 2000.

[36] Conseil constitutionnel du Sénégal, Décision n° 1-C-2018 du 09 mai 2018 Affaires n°1-C- 18 du 09 mai 2018, disponible sur ce lien : https://conseilconstitutionnel.sn/dec-n-1-c-2018-du-9-mai-2018-affaire-n-1-c-18/.

[37] Conseil constitutionnel, Décision n°2-E-2019 affaire n° 12-E-19 Élection séance du 13 janvier 2019 portant publication de la liste de candidature à la l'élection présidentielle du 24 février 2019, disponible sur ce lien :
https://conseilconstitutionnel.sn/decision-n-2-e-2019-affaire-n-12-e-19-seance-du-13-janvier-2019/.

[38] Ce sont les candidatures suivantes qui ont été invalidées : Cheikhe Hadjibou Soumaré ; El Hadji Malick Gakou ; Boubacar Camara ; Amadou Seck ; Aissata Tall Sall ; Mamadou Lamine Diallo ; Aissata Mbodji ; Papa Diop ; Khalifa Ababacar Sall ; Karim Meissa Wade ; Pierre Atépa Goudiaby ; Moustapha Mamba Guirassi ; Abdoul Mbaye ; Thierno Alassane Sall ; Abdou Wahab Bengelloune ; Bougane Guèye ; Moustapha Mbacké Diop ; Samuel Sarr ; Amsatou Sow Sidibé ; El Hadji Mansor Sy ; Mamadou Ndiaye ; Mamadou Diop.

Une attitude similaire du juge constitutionnel a été notée dans sa décision du 18 janvier 2006. En l'espèce, la juridiction constitutionnelle était saisie par l'opposition politique d'une requête en inconstitutionnalité de la loi n° 29/2005 prorogeant le mandat des députés élus aux élections législatives de 2001. En réponse aux moyens soulevés, le juge constitutionnel a rappelé dans le 12e considérant que :

« La compétence du Conseil constitutionnel est strictement délimitée par la Constitution et la loi organique sur le Conseil constitutionnel ; que le Conseil constitutionnel ne saurait être appelé à se prononcer dans d'autres cas que ceux limitativement prévus par ces textes ; que le Conseil Constitutionnel ne tient ni [de la loi constitutionnelle] ni de la loi organique le pouvoir de statuer sur une loi constitutionnelle »[39].

Une jurisprudence fortement inspirée des considérants du Conseil constitutionnel français dans sa décision n° 469 DC du 26 mars 2003[40] sur la révision constitutionnelle relative à l'organisation de la République dans laquelle il s'était déclaré incompétent pour connaître la constitutionnalité des lois constitutionnelles.

De cette posture jurisprudentielle du juge constitutionnel sénégalais, surgit une interrogation, celle de savoir qui se chargera alors de limiter les dérives de la majorité lorsqu'elle entreprend des initiatives aux antipodes de la démocratie ? Cette interrogation est légitime si l'on considère ce rappel de Stéphane Bolle qui précisait que la sanction de vices de constitutionnalité devrait permettre de mesurer « l'indépendance du juge vis-à-vis de la majorité, qui use et abuse du pouvoir de faire la loi pour défavoriser, voire désarmer, les candidats au pouvoir »[41].

Pourtant, chose étonnante, même dans les cas où la loi électorale n'est pas de nature constitutionnelle, le Conseil fait aussi preuve de retenue. C'est ce qu'illustre sa décision du 2 juillet 2018[42].

---

[39] Jurisprudence quasi similaire aux considérants du Conseil constitutionnel français dans sa décision n°469 DC du 26 mars 2003 (précitée) sur la révision constitutionnelle relative à l'organisation de la République dans laquelle il s'est déclaré incompétent pour connaitre la constitutionnalité des lois constitutionnelles.

[40] Le Conseil constitutionnel français, dans sa décision n° 469 DC du 26 mars 2003 précité, J.O. du 29 mars 2003, p. 5570, R., p. 293.

[41] S. Bolle, « Vices et vertus du contentieux des élections en Afrique », in J. P. Vettovaglia, J. Du de Gaudusson, A. Bourgi, C. Desouches, J. Maila, H. Sada, A. Salifou (dir), *Démocratie et Élections dans l'espace francophone*, *Prévention des crises et promotion de la paix*, vol. 2, Bruxelles, Bruylant, 2010, p. 536.

[42] Conseil constitutionnel, Décision n° 2/C/2018/ du 2 juillet 2018.

En espèce, la loi n° 2018-22 du 04 juillet 2018 avait été adoptée pour modifier le Code électoral afin d'y intégrer le parrainage en application de la loi constitutionnelle précitée. Cependant, une modification supplémentaire a été ajoutée à l'article L. 57 alinéa 1 du Code électoral. Cette modification qui ne figure nulle part dans l'exposé des motifs du projet de loi érige la qualité d'électeur en critère d'éligibilité à l'élection présidentielle. Or, l'article 28 de la Constitution ne mentionne pas expressément la qualité d'électeur comme une condition d'éligibilité. Saisi sur ce moyen, le Conseil a considéré qu'en ajoutant la qualité d'électeur comme condition d'éligibilité à une élection présidentielle, « le législateur ne fait que rappeler une condition générale résultant implicitement, mais nécessairement de l'article 28 de la Constitution. Cette motivation n'est pas convaincante. L'emploi des adverbes « naturellement » (argument d'autorité) et « implicitement » renseigne que cette motivation n'était pas aisée pour le juge constitutionnel.

À la suite de la décision du Conseil constitutionnel, la loi n° 2018-22 du 04 juillet 2018 fut promulguée.

Dans la foulée, le Haut conseil prendra sa décision du 13 janvier 2019[43] portant publication de la liste des candidats à l'élection présidentielle du 24 février 2019, de laquelle sont exclus Karim Wade et Khalifa Ababacar Sall, dont les candidatures sont jugées irrecevables sur la base de la nouvelle disposition de l'article L. 57 alinéa 1.

Il faut dire que l'abstention du juge constitutionnel à se prononcer sur les lois constitutionnelles et sa retenue dans le contrôle des autres catégories de lois favorisent une quasi-absence de la haute juridiction dans la fixation des règles électorales. Les vives contestations électorales connues récemment trouvent leur source dans l'adoption des lois électorales controversées. Cette situation est source de tensions du fait que les lois sont jugées partiales, favorables à la majorité au pouvoir. Il s'y ajoute l'absence d'un arbitre comme le juge constitutionnel. C'est ce qui explique la récurrence des violences au moment de l'adoption des lois constitutionnelles ayant une incidence électorale. Il en est ainsi de la loi sur le ticket présidentiel de 2011 qui a donné naissance au « mouvement du 23 juin ». Plus récemment, l'adoption de la loi instituant le parrainage a provoqué des violences. Pour y mettre

---

[43] Conseil constitutionnel du Sénégal, Décision n°2-E-2019, Affaire n° 12-E-2019 du 13 janvier 2019.

fin et restaurer la confiance entre le peuple et la juridiction constitutionnelle, il urge que le Conseil assure un contrôle préventif dont le but serait de purger des lois électorales de leurs éventuels vices.

B. L'exercice d'un contrôle des lois électorales : un palliatif a l'absence du Conseil

Le Conseil constitutionnel ne peut assumer pleinement sa fonction de garant de l'expression de la volonté populaire que lorsqu'il exerce un contrôle préventif sur les lois destinées à organiser les élections. Il est nécessaire que le juge constitutionnel soit investi de la faculté d'empêcher les dérives de la majorité par le truchement de son contrôle. Il doit s'affirmer « comme un juge indépendant vis-à-vis de cette majorité qui use et abuse du pouvoir de faire la loi pour défavoriser, voir désarmer les candidats au pouvoir »[44]. L'organe constitutionnel, soutient Robert Badinter, « doit devenir ce qu'il est : une juridiction, car plus le Conseil soumet des majorités politiques différentes au respect des mêmes principes, plus il apparaît comme une juridiction et moins il sera accusé d'être une assemblée politique, mieux son rôle sera accepté »[45]. C'est dire qu'il y a lieu, particulièrement au Sénégal, de trouver un palliatif à l'absence dommageable du Conseil constitutionnel dans le contrôle des lois constitutionnelles destinées à organiser les élections. Dans le cadre de notre analyse, deux mécanismes thérapeutiques sont proposés. L'un se rapporte à l'instauration d'un contrôle obligatoire de constitutionnalité de toutes les lois ayant une incidence électorale. L'autre consiste à rendre intangibles toutes les lois électorales substantielles.

Concernant le contrôle obligatoire de constitutionnalité, nous faisons nôtre, ce plaidoyer consistant à défendre le contrôle de constitutionnalité des lois constitutionnelles, celles électorales en particulier. Le souhait ardent défendu ici est que toutes les lois électorales doivent être soumises à un contrôle obligatoire du juge constitutionnel. Peu importe qu'elles soient constitutionnelles, organiques ou ordinaires. Le constat renseigne que dans nos États, la loi électorale est à l'origine

---

[44] S. Bolle, op. cit., p. 536.

[45] R. Badinter, in Dominique Rousseau, *sur le Conseil constitutionnel, la doctrine Badinter et la démocratie, Descartes et Cie*, Paris, 1997, p. 59 cité Fredéric Joël Aivo, *Le juge constitutionnel et l'État de droit en Afrique, l'exemple du modèle béninois*, Paris, L'Harmattan, 2006, p. 130.

des tensions et violences électorales. Elles occupent un pan important du processus électoral. Si le juge constitutionnel n'intervient pas pour censurer les excès de pouvoir du constituant dérivé et purger la loi électorale de ses vices, le peuple risque, de manière fréquente (et éruptive), de se substituer aux institutions.

Il faut noter que beaucoup de réserves sont émises contre la proposition de contrôle de constitutionnalité des lois constitutionnelles. Au soutien de ces réserves, il est souvent évoqué que les lois de révision constitutionnelle ont la même valeur que la Constitution. Par conséquent, il ne peut être admis que le juge constitutionnel exerce un contrôle de conformité entre deux textes de même valeur.

Notre point de vue est différent. Les lois constitutionnelles, au moment de leur soumission au contrôle du juge, n'ont pas encore acquis une dignité constitutionnelle. Elles sont dans le cadre du processus, à l'étape de gestation et, donc, loin de lamaturité constitutionnelle. C'est seulement après promulgation qu'elles peuvent être revêtues du sceau de constitutionnalité. Dès lors, un contrôle de constitutionnalité peut intervenir avant la promulgation de la loi pour purger celle-ci de tout vice de nature à infecter la Constitution.

Le deuxième aspect de notre thérapie consiste à sanctuariser les dispositions électorales substantielles. Celles-ci renvoient aux règles électorales relatives à la liberté de candidature, à la limitation des mandats et aux modes de scrutin[46]. Aucune modification de ces règles ne devrait être admise sauf consensus large des acteurs politiques. C'est dans ce cadre que s'inscrit le Protocole de la CEDEAO sur la démocratie et la bonne gouvernance. Il prévoit dans sa section II intitulée « Des élections » qu' : « Aucune réforme substantielle de la loi électorale ne doit intervenir dans les six mois précédant les élections, sans le consentement d'une large majorité des acteurs politiques (...) »[47].

C'est dire que le législateur ou le constituant ne doit pouvoir modifier les règles électorales substantielles, à titre exceptionnel, que sur la base d'un consensus national. Un consensus élevé au rang de principe

---

[46] Il faut préciser que la loi référendaire n° 2016-10 du 05 avril 2016 portant révision de la Constitution, les clauses prévues à l'article 103 alinéa 7. Seulement, cela n'a pas empêché l'adoption de la loi n° 2018-14 du 11 mai 2018 instituant le parrainage intégral sans un large consensus des acteurs politiques.

[47] Le Protocole de la CEDEAO sur la démocratie et la bonne gouvernance adopté le 21 décembre 2001 à Dakar.

à valeur constitutionnelle par la Cour constitutionnelle du Bénin, dans son rôle avant-gardiste[48]. C'est ce qui ressort de ses décisions du 8 juillet 2016[49] et du 20 octobre 2011[50]. Cette posture jurisprudentielle de la Cour a été malheureusement remise en cause par ses récentes décisions comme celles du 06 novembre 2019[51] et du 07 janvier 2021[52].

Au niveau de la justice communautaire, la Cour africaine des Droits de l'Homme et du Peuple a rendu récemment un arrêt spectaculaire le 27 novembre 2020[53]. Suite à sa saisine par un requérant anonyme soutenant que la loi n° 2019-40 du 7 novembre 2020 (modifiant 47 articles de la Constitution), viole le principe du consensus national, la Cour africaine des Droits de l'Homme a considéré que la loi querellée, portant révision de la Constitution du Bénin, n'a pas fait l'objet d'un large consensus. Il en résulte, qu'au niveau communautaire, le consensus national, comme principe fondamental, est en train d'y prendre une place confortable.

Conclusion

En définitive, la revue de l'ensemble des décisions du juge constitutionnel en matière électorale dénote une présence remarquable du juge dans la sauvegarde de l'expression de la volonté populaire. Il est garant de l'authenticité des résultats des élections nationales et de la sauvegarde de l'expression de la volonté populaire même dans un processus électoral agité. Il déploie ses pleins pouvoirs juridictionnels afin d'apporter des réponses aux multiples contestations qu'il reçoit des requérants.

Cependant, cette présence spectaculaire contraste avec son absence au moment de la fixation des règles organisant l'expression de la volonté. Le juge constitutionnel s'abstient de contrôler les lois constitutionnelles, même celles ayant une incidence électorale.

---

[48] A. B. Fall « Le juge constitutionnel béninois, avant-garde du constitutionnalisme en Afrique » in Frédéric Joël Aivo (dir.), La constitution béninoise du 11 décembre 1990 : Un modèle pour l'Afrique ? Mélanges en l'honneur de Maurice Ahanhanzo-Glele, Paris, L'Harmattan, 2014, pp. 717-728.

[49] DCC 06-074 de la Cour constitutionnelle du Bénin du 08 juillet 2006.

[50] Cour constitutionnelle du Bénin, DCC 11-067 du 20 octobre 2011.

[51] Cour constitutionnelle du Bénin, DCC 19-504 du 6 novembre 2019.

[52] Cour constitutionnelle du Bénin, DCC 21-011 du 07 janvier 2021.

[53] Cour africaine des Droits de l'Homme et des Peuples, arrêt du 27 novembre 2020, Affaire XYX contre la République du Bénin.

Compte tenu des controverses que suscitent les lois électorales, l'intervention du juge en amont est fortement souhaitée. C'est la seule manière de purger les lois électorales de tout vice destiné à favoriser le candidat sortant et de manière corrélative à gêner les concurrents. C'est dire qu'en ces temps de tempête électorale dans les États africains, le juge constitutionnel doit plus que jamais concevoir son rôle comme celui de garant de la constitutionnalité de toutes les lois destinées à organiser l'expression de la volonté populaire. C'est le seul gage de la préservation du consensus national sur les règles du jeu électoral. L'absence du juge à cette étape déterminante priverait le processus de construction du consensus démocratique de son fondement essentiel.

Le Conseil constitutionnel, garant de l'expression de la volonté populaire (l'élection présidentielle, l'élection des députés et des hauts conseillers, le référendum) [suite]

Dr Yaya Niang
Enseignant-Chercheur à l'Université Gaston Berger de Saint-Louis

L'accession au pouvoir et son exercice, dans les États afri-cains post-indépendants, ont été à l'origine d'une vague de crises aiguës. Le pouvoir, fortement convoité, n'était pas rigoureusement encadré. Dans les cas où il l'a été, c'était pour favoriser l'ascendance de celui qui incarnait « le mythe de l'unité nationale »[1].

Cette période monolithique et étouffante de l'histoire politique des États africains francophones les poussa à amorcer une ère de transition démocratique qui a été ouverte par la République du Bénin à travers la Conférence nationale de 1990. Celle-ci entendait trouver des solutions constitutionnelles aux conflits politiques[2].

Les Constitutions modifiées ou adoptées[3], sous l'influence de la vague de transitions démocratiques ouvertes en 1990, se sont soldées, entre autres, par la création de juridictions constitutionnelles et de Commissions électorales pour réguler les consultations électorales.

---

[1] M. Kamto, *Pouvoir et Droit en Afrique, essai sur les fondements du constitutionnalisme dans les États d'Afrique noire francophone*, Paris, *L.G.D.J*, 1987, p. 430.

[2] J. Du Bois De Gaudusson, « Les solutions constitutionnelles des conflits politiques », *Afrique contemporaine* n° 80, octobre 1996, p. 250.

[3] Voir J. Du Bois De Gaudusson, Gérard Conac et Christine Desouche, *Les constitutions africaines publiées en langue française*, Tome 1, Paris, *La documentation française*, 1997, 452 p. ; *Les constitutions africaines publiées en langue française*, Tome 2, Paris, J. du Bois de Gaudusson, Gérard Conac et Christine Desouches, *La documentation française*, 1998, 458 p.

Les États qui n'ont pas organisé de Conférences nationales, dont le Sénégal, ont aussi modifié leurs Constitutions. Au Sénégal, la loi n° 92-22 du 30 mai 1992 portant révision de la Constitution avait bouleversé l'organisation judiciaire sénégalaise par l'éclatement de la Cour suprême en plusieurs juridictions que sont le Conseil constitu-tionnel, le Conseil d'État, et la Cour de cassation.

Ainsi, le Conseil constitutionnel, créé par la loi organique n° 92-23 du 30 mai 1992[4], est désormais spécialisé aussi bien en matière de contrôle de constitutionnalité des lois que celle de régularité des élections nationales. C'est cette dernière catégorie de compétences qui nous intéresse particulièrement dans cette étude. Elle entend faire un bilan à propos de l'exercice d'une fonction essentielle du Conseil constitutionnel, celle du contrôle de l'expression de la volonté populaire. Depuis sa création, soit vingt-huit (28) ans aujourd'hui, le Conseil a rendu pas moins de soixante (60) décisions en matière électorale[5] (présidentielles, législatives, sénatoriales, Hauts conseillers des collectivités territoriales et référendaires). L'analyse de ces décisions du haut conseil inspire une interrogation provocatrice, celle de savoir si le Conseil constitutionnel est véritablement garant de l'expression de la volonté populaire ?

Une revue de toutes les jurisprudences en matière électorale révèle que la juridiction constitutionnelle met en œuvre ses larges compétences reconnues par la Constitution aussi bien pour l'éligibilité que l'authenticité des résultats. C'est ce qui dénote une présence remarquable du Conseil constitutionnel dans l'expression de la volonté populaire (I). Cependant, à y regarder de plus près, elle inspire aussi une figure timide du juge constitutionnel dans le contrôle des règles organisant l'expression de la volonté populaire. Le juge invoque fréquemment ses compétences d'attribution pour se retenir d'exercer un contrôle de constitutionnalité des lois constitutionnelles bien que celles-ci aient une incidence sur l'organisation de l'expression de la volonté populaire. Il en résulte une absence dommageable du Conseil constitutionnel dans le contrôle des règles constitutionnelles organisant l'expression de la volonté populaire (II).

---

[4] Loi organique n° 92-23 du 30 mai 1992 portant Conseil constitutionnel publiée au J.O. n° 5469 du 1er juin 1992, p. 240 va préciser l'organisation et le fonctionnement. Elle est abrogée et remplacée actuellement par la loi organique n° 2016-23 du 14 juillet 2016, publiée au JORS n° 6946 du 15 juillet 2016.

[5] Décisions disponibles sur ce lien https://conseilconstitutionnel.sn/category/toutes-les-decisions/matiere-electorale-et-referendaire/.

I. Une présence remarquable du Conseil constitutionnel dans la sauvegarde de l'expression de la volonté populaire

A. La figure d'un juge garant de l'authenticité de la volonté populaire

En tant que garant de l'authenticité de l'expression de la volonté populaire, le Conseil constitutionnel est appelé à statuer sur toutes les contestations se rapportant à la validité des résultats. Il statue sur les diverses allégations des requérants. Plusieurs décisions illustrent qu'il peut être saisi sur de multiples questions comme celles relatives à la composition et fonctionnement des bureaux de vote[6], la régularité de la transmission des procès-verbaux[7], l'intérêt des mentions dans les procès-verbaux[8], l'entrave au libre accès du bureau de vote par le parti au pouvoir[9] ou l'interdit d'accès au bureau de vote[10], dénonciation des actes de violences exercés sur les représentants des partis politiques et des membres de bureau de vote[11] (où le Conseil a considéré que l'attitude d'un baron socialiste à Rufisque a été constitutive d'une atteinte grave à la régularité à la régularité du scrutin dans le bureau de vote mis en cause. Il s'en est suivi une annulation des résultats de ce bureau.

C'est dire qu'en cette qualité de garant de la sauvegarde de l'expression de la volonté populaire, il met en œuvre ses pouvoirs exorbitants. Plusieurs décisions du Conseil constitutionnel illustrent la mobilisation des pouvoirs de réformation et d'annulation partielle.

Il en est ainsi de la décision du 10 mars 2020[12]. En l'espèce, le juge constitutionnel sénégalais a considéré que l'absence de la liste

---

[6] Conseil constitutionnel sénégalais, Décision n° 42/98 Affaires n° 12 à 29/E/98 du 08 juin 1998 portant proclamation des résultats des élections législatives.

[7] Conseil constitutionnel du Sénégal, Décision 96/2007-Affaires n° 4/E/2007 et 5/E/2007, Ousmane Tanor Dieng et Abdoulaye Bathily, tendant à l'annulation des procès-verbaux de la Commission nationale de recensement des votes et du 1er retour du scrutin présidentiel du 25 février 2007.

[8] Conseil constitutionnel sénégalais, Décision n° 10/93- Affaires n° 20 à 23/E/C/93, I.D. Thiam, M. Diop, D. Ngom, S. D. Thiam, candidats aux élections législatives.

[9] Conseil constitutionnel sénégalais décision n° 42/98- Affaires n° 12 à 20/E/98 du 08 juin 1998 portant proclamation des résultats des législatives.

[10] Conseil constitutionnel sénégalais, Décision n° 83-Affaires n° 6 à 12/E/2001 du 12 mai 2001 portant proclamation des résultats des législatives.

[11] Conseil constitutionnel sénégalais, Décision n°42/98- Affaires n° 12 à 20/E/98 du 08 juin 1998 portant proclamation des résultats des législatives.

[12] Décision n° 71/2000-Affaires n° 4 à 11/E/2000 du 10 mars 2000 portant proclamation des résultats du premier tour de l'élection présidentielle du 27 février 2000.

d'émargement au début des opérations électorales ainsi que l'absence de publication et de notification de l'arrêté de nomination des membres des bureaux de vote dans les délais sont de nature à entraîner l'annulation du bureau de vote concerné.

Cependant, il faut préciser que la fréquence des annulations partielles contraste avec la rareté, voire l'inexistence des annulations générales des opérations électorales lors de scrutins.

Par ailleurs, le juge constitutionnel peut être invité à trouver une solution inédite dans le but de sauvegarder un processus électoral agité. Dans ce cas, il déploie une fonction de régulation.

B. La figure d'un juge de régulation électorale dans un processus électoral agité

L'année 1993 devrait marquer un pas décisif dans le processus démocratique sénégalais suite à la mise en place de deux dispositifs que sont le Code électoral consensuel de 1992 et le Conseil constitutionnel créé par la loi n° 92-23 du 30 mai 1992[13]. Le Sénégal espérait vivre dans la quiétude l'expérience de ces deux instruments pour l'élection présidentielle du 21 février 1993. Pour la première fois, on devrait mettre en œuvre les stipulations consensuelles du Code de 1992 et expérimenter un contrôle électoral d'une juridiction constitutionnelle autonome et spécialisée. L'espoir tant suscité par ces nouveaux outils s'est très vite transformé en désespoir suite à un blocage de la Commission nationale de Recensement des Votes (CNRV) rendant impossible la proclamation des résultats provisoires de l'élection sus-indiquée. Or, la législation électorale prévoyait à l'époque la proclamation provisoire des résultats par la CNRV avant la proclamation définitive des résultats par le Conseil constitutionnel. Il se trouve que la CNRV n'a pas pu proclamer les résultats provisoires du fait des divergences de vues sur les résultats des représentants des partis politiques, membres de la Commission (à l'époque, ils avaient voix délibérative). Qu'est-ce qu'il fallait donc faire si la CNRV n'arrive pas à proclamer des résultats provisoires du fait d'un blocage ?

Ce blocage a été à l'origine de la saisine du Conseil constitutionnel par le Président de la Commission nationale de recensement des votes.

[13] Loi abrogée et remplacée par la loi n° 2016-23 du 14 juillet 2016 relative au Conseil constitutionnel, J.O.S, n° 6946 du 15 juillet 2016.

Une saisine avec transmissions de l'ensemble des pièces électorales au haut conseil.

À la suite de cette saisine, le Conseil a rendu deux décisions spectaculaires. Il s'agit de la décision n° 5/93 – Affaires n° 6/E/93 du 02 mars 1993 et celle n° 6/93 Affaires n° 7 à 12/E/93 du 13 mars 1993 :

– **Conseil constitutionnel, Décision n° 5/93 - Affaire n° 6/E/93 du 02 mars 1993**

Sur la recevabilité de la requête, le Conseil constitutionnel a considéré qu'en dépit du silence des textes, qu'il entend examiner toute la question juridique se rapportant à cette saisine afin de trouver les ressorts de sa recevabilité du simple fait qu'il est « le seul juge chargé du contentieux des élections[14] [et] la seule instance de recours postélectoral habilité à connaître de toute difficulté susceptible de faire échec au processus électoral établi par le code électoral pour le recensement des votes».

Sur sa compétence, le Conseil a estimé «qu'après s'être déclaré valablement saisi et malgré le silence des textes, il a l'obligation de se prononcer sur la question portée devant lui; qu'en effet, ni le silence de la loi, ni l'insuffisance de ses dispositions n'autorisent le Conseil, compétent en l'espèce, à s'abstenir de régler le différend porté devant lui; qu'il doit prononcer par une décision en recourant, au besoin, aux principes généraux du droit, à la pratique, à l'équité et à toute autre règle compatible avec la sauvegarde de l'État de droit et avec l'intérêt commun».

Sur le fond, le haut Conseil a soutenu que la saisine du Président de la Commission « ne l'oblige à procéder à la proclamation définitive des résultats des votes qu'une fois expirés les délais légaux de contestation des résultats après la proclamation provisoire de ces résultats, point de départ desdits délais».

Ainsi, en réponse à la saisine du Président CNRV, le Conseil a pris une décision de refus de proclamer de la proclamation définitive des résultats en renvoyant tout le dossier à la Commission tout en l'obligeant de poursuivre ses travaux dans un délai raisonnable de 72 h. Passé ce délai, sans qu'intervienne une proclamation provisoire des résultats, la Commission est considérée comme dessaisie et les candidats

[14] Le Conseil fait allusion aux élections nationales.

peuvent faire mention de toute contestation dans le rapport du Président de la Commission. La persistance de l'entrave au fonctionnement de la Commission a conduit celle-ci, après l'expiration du délai impératif, à renvoyer le dossier, à nouveau, au Conseil constitutionnel pour proclamation des résultats définitifs. Cette fois-ci, le Conseil constitutionnel a accédé à la demande du Président de la Commission nationale en procédant à la proclamation des résultats définitifs par la décision n° 6/93 Affaires n° 7 à 12/E/93 du 13 mars 1993 ;

– Conseil constitutionnel sénégalais, Décision n° 6/93 Affaires n° 7 à 12/E/93 du 13 mars 1993

L'intervention de cette décision emportant la proclamation définitive des résultats a clôturé le chapitre de la turbulence électorale provoquée par le blocage du fonctionnement de la Commission nationale de Recensement des Votes.

II. Une absence dommageable du Conseil constitutionnel dans le contrôle des règles organisant l'expression de la volonté populaire

A. La mollesse du juge dans le contrôle des lois ayant une incidence électorale

«*Que peut faire le juge face à des dispositions constitutionnelles et législatives qu'il est chargé d'interpréter et dont l'application a pour effet d'exclure des postulants de la compétition pour la conquête et l'exercice du pouvoir ?* » Léon Dié Kassabo, « Le contentieux de l'élection présidentielle», in revue Afrilex, http://afrilex.u-bordeaux4.fr/ Afrilex, janvier 2014, p. 10.

«*le Conseil constitutionnel du Sénégal, conforme à une jurisprudence établie en France*[15], *refuse de contrôler la constitutionnalité des lois constitutionnelles*»[16]. L. Sindjoun, *Les grandes décisions de la justice constitutionnelle africaine,* Bruxelles, Bruylant, 2009, p. 337.

---

[15] Voir Conseil constitutionnel français, Décision n° 203-469 DC du 26 mars 2003, J.O. du 29 mars 2003, p. 5570, R.293.

[16] L. Sindjoun, *Les grandes décisions de la justice constitutionnelle africaine,* Bruxelles, Bruylant, 2009, p. 337.

Si la présence du Conseil constitutionnel est remarquable en aval du processus électoral, son absence dans la fixation des règles électorales est regrettable.

L'analyse de la jurisprudence du Conseil constitutionnel indique que le Conseil se déclare systématiquement incompétent à connaître la constitutionnalité des lois constitutionnelles, même celles ayant une incidence électorale. Pour les autres catégories de lois électorales, le haut Conseil fait preuve de retenue s'il est invité à les censurer. Quelques décisions récentes illustrent cette politique jurisprudentielle du juge constitutionnel sénégalais :

– la décision du Conseil constitutionnel du 18 janvier 2006. En l'espèce, « les cinq (05) sages étaient saisis par l'Opposition d'une requête en inconstitutionnalité de la loi n° 29/2005 prorogeant le mandat des députés élus aux élections législatives de 2001 ».

En réponse aux moyens soulevés, le juge constitutionnel a rappelé dans le considérant 12 que : « la compétence du Conseil constitutionnel est strictement délimitée par la Constitution et la loi organique sur le Conseil constitutionnel ; que le Conseil constitutionnel ne saurait être appelé à se prononcer dans d'autres cas que ceux limitativement prévus par ces textes; que le Conseil constitutionnel ne tient ni [de la loi constitutionnelle] ni de la loi organique le pouvoir de statuer sur une loi constitutionnelle »[17]. Une jurisprudence reprenant quasiment les considérants du Conseil constitutionnel français dans sa décision n° 469 DC du 26 mars 2003 (précitée) sur la révision constitutionnelle relative à l'organisation de la République dans laquelle il s'est déclaré incompétent pour connaître la constitutionnalité des lois constitutionnelles.

De cette posture jurisprudentielle du juge constitutionnel sénégalais, inspirée de son homologue français[18], surgit une interrogation, celle de savoir qui se chargera alors de limiter les dérives de la majorité lorsqu'elle entreprend des initiatives aux antipodes de la démocratie.

---

[17] Jurisprudence quasi similaire aux considérants du Conseil constitutionnel français dans sa décision n° 469 DC du 26 mars 2003 (précitée) sur la révision constitutionnelle relative à l'organisation de la République dans laquelle il s'est déclaré incompétent pour connaître la constitutionnalité des lois constitutionnelles.

[18] Le Conseil constitutionnel français, dans sa décision n° 469 DC du 26 mars 2003 précité, J.O. du 29 mars 2003, p. 5570, R., p. 293.

Cette interrogation est légitime si l'on considère ce rappel de Stéphane Bolle qui précisait que la sanction de vices de constitutionnalité devrait permettre de mesurer « l'indépendance du juge vis-à-vis de la majorité, qui use et abuse du pouvoir de faire la loi pour défavoriser, voire désarmer, les candidats au pouvoir »[19].

– Conseil constitutionnel du Sénégal, Décision n° 1-C-2018 du 09 mai 2018 Affaire n° 1-C-18 du 09 mai 2018. Le Conseil a été saisi par l'opposition suite à l'adoption de la loi n° 2018-14 du 11 mai 2018 portant révision de la Constitution et instituant le parrainage intégral.

Le juge constitutionnel a considéré dans sa décision du 09 mai 2018 « qu'il ne tient ni de la Constitution, ni de la loi organique, compétence à statuer sur une révision constitutionnelle ». Le Conseil précise au surplus, « que le pouvoir constituant est souverain ; qu'il lui est loisible d'abroger, de modifier et de compléter les dispositions à valeur constitutionnelle dans la forme qu'il estime appropriée ».

Dans les cas où la loi électorale n'est pas de nature constitutionnelle, le Conseil fait preuve de retenue. C'est ce qu'illustre la décision n° 2/C/2018/ du 2 juillet 2018.

– **Conseil constitutionnel, Décision n° 2/C/2018/ du 2 juillet 2018**

En effet, en application de la loi constitutionnelle instituant le parrainage, la loi n° 2018-22 du 04 juillet 2018 a été adoptée pour intégrer le parrainage dans le Code électoral. Cependant, une modification supplémentaire a été ajoutée à l'article L. 57 alinéa 1 du Code électoral en érigeant la qualité d'électeur au titre des conditions d'éligibilité à l'élection présidentielle. Saisi sur ce moyen. Or, l'article 28 de la Constitution ne mentionne pas expressément la qualité d'électeur comme condition d'éligibilité. Saisi sur ce moyen, le Conseil a considéré que « le législateur ne fait que rappeler une condition générale résultant implicitement, mais nécessairement de l'article **28 de la Constitution. Cette motivation n'est pas convaincante.**

[19] S. Bolle, « Vices et vertus du contentieux des élections en Afrique », in J. P. Vettovaglia, J. Du Bois De Gaudusson, A. Bourgi, C. Desouches, J. Maila, H. Sada, A. Salifou (dir), *Démocratie et Élections dans l'espace francophone, Prévention des crises et promotion de la paix*, vol.2, Bruxelles, Bruylant, 2010, p. 536.

Il faut dire que l'abstention et la tenue du juge constitutionnel à se prononcer sources de tensions. Les vives contestations électorales connues récemment trouvent leur source dans l'adoption des lois électorales controversées. Il en est ainsi de la loi sur le ticket présidentiel de 2011 qui a donné au mouvement du 23 juin. Plus récemment, l'adoption de la loi instituant le parrainage a provoqué des violences. Pour mettre fin à cela et restaurer la confiance, il urge que le conseil assume un contrôle préventif dont le but est de purger des lois électorales de leurs vices.

B. En perspective, un nécessaire exercice d'un contrôle préventif sur les lois organisant les élections

En termes de perspectives, il y a lieu d'instaurer un contrôle obligatoire de constitutionnalité sur toutes les lois ayant une incidence sur les élections. Aucune modification substantielle ne doit être envisagée sans un consensus large. Cette posture souhaitée du juge peut être motivée aussi bien par la Charte africaine des Droits de l'Homme et des Peuples (CADHP) en son article 13[20] que par les clauses du Protocole de la CEDEAO sur la démocratie et la bonne gouvernance qui prévoit dans sa section II intitulée « Des élections » qu' : « Aucune réforme substantielle de la loi électorale ne doit intervenir dans les six mois précédant les élections, sans le consentement d'une large majorité des acteurs politiques (…) »[21]. La Cour africaine des Droits de l'Homme et du peuple vient de rendre une décision spectaculaire ce 27 novembre 2020. La Cour a considéré que la loi n° 2019-40 du 7 novembre 2020 portant révision de la Constitution (modifiant 47 articles de la Constitution) n'a pas fait l'objet d'un large consensus comme le stipule la clause du protocole évoqué ci-dessus.

Il en résulte que le consensus doit être érigé au principe de valeur constitutionnelle comme l'a déjà fait la Cour constitutionnelle du Bénin dans ses DCC 06-074 de la Cour constitutionnelle du Bénin du 08 juillet 2006. Cour constitutionnelle du Bénin, DCC 11-067 du 20 octobre 2011.

---

[20] « Tous les citoyens ont le droit de participer librement à la direction des affaires publiques de leur pays, soit directement, soit par l'intermédiaire de représentants librement choisis, ce, conformément aux règles édictées par la loi ».

[21] Le Protocole de la CEDEAO sur la démocratie et la bonne gouvernance adopté le 21 décembre 2001 à Dakar.

Ce contrôle obligatoire de constitutionnalité doit être élargi à toute révision constitutionnelle des dispositions intangibles prévues à l'article 103 alinéa 7 issues de la réforme de 2016.

Conclusion

En définitive, la revue de l'ensemble des décisions du juge constitutionnel dénote une présence remarquable du juge dans la sauvegarde de l'expression de la volonté populaire. Il est garant de l'authenticité des résultats des élections nationales. Il déploie ses pleins pouvoirs juridictionnels afin d'apporter des réponses aux multiples contestations qu'il reçoit des requérants.

Cependant, cette présence spectaculaire contraste avec son absence au moment de la fixation des règles organisant l'expression de la volonté. Le juge constitutionnel s'abstient de contrôler les lois constitutionnelles, même celles ayant une incidence électorale.

Compte tenu des controverses que suscitent les lois électorales, l'intervention du juge en amont est fortement souhaitée. C'est la seule manière de purger les lois électorales de tout vice destiné à favoriser le candidat sortant. C'est dire qu'en ces temps de tempête, le juge constitutionnel doit plus que jamais concevoir son rôle de garant de la constitutionnalité de toutes lois destinées à organiser l'expression de la volonté populaire. C'est le seul gage de la préservation du consensus national sur les règles du jeu électoral. Toute absence du juge à cette étape déterminante favorise la démolition de ce consensus.

Sous-thème V : Le présent (suite)

La fonction consultative du Conseil constitutionnel

Ismaïla Madior Fall
Professeur titulaire des Universités en Droit public
et Science politique
Ministre d'État, Ancien Garde des Sceaux
Ministre de la Justice

Trois considérations peuvent être formulées en guise d'introduction.

La première considération consiste à établir un constat, à savoir le refus de reconnaître au juge constitutionnel une fonction consultative. À cet égard, il convient d'abord de faire remarquer que la fonction consultative vise la saisine du juge constitutionnel par diverses autorités y habilitées pour formuler, au regard de la Constitution, des avis dont l'autorité est discutée sur l'application d'un texte où la survenance d'une situation. Ensuite, en général, les systèmes constitutionnels n'attribuent pas au juge, au principal, une fonction consultative, mais une fonction contentieuse à savoir juger de la constitutionnalité des actes législatifs, administratifs et juridictionnels pour les valider, les invalider ou les valider sous réserve (tribunal constitutionnel) et juger du contentieux des élections nationales (tribunal électoral). Enfin, la tendance n'est pas de consulter le juge constitutionnel pour avoir ses avis, mais plutôt de le saisir pour qu'il rende des actes revêtus de l'autorité de la chose jugée. Aussi, la reconnaissance d'une fonction consultative au juge constitutionnel est une option normative récente en voie de généralisation.

La deuxième considération est relative au cantonnement de la reconnaissance d'une fonction consultative. En effet, même s'il arrive que la Constitution reconnaisse à la juridiction constitutionnelle une fonction consultative, celle-ci est strictement cantonnée à un ou quelques domaines précis (voir Constitution et loi organique sur le Conseil). Il en est ainsi au Sénégal jusqu'en 2016 où le Conseil ne pouvait être consulté que dans le cadre de l'article 51 (procédure de mise en œuvre d'un référendum).

La troisième considération est relative à l'intelligibilité des raisons du refus en droit constitutionnel comparé de reconnaître au juge constitutionnel une fonction consultative. Lesraisons de cette option courante sont nombreuses. Dans la plupart des pays, il y a déjà l'habilitation d'autres juges (la Cour suprême) à donner des avis sur les lois et autres textes. Ce qui dispense la juridiction d'en rajouter. La non-sollicitation de l'avis du juge constitutionnel s'explique aussi par l'évitement de l'engorgement de celui-ci avec des questions dont le traitement ou la régulation peut se faire ailleurs, notamment dans d'autres instances de dialogue politique. En outre, il y a aussi la volonté d'éviter de requérir l'avis du juge sur des questions dont il peut être appelé à connaître au contentieux ; auquel cas, son office en matière contentieuse pourrait alors être gêné par ce qu'il a dit en matière consultative. On est là dans ce que la justice constitutionnelle ibérique appelle le refus de la fiscalité préventive.

Par ailleurs, la persistance des discussions sur l'autorité des délibérations du juge en matière consultative rend aussi cette formule relativement incertaine.

À la lumière de ces considérations, la fonction consultative du Conseil constitutionnel a été pendant longtemps dans un profond sommeil (I) avant d'être en réveil à partir de 2016 (II).

I. Une fonction en sommeil

Le sommeil est lié au corset des textes (A) et à la prudence du juge (B).

A. Le corset des textes

Après lecture de la Constitution et de la loi organique relative au Conseil, il n'y a expressément que deux cas où l'avis du Conseil est sollicité : la mise en œuvre de l'article 51 de la Constitution et de l'article 5 de la loi organique précitée. Aux termes de l'article 51 de la Constitution (*Loi constitutionnelle n° 2019-10 du 14 mai 2019),* « Le Président de la République peut, après avoir recueilli l'avis du Président de l'Assemblée nationale et du Conseil constitutionnel, soumettre tout projet de loi constitutionnelle au référendum. Il peut, après avoir recueilli l'avis des autorités indiquées ci-dessus, soumettre tout projet de loi au référendum ».

Aux termes de l'article 5 de la loi organique sur l'institution, « Il ne peut être mis fin, avant l'expiration de leur mandat, aux fonctions des membres du Conseil constitutionnel que sur leur demande, ou pour incapacité physique, et sur l'avis conforme du Conseil ».

En dehors de ces deux cas précis, le Conseil n'a pas à donner son avis ou son grain de sel sur les textes ou le fonctionnement des institutions. Et il l'a bien compris. D'où sa prudence, même lorsqu'il est sollicité à donner son avis.

B. La prudence du juge

Déjà en 2000, le Conseil saisi en matière consultative sur la régularité du référendum et à propos d'un projet de révision constitutionnelle se limitait à un contrôle sommaire confiné à un contrôle de la régularité procédurale en s'abstenant de rentrer dans les considérations de fond et d'opportunité (**Avis du Conseil constitutionnel sur la régularité du référendum constitutionne**l), (**Décision 75/2000 du 9 novembre 2000**).

Cette position est clairement réaffirmée dans sa décision en date du 9 octobre 2001, réagissant à la saisine pour avis, faite par le Président de la République, à propos de la loi organique relative à la loi de finances votée par l'Assemblée nationale. Le Conseil, tirant les conséquences de la suppression du contrôle obligatoire des lois organiques à la faveur de la nouvelle Constitution, déclare dans sa réponse que « ni la Constitution, ni la loi organique N° 92-23 du 30 mai 1992 ne confèrent une compétence consultative au Conseil constitutionnel ».

Un sommeil profond, mais légitimé par les textes : la devise du Conseil était manifestement « de quoi je me mêle ».

En 2016, on note un changement, un fléchissement, à tout le moins un réveil en 2016.

II. Une fonction en réveil

Le réveil a été prétorien (A) avant d'être conforté par la réforme constitutionnelle de 2016 (B).

A. Un réveil prétorien

Le point de départ du réveil est la décision de 2016 n° 1/C/2016 du 12 février 2016. En application de l'article 51 de la Constitution, le Président de la République a sollicité l'avis du Conseil constitutionnel sur le projet de révision à soumettre au référendum en ces termes : « Le projet de révision de la Constitution est-il conforme aux principes généraux du droit et à l'esprit général de la Constitution » ?

En réponse à la demande à lui envoyée par le Président de la République, le Conseil constitutionnel a rendu la décision n° 1/C/2016 du 12 février 2016.

Le Conseil constitutionnel réaffirme son incompétence à statuer sur les lois portant révision de la Constitution, mais se reconnaît, relativement à la procédure de l'article 51 de la Constitution, toute latitude pour exercer dans le cadre d'un contrôle préventif un contrôle minimum sur le projet de révision qui lui est soumis.

Il délimite ainsi le champ de son intervention en considérant que, dans l'exercice de ce contrôle, il examine la régularité de la procédure suivie, la forme du texte et, au fond, le respect des limites fixées par la Constitution.

La Haute juridiction considère qu'au regard des termes généraux par lesquels la demande est formulée, elle doit seprononcer sur le respect des principes et des valeurs sur lesquels repose la Constitution et porte en conséquence son appréciation sur la régularité de la procédure de révision et sur le contenu du projet.

Sur le contenu, la révolution a eu lieu. Le Conseil passe rapidement sur la procédure qu'il considère régulière, mais s'arrête longuement sur le contenu du projet de révision. À ce niveau, il se prononce sur la forme du projet, s'érigeant en professeur de légistique en réécrivant totalement le texte.

Dispositif de la décision : le Conseil est d'avis que le projet de révision de la Constitution est conforme à l'esprit général de la Constitution et aux principes généraux du droit, sous réserve de revoir la présentation du projet de révision à la lumière des observations qu'il a formulées et de supprimer dudit projet la disposition transitoire modificative de l'article 27 qui prévoyait l'application du quinquennat au mandat.

B. Un réveil conforté par la réforme de 2016

La réforme de 2016 est une sorte de codification de la nouvelle audace du Conseil constitutionnel et d'une tendance universelle ou africaine. En effet, elle procède à l'aménagement d'une compétence consultative générale du Conseil constitutionnel.On sait que le Conseil constitutionnel n'était pas autorisé, en dehors de l'article 51 de la Constitution, à donner des avis sur les questions relatives à l'interprétation de la Constitution et au fonctionnement des institutions. Pour lui permettre de donner des avis (dans le cadre de décisions rendues en matière consultative), l'article 92 nouveau prévoit en son alinéa 2 que « le Conseil constitutionnel peut être saisi par le Président de la République pour avis ».

Au regard de cette innovation, le Conseil a désormais une attribution consultative dont le champ est élargi, pouvant porter sur toute question liée à l'interprétation ou à l'application de la Constitution. Il pourra ainsi être saisi sur des questions qui appellent l'interprétation de la Constitution. La haute juridiction dispose désormais, saisi par le Président de la République agissant comme régulateur du fonctionnement des institutions, de la latitude de se prononcer sur des questions liées au fonctionnement de la démocratie.

En l'occurrence, le Conseil rend, comme en toutes matières, des décisions. En effet, sur la nature des actes rendus par le Conseil sur demande d'avis, l'article 24 de la loi organique 2016-23 du 14 juillet 2016 relative au Conseil constitutionnel clôt le débat en ces termes : « Le Conseil constitutionnel rend, en toutes matières, des décisions motivées ».

Cette disposition a été bien visée par le Conseil dans sa Décision n° 5-E-2017 du 14 août 2017, (Considérant N° 40 à 42) : « Considérant qu'il résulte des alinéas 2 et 4 de l'article 92 de la Constitution que le PR peut saisir le Conseil constitutionnel pour avis et que les décisions rendues par le Conseil constitutionnel s'imposent aux pouvoirs publics et à toutes les autorités administratives et juridictionnelles ». « … Qu'en vertu de l'article 24, le Conseil rend en toute matière, des décisions motivées… que la décision rendue le 26 juillet 2017 s'imposait par conséquent aux autorités administratives en charge de l'organisation des élections».

Après l'insertion d'une disposition l'habilitant à donner des avis sur toute question, le Conseil assume avec aisance sa fonction consultative dans le sens d'une régulation de la démocratie, ainsi qu'on le voit dans sa Décision n° 5-E-2017 du 14 août 2017.

Cette innovation relative à l'attribution d'une compétence générale consultative au Conseil constitutionnel a été mise en œuvre lors de la préparation des législatives du 30 juillet 2017, relativement au *problème du vote des citoyens inscrits sur les listes électorales n'ayant pu retirer leur carte d'électeur.*

En effet, à quelques jours desdites élections, il a été constaté qu'un nombre significatif de Sénégalais inscrits sur les listes électorales n'avaient pas pu, pour différentes raisons, être en possession de leur carte d'identité biométrique CEDEAO faisant office de carte d'électeur. Devant cette situation, l'alternative était de les exclure des élections ou de leur permettre d'y prendre part.

Cependant, la mise en œuvre de cette volonté par une modification du code électoral par la voie législative s'avérait difficile, voire impossible, du fait de la proximité des élections qui devaient se tenir à la fin de la semaine.

Devant l'impossibilité de faire aboutir la procédure législative dans ce délai, la seule voie qui s'offrait alors au Président de la République était d'user de la faculté qui lui est désormais ouverte par la réforme du 20 mars 2016 de saisir le Conseil constitutionnel pour avis sur la question. Il l'a fait.

Les termes de la question posée au Conseil constitutionnel

Le Président de la République a saisi le Conseil d'une lettre dont l'économie générale est la suivante : se fondant sur l'article 3 alinéa 4 de la Constitution selon lequel – «Tous les nationaux sénégalais des deux sexes, âgés de 18 ans accomplis, jouissant de leurs droits civils et politiques, sont électeurs dans les conditions déterminées par la loi» – le Président a considéré qu'il lui incombait, en tant que gardien de la Constitution, de veiller à ce que ces dispositions constitutionnelles soient appliquées dans toute leur rigueur aux élections, notamment aux législatives du 30 juillet 2017.

Au regard des lenteurs notées dans le retrait des cartes d'électeur et pour éviter que des citoyens soient privés de leur droit de vote, le PR a, en vertu de l'article 92 de la Constitution – qui prévoit que « le Conseil constitutionnel peut être saisi pour avis par le Président de la République » –, soumis à la haute juridiction la question de savoir s'il était juridiquement possible, au regard de l'impératif de la tenue des législatives le 30 juillet et de la nécessité de sauvegarde du droit fondamental des citoyens inscrits sur les listes électorales mais n'ayant pas pu retirer leur carte d'identité biométrique CEDEAO, de moduler, de façon exceptionnelle, l'application de la loi en permettant à ceux-ci de voter sur présentation de leur récépissé d'inscription et de tout autre document administratif permettant de les identifier, à savoir : une carte d'identité nationale numérisée, une carte d'électeur numérisée, un passeport, un permis de conduire, un document d'immatriculation pour les primo-inscrits non-détenteurs d'un des quatre premiers documents administratifs ?

Le Conseil pouvait-il se prononcer sur cette question ? La réponse de la Haute juridiction a consisté en une *modulation des effets de la loi par la décision du Conseil. En effet, le* Conseil constitutionnel s'est fondé sur l'article 92 de la Constitution prévoyant la faculté ouverte au Président de le consulter et l'article 2 de la loi relative à la juridiction précisant son champ de compétence pour répondre à la question posée (Décision du Conseil constitutionnel n 8/2017 du 26 juillet 2017). Il faut saluer l'acceptation de la juridiction à statuer sur la demande, car la formulation de la disposition relative aux demandes d'avis par le Président de la République (article 92 al. 2 de la Constitution) est assez générale pour ne pas dire vague. On peut, selon les circonstances et les besoins de la régulation démocratique, y mettre beaucoup de choses. En réalité, la matière sur laquelle peut porter une demande d'avis ou les questions susceptibles d'en être objet ne sont pas limitativement énumérées ou rigoureusement précisées.

Sur la question qui lui est ainsi posée, dès lors que le Conseil s'est déclaré compétent, il restait libre dans la formulation de sa réponse de fond. Évidemment, il avait le choix entre aller dans le sens de l'application rigoureuse de la loi qui priverait des centaines de milliers d'électeurs de leur droit de vote et en moduler exceptionnellement l'application en édictant une norme transitoire et s'ériger, du coup, en protecteur du droit fondamental de vote et en régulateur de la démocratie. Missions, encore une fois, inhérentes à son office.

C'est le second terme de l'alternative que choisit le Conseil. Après avoir réaffirmé la vigueur juridique de l'article L. 78 qui impose l'exigence de présentation par l'électeur de sa carte d'électeur, le Conseil a considéré, qu'en raison des circonstances exceptionnelles dans lesquelles se déroule le processus d'organisation des prochaines élections législatives prévues le 30 juillet 2017, caractérisées notamment par des inscriptions massives ainsi que par des lenteurs et dysfonctionnements dans la distribution des cartes d'électeur non imputables aux citoyens eux-mêmes, de nombreux Sénégalais jouissant de leurs droits civils et politiques et inscrits sur les listes électorales risquaient d'être privés de l'exercice du droit de vote garanti par la Constitution.

Le Conseil en tire la conclusion qu'à titre exceptionnel, pour les élections législatives prévues le 30 juillet 2017, l'électeur n'ayant pu retirer sa carte d'identité CEDEAO faisant office de carte d'électeur, mais dont l'inscription sur les listes électorales est vérifiée, peut voter sur présentation de son récépissé d'inscription accompagné de l'un des documents ci-après dès lors que celui-ci permet de s'assurer de son identité :

- une carte d'identité nationale numérisée ;
- une carte d'électeur numérisée ;
- un passeport ;
- un document d'immatriculation pour les primo-inscrits non-détenteurs d'un des trois premiers documents administratifs. On remarque que le Conseil a supprimé le permis de conduire de la liste des documents administratifs à retenir.
-

Conclusion

En conclusion, on assiste, avec la possibilité du Conseil de donner des avis, à la naissance d'un outil régulateur de la démocratie. En effet, avec l'insertion de cette disposition relative aux demandes d'avis, l'intention du Constituant est aussi de faire jouer à la plus haute juridiction du pays le rôle d'une instance de régulation de la démocratie dans certains moments critiques de l'histoire qui doivent constituer des exceptions.

Cependant, il s'agit d'un outil à manier avec prudence parce qu'on voit clairement que la formule de la demande d'avis est, donc, une clause de sauvegarde de la démocratie à faire jouer lorsque l'activation des autres mécanismes traditionnels devient difficile, voire impossible ou inefficace.

Si tout le monde ne parvient pas à s'entendre et pour éviter une guerre de tous contre tous, n'est-il pas légitime de solliciter l'avis arbitral et régulateur du Juge constitutionnel. Cette attitude s'inscrit dans les tendances contemporaines de la justice constitutionnelle universelle. Les grands militants de la justice constitutionnelle en Afrique et dans le monde encouragent cette tendance du juge constitutionnel régulateur de la démocratie, même en l'absence de texte allant expressément dans ce sens.

À l'évidence, ce privilège de formuler des avis exécutoires sur TOUT induit, peut-être, le risque de gouvernement des juges. Mais un gouvernement des juges n'est-il pas moins mauvais qu'un gouvernement sans juges dans des moments critiques de l'histoire d'un pays ?

Sous-thème VI : Le présent (suite)

Les techniques d'interprétation du juge constitutionnel sénégalais

ABDOUL AZIZ DABA KÉBÉ
Maître de Conférences agrégé,
Chef du Département de Droit public,
Président de l'Association sénégalaise
de Droit constitutionnel (ASDC).
Directeur du Centre d'Études et de Recherches
en Ingénierie juridique et financière (CERIF)

Introduction

Le sort réservé au recours en inconstitutionnalité dépend largement de la signification et de l'entendement constitutionnels que le juge donne aux normes déférées devant lui. Pour interpréter un texte, le juge constitutionnel utilise des techniques d'interprétation. Il s'agit de « l'ensemble des procédés d'investigation, de raisonnement et de présentation par lesquels le juriste élabore et exprime ses conclusions sur un problème ou un groupe de problèmes de droit »[1].

La technique s'oppose à la méthode parce que celle-ci renvoie à la manière d'interpréter un texte et aux formes de raisonnement. La technique a une portée finalitaire, opératoire, instrumentale et pédagogique[2].

---

[1] R. Latournerie, *Essai sur les méthodes juridictionnelles du Conseil d'État*, cité par Ndèye Madjiguène DIAGNE, Les méthodes et techniques du juge en droit administratif sénégalais, Thèse, Université Cheikh Anta DIOP de Dakar, 1995, p. 4.

[2] Y. Gaudemet, *Les méthodes du juge administratif*, Paris, LGDJ, 1972, p. 41 ; N. M. Diagne, *Les méthodes et techniques du juge en droit administratif sénégalais*, thèse, Université Cheikh Anta Diop de Dakar, 1995, p. 2. B. Kanté, « Les méthodes et techniques d'interprétation de la Constitution : l'exemple des pays d'Afrique occidentale francophone », Actes de la table ronde de l'Association internationale de droit constitutionnel, 15 et 16 octobre 2004, Bordeaux, CERCCLE, Dalloz, 2005, p. 158.

Ainsi, dans la technique de la réserve d'interprétation, l'objectif recherché est de sauver la loi de la censure tout en sauvegardant la suprématie de la constitution. Dans la technique du standard, (erreur manifeste d'appréciation ou contrôle de proportionnalité), le résultat recherché est de maintenir la marge d'appréciation du législateur et de ne sanctionner que les interprétations inadéquates, déraisonnables et inopportunes.

En revanche, lorsque l'on parle de méthode d'interprétation, il s'agit plutôt de cheminement intellectuel, de la logique de raisonnement permettant au juge de découvrir le sens du texte. La méthode renvoie donc à l'art d'interpréter. Il faut distinguer les méthodes intrinsèques qui privilégient la sacralité du texte en se référant à la seule règle de droit par une interprétation littérale ou logico-systémique de celles extrinsèques d'interprétation qui associent des éléments extérieurs (esprit du texte) mais indissociables au dispositif juridique (interprétation téléologique et historique)[3].

Cette distinction entre méthode et technique est relative parce que le juge utilise les méthodes (interprétation littérale) pour aboutir à une technique (décision de conformité, de non-conformité ou déclaration de conformité sous réserves). Dans les deux cas, il y a une « fonction heuristique, une fonction de guide dans la découverte de la signification de la norme »[4]. Certains auteurs d'ailleurs assimilent les deux procédés[5].

L'interprétation, qui désigne l'opération par laquelle les « organes juridiques devant appliquer le droit » établissent « le sens des normes »[6], est inhérente à la mission du juge constitutionnel. Interpréter signifie expliquer, commenter et rendre clair le texte juridique puisque tout texte est porteur de sens.

Les attributions dévolues au Conseil constitutionnel impliquent un travail d'interprétation. Aux termes de l'article 92 de la Constitution du 22 janvier 2001, « Le Conseil constitutionnel connaît de la constitutionnalité des lois et des engagements internationaux, des conflits de

---

[3] P.M. Diop, *L'interprétation de la Constitution par le juge constitutionnel dans les États d'Afrique noire francophone. Les cas du Bénin, du Mali, du Niger et du Sénégal*, thèse UCAD, février 2020, p. 211 et s.

[4] D. Sy,« Les fonctions de la justice constitutionnelle en Afrique » in Association Mnigérienne de Droit constitutionnel (ANDC), Actes du colloque international, *La justice constitutionnelle*, Paris, L'Harmattan, 2016, 460 p., pp.43-64, p.52.

[5] V. Nd. M. Diagne, Les méthodes et techniques du juge en droit administratif sénégalais, op.cit., p. 2 et s

[6] H. Kelsen, *Théorie pure du droit*, Paris, Dalloz, 1962, p. 453 ; D. Sy, « Normativité et juridicité (Brèves réflexions sur la normativité juridique) », *Nouvelles Ann. af.* n° 1, 2009, pp.11-47.

compétences entre le pouvoir exécutif et le pouvoir législatif, ainsi que des exceptions d'inconstitutionnalité soulevés devant la Cour d'appel ou la Cour suprême.

Le Conseil constitutionnel peut être saisi par le Président de la République pour avis.

Le Conseil constitutionnel juge de la régularité des élections nationales et des consultations référendaires et en proclame les résultats»[7]. En outre, « les décisions du Conseil constitutionnel ne sont susceptibles d'aucune voie de recours. Elles s'imposent aux pouvoirs publics et à toutes les autorités administratives et juridictionnelles»[8].

À partir de ce moment, il est question d'examiner et d'apprécier les techniques d'interprétation du juge constitutionnel lorsqu'il exerce le contrôle de constitutionnalité des lois et des engagements internationaux.

L'interrogation n'est pas anodine. D'abord, on assiste depuis quelques années, quoique faible, à un renouvellement et enrichissement des techniques d'interprétation du juge constitutionnel sénégalais. Ainsi, le Conseil constitutionnel élargit l'assiette du bloc de constitutionnalité ; accepte de statuer sur un projet de loi constitutionnelle[9]. Le juge utilise les réserves d'interprétations et crée des normes. Il s'est substitué au législateur lors des élections législatives de 2017 en donnant la possibilité aux citoyens inscrits sur les listes électorales et n'ayant pu retirer leur carte d'électeur biométrique CEDEAO, de voter sur présentation de leur récépissé d'inscription et de tout autre document administratif permettant de les identifier[10].

En outre, la portée du travail interprétatif dépend de l'architecture de la justice constitutionnelle. Certaines juridictions utilisent des techniques d'interprétation classiques, notamment celles de tradition francophone (Sénégal, Togo, Burkina, Mali ou Niger) en raison surtout du choix du modèle kelsenien de justice constitutionnelle. Dans ce système, seule la constitution est vectrice de norme de sorte que le droit doit être extirpé de toute considération politique, économique ou sociale. Ces théories postulent en effet que le sens d'une règle est contenu dans le

[7] V : Loi organique 2016-23 du 14 juillet 2016 relative au Conseil constitutionnel

[8] Article 92 alinéa 4.

[9] Décision 2016 n°1 /C / 2016 du 12 février 2016, *Projet de révision de la Constitution du 22 janvier 2001* in Conseil constitutionnel, *Recueil des Décisions*, janvier 1993-mars 1999, février 2020, p. 480.

[10] Décision n°8/2017 du 26 juillet 2017, Demande d'avis - *Possibilité pour les citoyens n'ayant pas de carte d'électeur de voter sur présentation de document permettant de les identifier* in Conseil constitutionnel, *Recueil des Décisions*, *op.cit.*, p. 590.

texte même. En « théorie pure du droit », ce qui a été voulu importe peu, « seul importe ce qui a été objectivement produit »[11]. Cette dogmatique juridique limite les pouvoirs d'interprétation du juge constitutionnel puisque la signification d'un texte préexiste à l'acte d'interprétation. Le juge ne fait que découvrir le sens du texte. L'interprétation « consiste à établir la gamme de sens dans laquelle on choisit, conformément à la volonté de son auteur, celui qui doit prévaloir »[12]. Le juge donne aux mots leur sens ordinaire : « Lorsqu'un texte est clair, c'est-à-dire lorsque compte tenu des règles de grammaire, de la sémantique et de la syntaxe son sens ne peut prêter à aucune discussion et lorsqu'en outre ses dispositions ne sont en contradiction avec aucune autre disposition en vigueur ayant valeur juridique égale, le juge (…) ne se livre pas à une fantaisie interprétative, il applique strictement ce texte »[13].

D'autres juridictions ont une lecture relativement dynamique de leur mission de contrôle de constitutionnalité, notamment dans les modèles américain et mixte de justice constitutionnelle. L'interprétation est conçue comme un acte de volonté. Le contrôle reste concret et peut être effectué généralement *a posteriori.* Le demandeur doit être directement lésé par la violation de la constitution et peut saisir, à cet effet, le juge constitutionnel (Bénin, Gabon, Cap Vert, Allemagne, Portugal ou Espagne)[14]. Le contrôle de constitutionnalité peut être décentralisé et confié à tout juge dans les États où le constitutionnalisme social est marqué à travers les litiges d'intérêt public (« *public interest litigation* ») répandus en Asie (Inde, Malaisie, Pakistan et Bangladesh)[15], en Amérique latine (Argentine, Colombie et Brésil) et dans les pays africains de tradition anglophone (Kenya, Nigeria, Ghana ou Afrique du Sud)[16].

---

[11] E.Millard, *Théorie générale du droit, Dalloz*, 2006, p. 91.

[12] *L'interprétation de la Constitution par le juge constitutionnel dans les États d'Afrique noire francophone. Les cas du Bénin, du Mali, du Niger et du Sénégal,* thèse, UCAD, février 2020, p. 18 .

[13] R. Odent, *Contentieux administratif*, t. 1, Dalloz, 2007, p. 348

[14] L.Favoreu et autres, Droit constitutionnel, 14e édition, 201, p.243.

[15] I. Sall, *Capacitation juridique et fabrique de l'État de droit. Étude sur le droit du développement*, Thèse, Université de Poitiers, 2019, p. 269.

[16] CCT 11/00 du 4 October 2000, Government of RSA v. Grootboom and others, 2001 (1) SA 46 (CC), http://www.concourt.gov.za/2000/grootboom.sthml.Consulté le 12 08 2020 ; T S N Sall, *La justice constitutionnelle en Afrique : étude comparée de l'Afrique du Sud, du Bénin et du Sénégal*, thèse, UCAD, 2020, p.403 ; B.Ba, « La convergence des offices juridictionnels en matière constitutionnelle : regards croisés entre l'Afrique et l'Amérique latine », Afrilex, mai 2019.

Pour cerner les techniques d'interprétation utilisées par le juge constitutionnel sénégalais – lesquelles ne font pas l'objet d'une codification préétablie – il faut se référer à la fois aux textes et à la jurisprudence même si celle-ci reste faible[17]. En effet, le contentieux constitutionnel est centré sur la distribution du pouvoir normatif. Le contentieux des droits fondamentaux est presque inexistant[18].

Toutefois, il existe une méthodologie commune à l'ensemble de la famille du droit, à tous les interprètes pour l'application des textes juridiques.

Il est possible alors d'opérer une classification des techniques d'interprétation. Dans le cadre du contrôle de constitutionnalité, l'alternative classique se traduit par la conformité ou la non-conformité, la validation ou l'invalidation de la loi examinée. On est en face d'un contrôle de constitutionnalité, terme à terme, codifié pour l'essentiel. Le juge utilise des méthodes de raisonnement usuelles. C'est la conception classique de la séparation des pouvoirs qui se traduit généralement par le syllogisme judiciaire. Le juge sénégalais, comme dans la pensée de Montesquieu, est la bouche de la loi. Il interprète, de façon stricte, ses titres de compétence. Ces techniques de raisonnement sont objectives et aboutissent à une logique décisoire de censure ou de non-censure. Par un contrôle de constitutionnalité externe, la juridiction constitutionnelle veille au respect strict de la répartition des compétences et aux procédures d'adoption des lois. Le juge suprême[19], dès le début des Indépendances, a indiqué *que* « *le* législateur ne peut être réputé avoir délégué au pouvoir réglementaire (...) les prérogatives qu'il tient de la Constitution »[20].

[17] La jurisprudence constitutionnelle est accessible en ligne in https://conseilconstitutionnel.sn/

[18] Conseil constitutionnel, *Recueil des Décisions, janvier 1993-mars 1999*, février 2020, p. 590. B. Kanté, « Les méthodes et techniques d'interprétation de la Constitution : l'exemple des pays d'Afrique occidentale francophone », *op. cit*., p. 158.

[19] La Cour suprême du Sénégal, créée en 1960 (Ordonnance n° 60-17 du 3 septembre 1960 portant Cour suprême du Sénégal JORS n° 3434 du 30 mars 1960, p. 430), a été supprimée en 1992 (V. : El H. Mbodj, « Les incidences de la réforme judiciaire du 30 mai 1992 sur le contentieux administratif sénégalais », *Revue de l'association sénégalaise de droit pénal*, juillet- décembre 1995 pp. 13-39) et restaurée en 2008 (Loi organique n° 2008-35 du 7 août 2008 portant création de la Cour suprême, J.O.R.S. n° 6420).

[20] Commissariat à l'Urbanisme et à l'Habitat (CS. Sect. réunies, 5 mars 1963).

À la suite de la vague de démocratisation des années 1990, le pouvoir normatif du juge s'affirme progressivement. Le ton est lancé dès 1993 lorsque le Conseil constitutionnel sénégalais déclare que « ni le silence de la loi ni l'insuffisance de ses dispositions, n'autorisent le Conseil compétent en l'espèce, à s'abstenir de régler le différend porté devant lui ; qu'il doit prononcer par une décision en recourant, au besoin, aux principes généraux du droit, à la pratique, à l'équité et à toute autre règle compatible avec la sauvegarde de l'État de droit et avec l'intérêt commun »[21]. En empruntant au juge administratif ses techniques de contrôle, le juge constitutionnel adopte une démarche opératoire, pédagogique et pragmatique en évitant les sanctions immédiates. Il recherche la volonté du législateur. En faisant de l'interprétation un acte de volonté, il s'appuie sur la technique du standard (contrôle de proportionnalité, bilan coût-avantage, erreur manifeste ou influence déterminante) et formule des injonctions adressées au législateur[22]. Le juge constitutionnel peut même réécrire la loi par des réserves d'interprétation en se gardant d'annuler toute loi inconstitutionnelle.

Ainsi, il sera étudié, en premier lieu, les techniques traditionnelles de contrôle (I). En second lieu, les techniques nouvelles de contrôle seront abordées (II).

I. Les techniques traditionnelles d'interprétation

Ces techniques traduisent la conception kelsenienne de justice constitutionnelle. La juridiction constitutionnelle ne se donne pas de marge de manœuvre. Par une interprétation stricte de la constitution, le juge choisit la déclaration de conformité (A) ou celle de non-conformité (B).

A. La déclaration de conformité

La technique de conformité permet de garantir le principe de constitutionnalité. Il faut aborder le périmètre des normes concernées (1) et évoquer les cas de déclarations de conformité discutées (2).

---

[21] Décision 5/ 93 du 2 mars 1993, Transmission des procès-verbaux à la commission nationale de recensement des votes, in *Les décisions et avis du Conseil constitutionnel sénégalais, op.cit.*, pp. 39-43. Décision n° 91/2005 du 12 février 2005, Loi d'amnistie, *Les décisions et avis du Conseil constitutionnel sénégalais, op.cit.*, pp. 373-376.

[22] S. A. Ndiaye, « Le pouvoir d'injonction du juge constitutionnel en Afrique noire francophone », *Annales africaines*, Nouvelle série, Volume 1, n° 10, avril 2019, p. 3 et suivants.

1. Le périmètre des normes concernées

Dans le modèle kelsenien de justice constitutionnelle, le droit constitutionnel est prononcé par la juridiction constitutionnelle spécialisée. Le Conseil constitutionnel a une compétence exclusive et expresse pour contrôler la constitutionnalité des lois et des accords internationaux dans le cadre de la voie d'action ou de la voie d'exception[23]. Le Conseil constitutionnel sénégalais insiste particulièrement sur ses prérogatives posées à l'article 92 de la constitution en s'adressant à la Cour suprême en 2014[24] et en 2017[25]. Ainsi, il affirme avec autorité : « Considérant cependant que l'appréciation de la conformité de la loi à la Constitution échappe totalement à l'emprise de la Cour suprême : cette mission est expressément et exclusivement dévolue au Conseil constitutionnel conformément à l'article 92 de la Constitution... »[26]. Pour la haute juridiction constitutionnelle, la Cour suprême a « dépassé les limites de sa compétence » et a « empiété sur celle du Conseil constitutionnel »[27].

Le périmètre des normes susceptibles d'être soumises à la déclaration de conformité appelle trois observations majeures.

D'abord, l'intensité du contrôle de conformité dépend de la nature de la norme contrôlée. Les lois font l'objet d'un contrôle de constitutionnalité strict, notamment celles qui ont un caractère organique. Le contrôle est déclenché sur saisine du Président de la République. Par nature, suivant les dispositions de l'article 78 de la Constitution sénégalaise du 22 janvier 2001, les lois organiques sont toujours adoptées à la suite d'une invitation expresse du constituant; elles sont votées et modifiées à la majorité absolue des membres composant l'Assemble

[23] Article 92 de la Constitution. L'article 1er la loi organique 2016-23 précise que le Conseil constitutionnel se prononce sur la constitutionnalité des lois, sur le caractère réglementaire des dispositions de forme législative, sur la recevabilité des proposi tions de loi et amendements d'origine parlementaire, sur la constitutionnalité des engagements internationaux, sur les exceptions d'inconstitutionnalité soulevées devant la Cour d'Appel ou la Cour suprême, sur les conflits de compétence entre le pouvoir exécutif et le pouvoir législatif.

[24] Décision n°1/C/2014 du 13 mars 2014, Exception d'inconstitutionnalité des lois 81-53 sur la répression de l'enrichissement illicite et 81-54 portant création de la Cour de répression de l'enrichissement illicite du 10 juillet 1981.

[25] CC, 9 janvier 2017, *Conformité de la loi organique sur la Cour Suprême*, décision n. 3-C-2017.

[26] Décision n°1/C/2014 du 13 mars 2014, Exception d'inconstitutionnalité des lois 81-53 sur la répression de l'enrichissement illicite et 81-54 portant création de la Cour de répression de l'enrichissement illicite du 10 juillet 1981.

[27] *Ibidem.*

nationale ; leur promulgation suppose un contrôle obligatoire de conformité à la constitution et les matières qui doivent figurer dans une loi organique ne peuvent faire l'objet de délégation. On note aussi un renouveau du contrôle obligatoire de constitutionnalité des lois organiques facilité par sa restauration à travers la loi 2016-10 du 5 avril de 2016 portant révision de la constitution. En effet, ce contrôle avait disparu du texte de la Constitution du 22 janvier 2001. Le juge, qui avait tendance à déclarer automatiquement les lois organiques conformes à la Constitution[28], semble infléchir sa jurisprudence par un examen plus rigoureux de ces normes qui occupent une place singulière dans le bloc de constitutionnalité. Ce régime juridique des lois organiques se comprend aisément puisqu'elles traduisent, dans l'ordonnancement juridique, des règles qui, normalement, devraient figurer dans la constitution.

La procédure d'adoption de la loi est rigoureusement contrôlée. Ainsi, dans la Décision n° 2/C/2016 du 11 juillet 2016[29], à propos de la loi organique relative au Conseil constitutionnel, le juge précise que ce texte a été voté avec 107 voix pour ; 1 voix contre et 3 abstentions. « Considérant que l'1Assemblée nationale compte 150 membres ; que la majorité absolue des membres la composant étant de 76 voix, l'adoption a été conforme à l'article 78 de la Constitution »[30].

Dans le fond, tous les articles de la loi organique sont contrôlés. Le juge examine si chaque disposition a une base constitutionnelle. Il confronte directement ou indirectement les dispositions de la loi organique à la constitution et aux principes à valeur constitutionnelle.

S'agissant des conventions internationales, elles sont aussi soumises à la vérification de constitutionnalité. Il s'agit plutôt d'un contrôle de compatibilité. L'idée est de voir si la convention internationale ne s'écarte pas de l'esprit de la constitution. En effet, l'ordre constitutionnel ne définit pas exclusivement les conditions de formation de la norme internationale tandis que la hiérarchie entre les normes constitutionnelles et les normes internationales est encore discutée[31].

---

[28] I. M.Fall, « La loi organique dans les ordonnancements juridiques des États d'Afrique francophone : réflexion sur une norme particulière », *RBSJA*, n° 32, 2014, pp. 169-216.

[29] Conseil constitutionnel, *Recueil des décisions, op.cit.*, p. 480.

[30] *Ibid.*, p. 482.

[31] Ch.Mb. Ndiaye, L*a protection juridictionnelle de l'ordre constitutionnel au Sénégal*, UCAD, 9 novembre 2016 p.85 ; A. Ondoua, « La jurisprudence internationale des juridictions constitutionnelles des États d'Afrique noire francophone », in O. Narey (dir.), *La justice constitutionnelle. Actes du colloque international de l'ANDC*, L'Harmattan, octobre 2015, pp.293-302 ; S.N, Tall, « La justice constitutionnelle sénégalaise et le droit international public », pp. 305-323.

L'une des conventions les plus importantes qui a été soumise au contrôle de constitutionnalité est sans doute le Traité relatif à l'Harmonisation du Droit des Affaires en Afrique signé à Port-Louis le17 octobre 1993. Il s'agit d'un contrôle important car selon l'article 97 de la Constitution du 22 janvier 2001, « si le Conseil constitutionnel a déclaré qu'un engagement international comporte une clause contraire à la Constitution, l'autorisation de le ratifier ou de l'approuver ne peut intervenir qu'après une révision de la Constitution ».

En l'espèce, le juge était saisi par le Président de la République afin de déclarer non contraires à la constitution les articles 14 à 16 du Traité.

Le Conseil constitutionnel pose sans équivoque la constitutionnalité de l'abandon de souveraineté congénital à l'unité de l'Afrique : « Considérant qu'il n'en résulte cependant ni changement du statut international du Sénégal en tant qu'État souverain et indépendant, ni modification de son organisation institutionnelle ; que le dessaisissement de certaines de ses institutions – Cour de Cassation, mais aussi l'Assemblée nationale – n'est ni total ni unilatéral, qu'il s'agit donc en l'espèce, non pas d'un abandon de souveraineté mais d'une limitation de compétences qu'implique tout engagement international et qui, en tant que telle, ne saurait constituer une violation de la Constitution, dans la mesure où celle-ci, en prévoyant la possibilité de conclure des traités, autorise, par cela même, une limitation de compétence »[32].

Par conséquent, les articles 14, 15 et 16 du Traité qui attribuent à une juridiction internationale, comme la Cour commune de Justice et d'Arbitrage (CCJA), la compétence de connaître, par voie de cassation, de certaines décisions rendues en dernier ressort par les juridictions du Sénégal, ne sont pas contraires à l'article 88 de la constitution qui réserve l'exercice du pouvoir judiciaire au Conseil constitutionnel, au Conseil d'État à la Cour de cassation ainsi qu'aux Cours et Tribunaux.

Au Bénin, la Cour constitutionnelle avait déjà dégagé une interprétation plus ou moins similaire en estimant que la constitution n'est pas violée[33]. En revanche, au Congo, le juge constitutionnel avait considéré que la constitution serait violée si l'on concède l'exercice du pouvoir judiciaire à des autorités supranationales comme la CCJA. L'indépen-

---

[32] Décision ° 3/C/93 du 16 décembre 1993, Traité OHADA, In I . M. FALL (dir.), *Les décisions et avis du Conseil constitutionnel du Sénégal*, Dakar, *CREDILA*, 2008, note. A. SALL ; Penant, n°827, mai-août 1998, p.232.

[33] Décision DCC 19-94 DU 30 JUIN 1994, Président de la République, Contrôle de constitutionnalité du Traité relatif à l'harmonisation du droit des affaires en Afrique.

dance nationale serait vidée de sa substance car la fonction de juger constitue l'un des attributs de la souveraineté[34].

Ces décisions montrent que les juridictions constitutionnelles, dans le contrôle de constitutionnalité des conventions internationales, privilégient une interprétation téléologique et finaliste en lieu et place d'une interprétation exégétique. On pouvait valablement penser que les dessaisissements normatif et juridictionnel (par les attributions de la CJA[35]) sont contraires aux dispositions de la constitution qui confèrent l'exercice du pouvoir judiciaire aux juridictions nationales[36].

Secundo, certaines normes sont exclues du champ de la déclaration de conformité. On sait que pour les lois constitutionnelles, le Conseil interprète strictement ses titres de compétence en les excluant de son champ de contrôle. Le juge affirme constamment son incompétence à apprécier la conformité des lois de révision à la Constitution[37].

---

[34] Cour suprême du Congo, Avis n°37/CS/98 du 1er *octobre 1998, note P. Moudoudou*, Penant, janvier-mars 2002 ; B. Bouumakani, « La Constitution congolaise et le Traité relatif à l'Harmonisation du Droit des Affaires en Afrique », Penant (*Revue trimestrielle de Droit africai*n), n° 836, 2001, pp. 202-220.

[35] Elle a la compétence de connaître certaines décisions rendues en dernier ressort par les juridictions nationales.

[36] Dans le même sens, l'Accord entre le Sénégal et l'Union africaine pour la création des Chambres africaines extraordinaires (CC, 2 mars 2015, *Affaire Hussein Habré*, décision n. 1-C-2015) et l'Accord de siège Sénégal –BCEAO (CC, 8 février 2001, , Décision n. 4-C-2000) ont été déclarés non contraires à la constitution.

[37] Décision n° 44/98 du 09 octobre 1998, S*uppression de la limitation des mandats présidentiels et du quart bloquant in Les décisions et avis du Conseil constitutionnel sénégalais, op. cit.*, pp. 213-215, note I. Diallo ; Décision n° 53/98 du 9 octobre 1998, *Suppression de la limitation des mandats présidentiels et du quart bloquant*. Le Conseil, pour quelques heures de retard, déclare la requête irrecevable pour forclusion in *Les décisions et avis du Conseil constitutionnel sénégalais, op. cit.*, pp. 237-239 ; Décision n° 75 / 2000 du 9 novembre 2000, *Sollicitation de l'avis du conseil constitutionnel sur le projet de loi constitutionnelle devant être soumis au référendum, in Les décisions et avis du Conseil constitutionnel sénégalais, op.cit.*, pp. note A. Guèye ; Décision n°76/2000/ du 16 novembre 2000, *Sollicitation de l'avis du conseil constitutionnel sur un projet de décret organisant un référendum et un autre portant convocation du corps électoral*, in, *Les décisions et avis du Conseil constitutionnel sénégalais*, op. cit. p. 318. note. A. Sall. Le juge déclare qu'il « ne peut examiner ni l'aspect politique, ni l'aspect de la constitutionnalité des dispositions du projet de Constitution. Mais sous l'angle du droit en général, il peut faire quelques observations tendant à améliorer le texte du projet de Constitution ». V : dans le même sens : Décision 90/2003 du 1er juin 2003, *Loi constitutionnelle instituant le Conseil de la République pour les affaires économiques et sociales*, in *Les décisions et avis du Conseil constitutionnel sénégalais, op. cit* . pp. 371-372 ; Décision n° 93/2005 du 7 septembre 2005, *Incompétence du Conseil pour donner un avis sur la prorogation du mandat des députés*, in *Les décisions et avis du Conseil constitutionnel sénégalais, op.cit.*, pp. 385 et s ; Décision n°1/C/2018 du 9 mai 2018, p. 614.

Ailleurs, le contrôle de constitutionnalité des lois de révision est bien établi. Au Mali, en 2001, la Cour constitutionnelle avait contrôlé la loi de révision de la Constitution en y interdisant toute modification relative à la forme républicaine, à la laïcité et au multipartisme[38]. Au Bénin[39], au Burkina, au Niger, au Tchad, au Congo-Brazzaville, de façon plus prononcée en Afrique du Sud, la juridiction constitutionnelle est un acteur dans le processus de révision de la Constitution puisqu'elle peut même créer des « principes qu'elle considère comme de nature à limiter le pouvoir constituant »[40].

La jurisprudence constitutionnelle qui confère une immunité juridictionnelle aux lois de révisions de la constitution s'applique aussi aux résolutions des assemblées parlementaires. Récemment, le Conseil constitutionnel a rejeté la requête des députés de l'opposition contre la levée de l'immunité parlementaire de M. Ousmane Sonko. Les députés avaient considéré que la résolution était entachée d'inconstitutionnalité parce que la Commission *ad hoc* est irrégulière dans sa composition et que la violation des droits de la défense devrait être constatée. Le juge motive sa décision par ses compétences d'attribution et le caractère non législatif et normatif des résolutions qui concernent la vie intérieure des assemblées. Le Conseil constitutionnel estime qu'il n'a pas le pouvoir de « statuer sur la procédure par laquelle l'Assemblée nationale adopte la levée de l'immunité parlementaire d'un député » ; il ne peut « contrôler la conformité à la constitution de la résolution adoptée à cet effet »[41]. En réalité, les règlements intérieurs ne sont pas uniquement des actes à vocation interne. Il existe plusieurs résolutions pouvant faire grief à des droits et libertés et qui ne sont pas justiciables. On peut penser alors à un déni de justice[42].

Tertio, la jurisprudence du Conseil constitutionnel révèle une forte tendance à déclarer les lois et les conventions internationales conformes à la Constitution. Ainsi, dans le cadre de l'exception d'inconstitutionnalité, comme le remarque Boubacar Ba, « à l'examen synthétique

---

[38] Arrêt n°01-128 du 12 décembre 2001.

[39] Pour la Cour constitutionnelle du Bénin, proroger le mandat des députés arrivé à terme, constitue une violation du « consensus national » qui est un « principe à valeur constitutionnelle » ; Décision DCC 11-067 du 20 octobre 2011.

[40] S.A.Atsimou, « La participation des juridictions constitutionnelles au pouvoir constituant en Afrique », *RFDC* 2017/2 N° 110 p. 287.

[41] Décision n° 1/C/21 du 17 mars 2021.

[42] Dj. Ouédraogo, « Le contrôle de constitutionnalité des règlements des assemblées parlementaires dans les États de l'Afrique de l'Ouest francophone », *RFDC* « 2019/1 n° 117, p. 125.

des décisions intervenues de fond sur le contentieux de l'exception d'inconstitutionnalité, les décisions de conformité (7) sont bien plus nombreuses que celles de non-conformité (1 *seule)* »[43]. Ainsi, la loi n° 69-64 du 30 octobre 1969 relative au statut du personnel[44], la loi n° 76-67 du 2 juillet 1976 relative à l'expropriation pour cause d'utilité publique[45], la loi 2013-10 du 28 décembre 2013 portant Code général des Collectivités territoriales[46] ont été jugées conformes à la Constitution. Le juge a également estimé que les lois 81-53 sur la répression de l'enrichissement illicite et 81-54 portant création de la Cour de Répression de l'Enrichissement illicite du 10 juillet 1981 ne sont pas contraires à la Constitution[47].

Ces déclarations de conformité pour des lois déjà entrées en vigueur expriment-elles une production législative de qualité ou un contrôle modeste exercé par la juridiction constitutionnelle ? Le juge se met peut-être dans une position de « préservation des situations juridiques déjà stabilisées, si bien qu'il paraitrait aventureux de les remettre en cause par une déclaration de non-conformité »[48].

Il faut tout de même signaler que certaines déclarations de conformité sont curieuses parce qu'elles font émettre des doutes quant à leur conformité à la constitution.

2. **Les déclarations de conformité discutées**

Certaines déclarations de conformité à la constitution sont discutables. On prendra ici deux exemples.

Dans la Décision n° 1 C 2020 (affaire n° 1 C 2020 du 24 février 2020), le Conseil déclare l'article 9 alinéa 2 de la loi organique relative aux lois de finances, qui définit le régime juridique des taxes parafiscales, conforme à la constitution. Selon l'article 9 de la loi organique,

---

[43] V : B. Ba, « Présentation de l'exception d'inconstitutionnalité : le dénouement », Communication prononcée au Séminaire du Conseil constitutionnel sur l'exception d'inconstitutionnalité, 4 et 5 décembre 2020, p.7.
[44] Décision n°2/C/2012 du 6 décembre 2012 du Conseil constitutionnel sénégalais (Affaire Ndiaga Soumaré Contre/État du Sénégal, exception d'inconstitutionnalité soulevée contre l'article 8 du Statut des douanes).
[45] Affaires N° 3/C/96 et 4/C/95 du 19 juin 1996, *Moussa Ouattara et autres et Djim Momar Kébé et autres*, in *Les décisions et avis du Conseil Constitutionnel du Sénégal, op. cit.*, p.127.
[46] Affaire N° 1/C/19 du 25 avril 2019, « Entente CADAK-CAR.
[47] Affaire N° 1/C/2014 du 3 mars 2014, Karim Meissa Wade.
[48] B. Ba, « Présentation de l'exception d'inconstitutionnalité : le dénouement », *op. cit.*, pp. 8-9.

les taxes parafiscales sont créées par voie réglementaire alors qu'aux termes de l'article 67 de la constitution, le régime juridique des impositions (impôts, prélèvements sociaux, taxes ou taxes parafiscales) est toujours défini par le législateur. Le juge constitutionnel sénégalais dès 1962 avait posé ce principe de la création législative des taxes parafiscales[49]. En outre, selon l'article 3, alinéa 2, de la Directive n° 06 /2009/ CM/ UEMOA du 26 juin 2009 portant loi organique relative aux lois de finances au sein de l'UEMOA[50], « Les dispositions relatives à l'assiette, au taux et aux modalités de recouvrement des impositions de toutes natures, qu'elles soient perçues par l'État ou affectées à d'autres organismes publics, sont du domaine de la loi ». Enfin, par la loi n° 2018-29 du 19 décembre 2018 portant loi de finances pour 2019, « les prélèvements » qui relevaient jusque-là du domaine de la parafiscalité sont désormais perçus au profit du budget de l'État »[51].

Les taxes parafiscales sont des impositions affectées à des organismes ayant des fonctions économiques et sociales identifiées. L'article 9, alinéa 2, de la loi organique qui autorise leur création par voie réglementaire s'écarte des dispositions de l'article 67 de la Constitution sénégalaise.

Un second exemple de déclaration de conformité controversé peut être trouvé dans la Décision n° 2 C 2018 du 2 juillet 2018. On sait que « n'importe quel citoyen n'a pas le droit de poser sa candidature à la Présidence de la République (...) »[52]. L'article 28 de la Constitution pose les conditions de fond à remplir pour pouvoir prétendre à la fonction présidentielle. Aussi, est-il indiqué : « Tout candidat à la Présidence de la République doit être exclusivement de nationalité sénégalaise, jouir de ses droits civils et politiques, être âgé de trente-cinq (35) ans au moins et de soixante-quinze (75) ans au plus le jour du scrutin. Il doit savoir écrire, lire et parler couramment la langue officielle ». La loi n° 2018-22 du 04 juillet 2018 portant révision de la Loi n° 2017-12 du 18 janvier 2017 portant Code électoral est modifiée et déclarée conforme à la Constitution par le Conseil constitutionnel sénégalais[53]. L'article 157

[49] Cour suprême, arrêt du 3mai 1962, JORS 29 mai 1962, p. 858.
[50] Directive déjà citée.
[51] Exposé des motifs de la loi de finances.
[52] Maurice Duverger, *V. Institutions politiques et Droit constitutionnel*, Paris, PUF, 1973, p. 139.
[53] Décision n° 2/C/20 18 du 02 juillet 2018 précitée.

dans sa nouvelle mouture précise : « Tout sénégalais électeur peut faire acte de candidature et être élu, sous réserve des conditions d'âge et des cas d'incapacité ou d'inéligibilité prévus par la loi ». Ces modifications appellent des remarques générale et spécifique.

Désormais, tout candidat doit être électeur, c'est-à-dire matériellement être inscrit sur les listes électorales. La qualité d'électeur confère le droit de participer à une élection. Théoriquement au plan strictement juridique, on peut être électeur et ne pas être candidat (cas du citoyen normal). Pour être électeur, membre du collège électoral, il faut s'inscrire sur les listes électorales. Or, selon l'article 31 du Code électoral « Ne doivent pas être inscrits sur la liste électorale pendant un délai de cinq (5) ans à compter de la date à laquelle la condamnation est devenue définitive, les condamnés soit pour un délit visé à l'article L31, troisième tiret, à une peine d'emprisonnement sans sursis égale ou supérieure à un mois et inférieure ou égale à trois (3) mois ou à une peine d'emprisonnement avec sursis égale ou supérieure à trois (3) mois et inférieure ou égale à six (6) mois, soit pour un délit quelconque à une amende sans sursis supérieure à 200 000 F CFA, sous réserve des dispositions de l'article L.30 ». C'est pourquoi les requérants soutiennent que l'article L.157 se substitue au texte constitutionnel parce qu'il pose une condition supplémentaire par rapport à l'article 28 de la Constitution. Pour le Conseil constitutionnel, l'article L57 « ne fait que rappeler les conditions de l'éligibilité dont la première (…) la plus générale est relative au droit de vote, ne pouvant être élus que ceux qui sont titulaires de ce droit ; qu'en ne faisant qu'exprimer une condition résultant implicitement mais nécessairement de l'article 28 de la Constitution, cette disposition n'est pas contraire à celui-ci »[54]. S'agit-il, pour reprendre une formule consacrée, d'une « fraude à la Constitution »[55], c'est-à-dire d'un contournement de l'article 28 de la Constitution ? Pour la juridiction constitutionnelle, en ajoutant la qualité d'électeur comme élément d'éligibilité, l'article L 57 ne fait « qu'exprimer une condition résultant implicitement mais nécessairement de l'article 28 de la Constitution, cette disposition n'est pas contraire à celui-ci »[56].

---

[54] Considérant 32.
[55] S.M . Ouédraogo. *La lutte contre la fraude à la Constitution en Afrique noire*, thèse, Université Bordeaux, 2011.
[56] Considérant 32.

L'argumentaire du Conseil constitutionnel, pour déclarer conforme à la constitution, l'article L57 laisse l'observateur perplexe. Le juge considère que la qualité d'électeur résulte « implicitement mais nécessairement » de l'article 28 ainsi libellé : « Tout candidat à la Présidence de la République doit être exclusivement de nationalité sénégalaise, jouir de ces droits civils et politiques, être âgé de trente-cinq ans (35) au moins de soixante-quinze (75) ans au plus le jour de scrutin. Il doit savoir écrire, lire et parler couramment la langue officielle ».

Le Conseil constitutionnel voulait-il signifier que les personnes visées à l'article 31 du Code électoral ne jouissent pas de leurs droits civils et politiques ?

Le juge a utilisé une méthode d'interprétation déductive. Celle-ci permet de déduire du texte, la norme applicable pour les situations non consacrées formellement ; en cela elle a la vertu de combler des vides juridiques pour des cas non prévus[57]. Cependant, cette méthode d'interprétation n'est envisageable que lorsque la solution pour trancher la question de constitutionnalité ne figure pas *express verbis* dans la constitution. Un texte clair s'applique littéralement : *Interprétatio cessat in claris*. Lorsque le texte est clair, le juge doit l'appliquer littéralement parce qu'il traduit exactement et fidèlement la volonté de son auteur. En outre, le droit électoral est dominé par le principe constitutionnel de liberté de la candidature. Le juge sénégalais avait déjà posé que « les règles relatives aux inéligibilités comme celles qui établissent les limitations à la candidature doivent toujours faire l'objet d'une interprétation restrictive et ne doivent être étendues à des cas non expressément prévus »[58].

Ici, l'interprétation littérale devrait être privilégiée d'autant plus que la qualité d'électeur n'est pas conférée automatiquement. Une comparaison de l'article L57 à l'article 28 de la Constitution montre que la qualité d'électeur ne figure pas littéralement dans le texte constitutionnel ; elle n'est pas une condition d'éligibilité à l'élection présidentielle. Sans la révision de l'article 28 de la Constitution qui détermine le noyau

---

[57] P.M. Diop, *L'interprétation de la Constitution par le juge constitutionnel dans les États d'Afrique noire francophone. Les cas du Bénin, du Mali, du Niger et du Sénégal, thèse 2020, op. cit.*, p. 235. V : aussi, Stefan Goltwberg, « Esquisse de typologie de l'argumentation juridique », in *Revue internationale de Sémiotique juridique* 2008/21, pp. 363-37.

[58] V. Considérant 7 de la Décision n° 33/98, 1/E/98 et 2/E/98, du 9 avril 1998, *Acceptation de candidatures de la Coalition USD Jëf Jël URD aux législatives, op. cit.*, p. 164.

dur des règles d'éligibilité à l'élection présidentielle[59], on peut penser que la Charte fondamentale est contournée par le Code électoral. En ajoutant une condition nouvelle pour être candidat à l'élection présidentielle, l'article L57 peut-il **être déclaré** conforme à la constitution ?

B. La déclaration **de non-conformité**

Aux termes de l'article 74 de la Constitution, le Conseil constitutionnel peut être saisi d'un recours visant à déclarer une loi inconstitutionnelle. La non-conformité est déclarée à la suite d'une inconstitutionnalité externe (1) ou interne (2).

1. La non-conformité pour inconstitutionnalité externe

La non-conformité constitue une sanction de l'inconstitutionnalité. Elle peut être assimilée à l'annulation d'un acte administratif en droit administratif. Si le Conseil relève dans la loi une violation de la constitution qui n'a pas été évoquée, il a l'obligation de soulever d'office l'inconstitutionnalité[60].

L'article 16 de la loi organique 2016-23 précise que le Conseil constitutionnel se prononce sur la constitutionnalité des lois, des engagements internationaux, sur les exceptions d'inconstitutionnalité soulevées devant la Cour d'appel, la Cour suprême ainsi que sur les conflits de compétence entre le pouvoir législatif et le pouvoir exécutif. Ainsi, la déclaration de non – conformité s'exerce à l'occasion du contrôle par voie d'action et par le mécanisme de l'exception d'inconstitutionnalité[61]. Le contrôle par voie d'action s'exerce avant l'entrée en vigueur de la norme. Il est réservé à certaines autorités aux termes de l'article 74 de la Constitution[62]. La voie d'exception est rarement utilisée par les

[59] Les conditions se rattachent à la personnalité du candidat.

[60] Article 17.3 de la loi 2016-23.

[61] L'exception d'inconstitutionnalité emprunte la forme d'une question préjudicielle en droit sénégalais. L'article 22 de la loi organique n° 2016-23 du 14 juillet 2016 relative au Conseil constitutionnel indique à cet effet que l'exception d'inconstitutionnalité n'est envisageable que dans l'hypothèse où « la solution d'un litige porté devant la Cour d'Appel ou la Cour suprême est subordonnée à l'appréciation de la conformité des dispositions d'une loi ou des stipulations d'un accord international à la Constitution ».

[62] Le Conseil constitutionnel peut être saisi par le Président de la République dans les six jours francs qui suivent la transmission à lui faite de la loi définitivement adoptée ou par un nombre de députés au moins égal au dixième des membres de l'Assemblée nationale dans les six jours francs qui suivent son adoption définitive.

justiciables puisque depuis sa création en 1992, « seules onze (11) décisions ont été rendues en 28 ans »[63].

Qu'il s'agisse de la voie d'action ou de la voie d'exception, l'incompétence est le premier moyen de légalité « externe »[64] invoqué pour demander l'annulation d'une loi contraire à la Charte fondamentale[65]. L'incompétence négative signifie que le législateur n'épuise pas ses titres de compétence. Le juge constitutionnel sanctionne « le renvoi par le législateur à des autorités administratives », la fixation « des règles garantissant le respect d'exigences constitutionnelles relatives notamment, aux droits et libertés fondamentaux »[66]. Autrement dit, le législateur ne doit pas renoncer à exercer sa compétence. Selon le juge constitutionnel sénégalais, « le législateur ne peut être réputé avoir délégué au pouvoir réglementaire (...) les prérogatives qu'il tient de la Constitution (...) »[67]. On considère que lorsque l'organe parlementaire n'épuise pas sa compétence, il « y a transfert du pouvoir législatif au profit de l'autorité gouvernementale ou administrative »[68], elle « abandonne sa compétence ». Il s'agit d'un refus implicite de « légiférer ». Dans la Décision n° 1/C/19 du 25 avril 2019, *Entente CADAK-CAR,* le juge n'a pas retenu le motif d'incompétence négative invoqué par les requérants en se fondant sur les articles 67 et 102 de la Constitution. Selon le Conseil constitutionnel, la loi « ne détermine que les principes

---

[63] A. Kh. Diop, « La particularité de l'exception d'inconstitutionnalité sénégalaise : une analyse a la lumière du contentieux de l'exception d'inconstitutionnalité en Afrique francophone », *Annales africaines, Nouvelle Série* Volume 2 , décembre 2020, n° 13, p. 61.

[64] D. Rousseau, *Droit du contentieux constitutionnel*, Paris, Montchrestien, 5e ed, 1999, p. 131.

[65] Conseil constitutionnel, Décision 8 DC du 11 août 1960, *Redevance Radio-Télévision,* in L. Favoreu et L. Philip *Les Grandes décisions du Conseil constitutionnel,* Dalloz, 9e ed, 1997, pp. 87-104.

[66] Cf. B. Mathieu, « La part de la loi, la part du règlement », Pouvoirs n°114-2005, p. 7 ; L. Favoreu et L. Philip, *Les Grandes décisions du Conseil Constitutionnel*, 12e ed, Dalloz, 2003,n°15-23.

[67] CS. Sect. réunies 25 novembre 1961, *Ordre des médecins et ordre des pharmaciens*, RIPAS n°23-24, op. cit., pp. 85-86 ; CS. Sect. réunies, 5 mars 1963, *Commissariat à l'urbanisme et à l'Habitat, Ibid.*, pp. 89-90.

[68] A Sall, note sous Cons. const. 27 juillet 1994, *Modification du Statut des magistrats* in *Les décisions et avis du Conseil Constitutionnel du Sénégal, op. cit.*, p. 119 ; voir dans le même sens Cons. const. Décision n° 1/ C/ 2005 du 12 février 2005, *Loi d'amnistie, ibid.*, pp.473-478, note, A. Dieye. Ici, le juge considère qu'en « laissant au pouvoir réglementaire la compétence pour prendre les mesures individuelles de réintégration », suite à une loi d'amnistie, le législateur a exercé contrairement à l'argument des saisissants, pleinement sa compétence.

fondamentaux de la libre administration des Collectivités territoriales, leurs compétences et leurs ressources ; qu'il en résulte que, pour ces matières, les règles de mise en œuvre sont du domaine du règlement »[69]. Ainsi, pour le juge la loi peut renvoyer au règlement pour déterminer les modalités de mise en œuvre des missions relatives au nettoiement et à la salubrité dans les collectivités territoriales.

En revanche, dans la Décision n° 1 /C2017 du 9 janvier 2017 (considérant 12), le juge considère que « le renvoi à un décret pour la détermination des modalités de fonctionnement du Conseil supérieur de la Magistrature ne saurait, sans violer l'article 90 de la Constitution, viser d'autres que celles ayant pour objet de fixer les modalités techniques de fonctionnement relatives notamment à l'élection de membres, à la proclamation des résultats des élections ; à la convocation des réunions ou à la tenue des procès-verbaux des délibérations »[70]. Le Conseil constitutionnel a indiqué également que les modalités de désignation des membres du Haut Conseil des Collectivités territoriales doivent figurer dans une loi organique et ne peuvent être renvoyées au règlement intérieur du Haut Conseil des Collectivités territoriales[71].

Le contrôle de constitutionnalité externe permet au juge de vérifier si la loi a été confectionnée et élaborée selon les règles et principes constitutionnels. En effet, pour être conforme à la constitution, la loi ne doit pas contenir des vices de forme ou de procédure. Ce contrôle des formalités a une portée particulière en ce qui concerne certaines catégories de normes.

S'agissant des lois de révisions de la constitution, le juge constitutionnel précise que dans le cadre de la procédure prévue à l'article 51[72], il a toute latitude pour exercer un contrôle minimum sur le projet de révision qui lui est soumis. Le champ et les modalités d'exercice sont indiqués dans les considérants 5 et 8 de la Décision. Pour l'essentiel,

---

[69] V. Décision n° 1/ C/ 2005 du 12 février 2005, Loi d'amnistie, in Décisions et avis, *op. cit.*, pp. 473-478, note, A .Dieye. Ici, le juge considère qu'en « laissant au pouvoir réglementaire la compétence pour prendre les mesures individuelles de réintégration », suite à une loi d'amnistie, le législateur a exercé contrairement à l'argument des saisissants, pleinement sa compétence.

[70] *In Conseil constitutionnel, Recueil des décisions, op.cit.*, p.523.

[71] Décision n°3/C/2016 du 11 juillet 2016, in *Conseil constitutionnel, Recueil des décisions, op.cit.*, p.488.

[72] Le Président de la République, après avis du Président de l'Assemblée nationale et du Conseil constitutionnel, soumettre tout projet de loi au referendum.

le juge exerce un contrôle qui porte sur la forme du projet de texte et la régularité de la procédure suivie pour son adoption[73].

En 2006, l'opposition avait formulé un recours en inconstitutionnalité contre la loi constitutionnelle n° 29/2005 prorogeant le mandat des députés élus à l'issue des élections du 29 avril 2001votée par l'Assemblée nationale le 16 décembre 2005. Les requérants avaient considéré que la procédure prescrite par l'article 103 de la Constitution a été violée[74]. La double formalité procédurale de l'adoption et de l'approbation telle que prévue par l'article 103 de la constitution n'a pas été respectée. Le juge n'a pas retenu l'argument de détournement de procédure en ce que « dans le cas de révision de la Constitution par la seule Assemblée nationale, le vote à la majorité qualifiée des trois cinquièmes réalise à la fois l'adoption et l'approbation de la loi »[75].

On peut comprendre, dans les mêmes termes, le contrôle de la procédure des amendements. Le juge vérifie s'il n'existe pas de cavalier législatif puisque l'amendement doit avoir un lien de connexité avec le projet de loi. Pour ne pas être déclarée irrecevable, en vertu de l'article 82 de la constitution, le Conseil constitutionnel exige « que la proposition tendant à créer ces recettes nouvelles doit être formulée, discutée et adoptée au moins en même temps que la proposition ou l'amendement dont l'adoption entraînerait soit une diminution des ressources publiques, soit la création ou l'aggravation d'une charge publique »[76].

---

[73] Décision n°1/C/2016 précitée.

[74] Selon l'article 103 de la Constitution, « le projet ou la proposition n'est pas présenté au référendum lorsque le président décide de le soumettre à la seule Assemblée nationale. Dans ce cas, le projet ou la proposition n'est approuvé que s'il réunit la majorité des trois cinquièmes (3/5) des membres de l'Association nationale ».

[75] Décision, 18 janvier 2006, Prorogation du mandat des députés.

[76] Décision n°1/ C/ 98 du 24 février 1998, Amendement augmentant le nombre des députés de 120 à 140, in *Les décisions et avis du Conseil Constitutionnel du Sénégal*, IM. Fall (dir.) CREDILA, CREPOS, 2008, pp.175-180, note A. Guèye. *Décision n° 91/2003 – affaire n° 2/c/2003*, Loi organique d'origine législative n° 09/2003 du 12 août 2003 relative, 20 à l'organisation et au fonctionnement du Conseil de la République pour les Affaires économiques et Sociales ; Décision n° 4/ C/ 95 du 28 septembre 1995, Prorogation du mandat des conseils municipaux et ruraux, in Les décisions et avis du Conseil constitutionnel du Sénégal, *op. cit.*, pp.135-136, note A. NDiaye ; A. Dioukhané, « Le principe de la libre administration des collectivités locales », *op. cit.*, pp. 111-115 ; Conseil constitutionnel, Décision n° 4/C2001 du 11décembre 2001, Amendement Moussa Sy, in *Les décisions et avis du Conseil constitutionnel du Sénégal, op.cit.*, pp. 439-443, note A.Sall. Ch Mbacké, *La protection juridictionnelle de l'ordre constitutionnel au Sénégal, op. cit.*, p. 166 et s.

Enfin, pour des lois organiques, comme indiqué plus haut, les conditions dans lesquelles elles sont adoptées font l'objet d'un suivi rigoureux de la part du Conseil constitutionnel en raison de leur valeur particulière dans l'ordonnancement constitutionnel.

2. La déclaration de non-conformité pour inconstitutionnalité interne

La non-conformité peut résulter aussi d'une inconstitutionnalité matérielle, c'est-à-dire d'une violation d'une règle de fond. L'inconstitutionnalité interne se manifeste de plusieurs manières. Il peut s'agir d'une violation de la constitution. Les règles constitutionnelles ont pour vocation garantir le respect des droits fondamentaux et de définir le statut du pouvoir par un encadrement de la distribution du pouvoir normatif. Le rôle du juge consiste en effet à protéger l'ordre constitutionnel[77].

Les jurisprudences constitutionnelles dans lesquelles, il est invoqué la violation d'un droit fondamental, se rattachant donc à « l'ordre constitutionnel social », sont quantitativement faibles[78]. En l'absence de l'*amparo* espagnol, l'exception d'inconstitutionnalité constitue donc une voie de droit indirecte permettant aux citoyens d'accéder au juge constitutionnel est rarement utilisée par les justiciables.

Par Décision n° 2 du 18 juillet 2013, le Conseil constitutionnel a déclaré non contraire à la Constitution l'article 8 (droit syndical) de la loi n° 69-64 du 30 octobre 1969 relative au statut du personnel des Douanes. Cette exception d'inconstitutionnalité est provoquée par la décision du Directeur général des Douanes qui a notifié à

[77] Ch. Mbacké Ndiaye, *La protection juridictionnelle de l'ordre constitutionnel au Sénégal, op.cit.*

[78] V. arrêt du 12/12/13, Ndiaga Soumaré C/ Directeur général des Douanes. V. Décision n°2/C/2013 du Conseil constitutionnel sénégalais (Affaire Djigdiam Diop Contre/État du Sénégal, exception d'inconstitutionnalité soulevée contre l'article 8 du Statut des douanes), Décision n°1/C/2014 du 3 mars 2014 du Conseil constitutionnel sénégalais (Affaire Karim WADE c/ la CREI, exception d'inconstitutionnalité soulevée contre les lois 81-53 relative à la répression de l'enrichissement illicite et 81-54 du 10 juillet 1981 relative à la Cour de Répression de l'Enrichissement illicite) ; Décision n°1/C/2015 du 22 août 2015 du Conseil constitutionnel sénégalais (Affaire Hissene Habré, exception d'inconstitutionnalité soulevée contre l'Accord du 22 août 2012 entre la République du Sénégal et l'Union africaine sur la création des Chambres africaines extraordinaires).

M. Ndiaga Soumaré[79] « une sanction disciplinaire de 30 jours d'arrêt de rigueur pour des faits qualifiés de « participation à une réunion publique en rapport avec des activités de nature syndicale, et de prise de position de nature à jeter le discrédit sur les institutions ». Le requérant invoquait, entre autres, la violation du droit syndical et le non-respect des droits de la défense. Le premier moyen est écarté déjà par le juge constitutionnel parce que ce droit n'est pas absolu pour les fonctionnaires investis de certaines missions d'autorité. Pour le second moyen relatif aux droits de la défense (sanction sans communication du dossier), l'argument est écarté par le juge de la haute juridiction parce que la sanction est analysée ici comme une mesure d'ordre intérieur[80].

La déclaration de non-conformité sanctionne aussi la méconnaissance du principe d'égalité en ce qui concerne le contrôle par voie d'action. Ainsi, selon la juridiction constitutionnelle : « la qualité de citoyen qui ouvre le droit d'être candidat aux élections politiques, sous réserve des incapacités prévues par le Code électoral, est indivisible ; que les candidats sont égaux devant le suffrage universel ; que les principes de valeur constitutionnelle ci-dessus rappelés s'opposent à toute division par catégories des citoyens éligibles ; que la loi qui impose une distinction entre candidats en raison de leur sexe est contraire à la Constitution »[81].

Pour les mêmes raisons, c'est-à-dire la méconnaissance du principe d'égalité, l'article 4 de la loi organique modifiant l'article 69 de la loi organique n° 92-27 du 30 mai 1992 portant statut des Magistrats est déclaré non conforme à la Constitution.

En effet, l'article 4 abrogeant et remplaçant l'article 69 de la loi organique n° 92-27 dispose : « Les agents de l'État titulaires de la maîtrise en droit exerçant avant l'entrée en vigueur de la présente loi

---

[79] Il est membre du Comité et 2e Vice-président de l'Amicale des Inspecteurs et Officiers de Douanes. Il avait suggéré l'adaptation du statut du personnel des Douanes aux dispositions constitutionnelles relatives au droit syndical.

[80] V. arrêt du 12/12/13, Ndiaga Soumaré C/ Directeur général des Douanes, précité.

[81] Décision n°1 /C/2007 du 27 avril 2007, Loi modifiant le Code électoral pour instituer la parité dans la liste des candidats au scrutin proportionnel pour les élections législatives.

La loi n°23/2007 du 27 mars 2007 avait institué la parité dans la liste des candidats au scrutin de représentation proportionnelle pour les élections législatives. Les députés de l'opposition parlementaire avaient saisi le Conseil constitutionnel sénégalais d'une requête tendant à faire déclarer inconstitutionnelle, la loi sus visée au motif que « l'accès de tous les citoyens sans distinction, à l'exercice du pouvoir à tous les niveaux ;(...) à tous les services publics ».

organique et désignés par le Garde des Sceaux, ministre de la Justice, pour combler le déficit du nombre de magistrats, dans certaines juridictions, peuvent, après un stage concluant de six mois dont les modalités seront fixées par décret, être nommés dans le corps des magistrats ;

« Ceux dont le stage n'aura pas été concluant sont rendus à leur administration d'origine »[82]. La loi donne au Garde ses sceaux, ministre de la Justice le pouvoir de nomination des agents de l'État titulaire d'une maîtrise en droit au corps de magistrat sans l'avis du conseil supérieur de la magistrature et au bout d'un stage concluant de six mois contrairement au statut des magistrats. Le Conseil constitutionnel a estimé en effet, à juste titre que l'article 4 viole le principe d'égalité, de non-discrimination et d'indépendance de la magistrature.

L'inconstitutionnalité interne peut se traduire par un détournement de pouvoir lorsque le législateur édicte des normes poursuivant un but différent de l'intérêt général. Il en est ainsi dans la Décision n 91/2005 du 12 février 2005, *Loi d'amnistie*.

La juridiction constitutionnelle indique qu'une loi d'amnistie ne peut poursuivre un but autre que d'apaisement politique ou social[83]. En effet, pour les requérants, la loi n° 01/2005 portant amnistie votée par l'Assemblée nationale le 7 janvier 2005[84] « tend à assurer l'impunité et l'injustice et non le pardon ; qu'elle constitue un détournement de pouvoir dans la mesure où son but est contraire à celui d'une loi d'amnistie ».

Pour le Conseil constitutionnel, « il ressort de l'examen des travaux préparatoires notamment de l'exposé des motifs de la loi qu'à la suite d'actes criminels ayant entraîné le décès de Babacar Sèye..., Vice-président du Conseil constitutionnel..., l'exploitation de ces actes crapuleux ne fait que réveiller des souvenirs douloureux pour la famille et les proches du défunt... qui ont le droit... au respect de leur nom, intimité et dignité ». L'article 2 de la loi est déclaré non conforme à la Constitution puisqu'il poursuit « un objectif de protection des intérêts d'une famille et les proches du défunt, l'article 2 de la loi vise un but

[82] Décision n°3 /C/94 du 27 juillet 1994.

[83] Décision n°1 et 2 /C/2005 du 12 février 2005.

[84] Selon l'article premier de la loi, « Sont amnistiées, de plein droit, toutes les infractions criminelles ou correctionnelles, tant au Sénégal qu'à l'étranger, en relation avec les élections générales ou locales ou ayant eu une motivation politique, situées entre le 1er janvier 1983 et le 31 décembre 2004, que leurs auteurs aient été jugés ou non ». Suivant les disposions de l'article 2 , « Sont amnistiées de plein droit toutes les infractions criminelles ou correctionnelles, commises, tant au Sénégal qu'à l'étranger, en relation avec le décès de Monsieur Babacar Sèye, magistrat au Conseil constitutionnel, que leurs auteurs aient été jugés ou non ».

différent de celui pour lequel compétence a été conférée au législateur ; qu'en conséquence, il est entaché de détournement de procédure ».

Le sort réservé à la norme déclarée contraire à la constitution est réglé par les articles 19, 20 et 22 de la loi organique sur le Conseil constitutionnel. En effet, si la loi contient une disposition contraire à la constitution « inséparable de l'ensemble de cette loi, celle-ci ne peut être promulguée » (article 19). Si en revanche « le Conseil constitutionnel déclare que la loi dont il est saisi contient une disposition contraire à la Constitution sans constater en même temps qu'elle est inséparable de l'ensemble de cette loi, la loi peut être promulguée à l'exception de cette disposition, à moins qu'une nouvelle lecture n'en soit demandée » *(article 20)*. Ainsi, dans Décision n° 2/C/2016 du 11 juillet 2016, *Loi organique sur le Conseil constitutionnel*, le juge décide que « la loi organique n° 14 /2016 relative au Conseil constitutionnel pouvait « être promulguée à l'exception du dernier point de l'article 4 » qui introduit une discrimination fondée sur les conditions de grade exigées pour être membre du Conseil constitutionnel. Cette disposition est de « nature à rompre l'égalité avec les autres corps de fonctionnaires éligibles »[85].

S'il s'agit de la procédure de l'exception d'inconstitutionnalité lorsque le « Conseil estime que la disposition dont il a été saisi n'est pas conforme à la Constitution, il ne peut plus en être fait application » *(article 23)*.

On constate, au demeurant, que les techniques classiques d'interprétation utilisées par le Conseil constitutionnel reposent sur la dualité conformité et non-conformité. Les méthodes d'interprétation du juge peuvent se satisfaire d'un simple syllogisme judiciaire. Par une démarche relativement mécanique, la loi est censurée ou déclarée constitutionnelle.

Depuis une vingtaine d'années, le Conseil constitutionnel sénégalais, à l'image des autres juridictions dans le monde, tente de changer de conception de contrôle de constitutionnalité en étant plus souple. Le binôme classique conformité ou non-conformité est critiqué. On pense que l'annulation brutale de la loi engendre des lourdeurs législatives et des contrôles à double ou triple détente, des valses et marathons législatifs visant à reprendre toute la procédure législative. Désormais, l'inconstitutionnalité n'entraîne pas brutalement l'invalidation de la loi parce que la juridiction constitutionnelle enrichit son office par de nouvelles techniques de contrôle.

---

[85] In *Recueil des décisions, op. cit.*, pp. 480-484. V. aussi Décision n° 3/C/2016 du 11 juillet 2016, in Conseil constitutionnel, *Recueil des décisions, op.cit.*, p. 488.

II. Les nouvelles techniques

Dans le contentieux constitutionnel moderne le juge a une démarche fonctionnelle et pragmatique comme l'illustrent les réserves d'interprétation (A) et la technique du standard (B).

A. Les réserves d'interprétation

Par le mécanisme des réserves d'interprétation[86], le juge essaie de se démarquer de l'alternative classique « du tout (annulation) ou rien (rejet) prévue par le texte constitutionnel »[87]. Il faut étudier le mécanisme de la réserve d'interprétation (1) et constater de ce fait que le juge devient co-législateur (2).

1. Le procédé de la réserve d'interprétation

La réserve d'interprétation constitue une technique visant à sauver un texte de la censure en le déclarant conforme à la Constitution à condition que l'autorité contrôlée intègre les interprétations formulées par le juge constitutionnel. Les réserves portent donc sur le texte contrôlé, en général, la loi.

En effet, dans le contentieux constitutionnel, lorsque le juge examine la disposition d'un texte, il a une attitude bien connue. La loi est déclarée soit conforme à la Constitution, soit non conforme. « La décision de constitutionnalité »[88] est bâtie sur cette alternative classique, validation / invalidation. Cette technique du juge de « l'excès de pouvoir législatif » limite ce dernier dans le strict respect des compétences d'attribution que lui assigne la Constitution. Elle a cependant l'inconvénient de retarder et de reporter l'entrée en vigueur de la norme contrôlée, d'instituer un système de « valse et de marathons législatifs »

---

[86] A. A D. Kébé, « Les réserves d'interprétation dans la jurisprudence constitutionnelle des États de l'Afrique francophone », *Annales Africaines, Nouvelle série*, vol.1, avril 2015, p. 255-294.
[87] M.-Claire Ponthoreau, « Le pouvoir normatif du juge constitutionnel », *op.cit.*, in http://www.conseilconstitutionnel.fr/conseil-constitutionnel/francais/nouveaux-cahiers-du-conseil/cahier-n-24/reflexions-sur-le pouvoir-normatif-du-juge-constitutionnel-en-europe-continentale-sur-la-base-des-cas-allemand-etitalien.51745.html, consulté le 11 novembre 2014.
[88] L. Favoreu, « La décision de constitutionnalité », *RIDC*, 1986, p. 623.

dans l'hypothèse notamment du contrôle à double détente, d'entretenir des tensions politiques entre les parties demanderesse et défenderesse dans le procès constitutionnel. L'invalidation brutale d'une loi par le juge constitutionnel traduit une certaine forme de « désaveu »[89] en direction du Parlement qui voit sa prétention écartée. Pour ces raisons, la juridiction constitutionnelle s'affranchit, de plus en plus, du carcan binaire traditionnel, validation / invalidation, en déclarant conforme à la Constitution la loi contrôlée à condition que le Parlement respecte les interprétations qu'elle a émises. Les réserves d'interprétation sont des décisions intermédiaires entre la « censure totale » et « l'approbation totale ». Par ce procédé, le juge constitutionnel tente d'aplanir les tensions potentielles, en conciliant des positions antinomiques, tout en sauvegardant la suprématie de la Constitution. La loi est déclarée conforme à la Constitution sous la « réserve » ou « à condition » qu'elle soit interprétée dans le sens formulé par le juge constitutionnel. Ce dernier « *sauve la constitutionnalité de la loi* ». Pour y arriver, il l'apure, l'étoffe, la neutralise ou l'annihile ; il ampute certaines dispositions de la loi contrôlée ou en restreint sa portée. Le juge agit ainsi sur le substratum normatif du texte du législateur afin que les vices d'inconstitutionnalité probables ou réels qui l'affectent soient extirpés de l'ordonnancement juridique. Cette nouvelle technique de contrôle est magnifiée par la doctrine qui l'appréhende comme « une troisième voie juridictionnelle »[90].

Traditionnellement, on distingue trois types de réserves d'interprétation. La réserve peut être constructive quand le juge constitutionnel ajoute au texte ce qui lui manque pour que ce dernier soit conforme à la constitution.

La réserve peut être neutralisante. Tandis que les réserves constructives étofferaient le texte contrôlé pour le rendre conforme, les réserves neutralisantes amputent les interprétations incompatibles avec la Charte fondamentale.

La dernière catégorie de réserve est directive. Elle est moins contraignante en ce sens que le juge trace juste une ligne de conduite, sous

---

[89] D. Rousseau, *La justice constitutionnelle en Europe*, Paris, Montchrestien, 1996, p. 101.
[90] *Ibid*, pp. 30-95.
V. Marinese, *L'idéal législatif du Conseil constitutionnel. Étude sur les qualités de la loi*, Thèse, 2007, Université Paris-X-Nanterre UFR de Sciences juridiques, administratives et politiques, in http://tel.archivesouvertes.fr/docs/00/62/60/46/PDF/VITOTHESE1.pdf, consulté le 10 avril 2014, p. 500.

forme de recommandations, aux autorités administrative et judiciaire devant appliquer les dispositions législatives. Le Conseil constitutionnel sénégalais a utilisé 5 fois la technique de la réserve d'interprétation notamment en 1999, en 2016 (2 fois) et en 2017 (2 fois)[91]. Ainsi, par une réserve annihilante[92], le juge signale que l'article 27 (très controversé) n'est conforme à la Constitution qu'à condition que la réduction de mandat ne soit pas appliquée au mandat en cours[93]. En dehors même de l'article 27, la déclaration de conformité sous réserve a permis au juge de rappeler au législateur les exigences rédactionnelles de l'exposé des motifs[94] de lui indiquer des rectifications de syntaxe, de style et les bonnes références par des réserves constructives[95]. Dans la Décision n° 2 /C /2016 du 11 juillet 2016, Loi organique n° 14 /2016 adoptée le 28 juin 2016 relative au Conseil constitutionnel), le juge par une réserve neutralisante déclare que l'article 9 de la loi organique relative au Conseil constitutionnel « doit s'entendre comme excluant de la liste des membres les enseignants qu'elle vise ; que, sous réserve de considérer les enseignants comme des collaborateurs, l'article 9 n'est pas contraire à la Constitution »[96] ! En réalité, par les réserves constructive et annihilante fondamentalement le juge devient co-législateur.

2. Un juge co-législateur

Il faut d'emblée préciser que les réserves d'interprétation dans la jurisprudence en Afrique ne peuvent être définies de la même façon que dans la pratique européenne. En effet, ici, elles s'écartent de la théorie

[91] Il faut signaler également les réserves d'interprétation énoncées dans la Décision n°1 /C2017 du 9 janvier 2017 (considérant 12), Loi organique abrogeant et remplaçant l'Ordonnance n°60-16 du 3 septembre 1960 portant Loi organique sur l'organisation et le fonctionnement du Conseil supérieur de la Magistrature et dans la Décision n° 3 /C/2017 du 9 janvier 2017, Loi organique abrogeant et remplaçant la Loi organique n° 2008-35 du 08 août 2008 sur la Cour suprême (considérant 14 de la Décision n° 3 /C/2017 du 9 janvier 2017).

[92] Décision 2016 n°1 /C / 2016 du 12 février 2016, Projet de révision de la Constitution du 22 janvier 2001.

[93] V. article 3 de la Décision. La disposition prévue à l'article 27 dans la rédaction que lui donne l'article 6 du projet fait passer la durée du mandat du Président de la République de 7 à 5ans et l'applique au mandat cours.

[94] En l'occurrence, le Conseil constitutionnel explique qu'un exposé des motifs ne doit pas être personnalisé dans sa formulation en comportant des « références répétées aux réalisations du Président de la République en fonction » (considérants 10 et 11).

[95] V. l'annexe à la Décision.

[96] L'article 9 prévoit la possibilité de nommer les enseignants des facultés de droit au sein du Conseil constitutionnel sans préciser leur fonction.

générale, du droit commun des réserves d'interprétation. Celles-ci obéissent en droit constitutionnel africain à un système de rationalité qui leur est propre. Le juge est co-législateur quand il émet des réserves d'interprétation parce que ces dernières modifient par addition ou soustraction le texte de l'Assemblée nationale. Il agit même sous forme de « dictat législatif » et devient co-rédacteur des textes des lois et détenteur d'un certain pouvoir normatif. Cette remarque est générale et peut être observée dans quasiment toutes les jurisprudences constitutionnelles analysées.

Dans le droit commun des réserves d'interprétation, le juge établit un rapport de confiance à l'égard du législateur en l'invitant, de façon courtoise, à respecter les interprétations qu'il a dégagées. En Afrique, la méthode des réserves d'interprétation est totalement différente. En règle générale, la juridiction constitutionnelle africaine ne donne pratiquement pas de marge de manœuvre au législateur dans la correction des inconstitutionnalités décelées. Elle semble nourrir une idée de défiance à l'égard du Parlement pour le contraindre à rester dans les limites de la légalité constitutionnelle.

Dans la pratique européenne, les réserves ont pour effet d'agir sur le *sens* du texte contrôlé. Ce paradigme est au cœur des réserves d'interprétation dans le contentieux constitutionnel allemand, français, italien, portugais ou espagnol[97]. Comme l'écrit Alexandre Viala : « lorsque le Conseil émet une interprétation conforme, il s'intéresse moins au législateur qu'aux autorités »[98]. Le juge ne s'intéresse pas au texte du Parlement mais encadre l'édiction de la norme « que ces autorités dégageront à partir du texte » qu'elles devront « appliquer et interpréter ». Le juge utilise la réserve constructive avec une grande parcimonie. La Cour constitutionnelle italienne indique que la réserve d'interprétation doit résulter d'un « choix constitutionnellement obligé »[99].

---

[97] D'ailleurs, certaines voient dans la réserve d'interprétation un transfert courtois du contrôle de constitutionnalité classique aux autorités administrative et juridictionnelle chargées d'appliquer les normes qui deviennent, au final, garantes du respect de la Constitution.

[98] *In* « Les réserves d'interprétation dans la jurisprudence du Conseil constitutionnel », *op. cit.*, p. 113.

[99] Th. D. Manno « La Jurisprudence du Conseil constitutionnel, chronique de contentieux constitutionnel 1995 », *op. cit.*, p. 374.
I-Y. Ndiaye, « L'art de mal légiférer » (Propos irrévérencieux sur certains textes de lois) », Revue *EDJA*, Revue de l'association sénégalaise de droit pénal, juillet-décembre 1995, pp. 53-62.

En Afrique, les réserves portent sur la disposition à amputer (réserve annihilante), à ajouter (constructive) ou à substituer (réserve substitutive) afin qu'elle ne viole pas la constitution.

Cette attitude de la juridiction constitutionnelle à l'égard du législateur peut être compréhensible. Elle a sans doute intégré les critiques de la doctrine qui a toujours regretté la faiblesse de la rigueur dans la production du droit[100].

La politique jurisprudentielle de la Cour constitutionnelle du Bénin est clairement définie : le législateur ne peut s'affranchir des dispositions constitutionnelles même s'il faut réécrire le texte qu'il a adopté. Cette typologie de décision, pratiquée aussi par la juridiction constitutionnelle centrafricaine[101], permet, en réalité, à la Cour constitutionnelle du Bénin d'exercer une certaine forme de « tutelle juridictionnelle législative » sur les textes produits par le Parlement. C'est pourquoi les auteurs qualifient la Cour béninoise d'organe « *correcteur juridique attitré des députés* »[102] ou de « *professeur de belles lettres* »[103].

De même, le système de contrôle de constitutionnalité institué dans les pays de tradition française est fondamentalement *a priori*. Le contentieux constitutionnel, sauf exception, s'épuise pratiquement dès que la loi entre en vigueur. Pour ces raisons, les juridictions constitutionnelles participent à la confection de la loi en dictant au Parlement les termes de la « réécriture » du texte[104] avant que celui – ci ne soit intégré dans l'ordonnancement juridique. La Cour constitutionnelle du Bénin a inauguré cette nouvelle conception des rapports entre le juge et le législateur en rejetant de façon radicale les formules de la matrice constitutionnelle avec les « *réserves sous observation* ». Il a été souligné que la Cour constitutionnelle du Bénin impose son interprétation qui se substitue à celle du législateur puisqu'elle lui enjoint « *formellement les modifications à faire* »[105].

---

[100] B. Gueye « Le nouveau code sénégalais des marchés publics : entre réponse aux attentes de la société civile et prise en compte des influences communautaires » , in *La codification juridique dans les pays francophones, Droit sénégalais* n° 7, novembre 2008, p. 261.

[101] Décision ° 004/008/cc du 2 octobre 2008, Loi n° 08 modifiant et complétant certaines dispositions de la loi n° 97.031 du 10mars 1997, Portant Organisation et Fonctionnement du Conseil Supérieur de la Magistrature, déjà citée.

[102] D. Gnamou : « La Cour constitutionnelle du Bénin en fait-elle trop ? », op. cit., p. 745

[103] N. Médé, *Les grandes décisions de la Cour constitutionnelle du Bénin, op. cit.*, p. 347.

[104] D. Rousseau, *La justice constitutionnelle en Europe, op. cit.*, p. 67.

[105] V: F.J.Aïvo, *Le juge constitutionnel et l'État de droit en Afrique. L'exemple du modèle béninois,op. cit.*, p. 194.

Le Conseil constitutionnel sénégalais s'inspire de la pratique africaine parce que le texte est reformulé.

La technique de la réserve d'interprétation constitue donc une « *une troisième voie juridictionnelle* »[106]. Il faut comprendre dans les mêmes termes la technique du standard parce que toute inconstitutionnalité n'entraîne pas automatiquement l'annulation de la loi.

B. La technique du standard

Le standard est un « *instrument de mesure des situations et des comportements en termes de normalité* »[107]. Cette technique donne des pouvoirs d'appréciation au juge qui a la faculté de contrôler le pouvoir discrétionnaire du législateur par l'erreur manifeste d'appréciation (1) et le contrôle de proportionnalité (2).

1. L'erreur manifeste d'appréciation

Avec la technique du standard, le juge dégage une mesure moyenne de conduite sociale correcte pour évaluer la conformité au droit d'une action de l'administration dans le domaine des droits de l'homme[108]. Dans ces conditions, l'erreur manifeste d'appréciation est d'abord une technique d'interprétation du juge administratif[109]. Cette technique contentieuse est empruntée au juge administratif. Le juge de la Cour suprême dans l'arrêt Ibrahima DIAGNE c/ État du Sénégal a bien rappelé que le pouvoir discrétionnaire n'est pas « exclusif du contrôle juridictionnel »[110]. Elle « apparaît comme moyen de contrôle de l'appréciation portée par le législateur sur les faits, circonstances ou situations formant les bases de ses lois »[111]. Il s'agit d'un contrôle minimum à

---

[106] *Ibid*, pp. 30-95. 12 ; V. Marinese, *L'idéal législatif du Conseil constitutionnel. Étude sur les qualités de la loi*, Thèse, 2007, Université Paris-X-Nanterre UFR de Sciences juridiques, administratives et politiques, in http://tel.archivesouvertes.fr/docs/00/62/60/46/PDF/VITOTHESE1.pdf, consulté le 10 avril 2014, p. 500.

[107] S. Rials, *Le juge administratif français et la technique du standard, op. cit.*, p. 61. Y. Gaudemet, *Les méthodes du juge administratif, LGDJ*, Paris, 1972, p. 48

[108] B. Kanté, « Les méthodes et techniques d'interprétation de la Constitution : l'exemple des pays d'Afrique occidentale francophone », op cit, p. 164.

[109] D.Agasse, L*'erreur manifeste d'appréciation en droit administratif. Essai sur les limites du pouvoir discrétionnaire de l'administration*, Bruylant, Bruxelles, 1986.

[110] CS, 02 mars 2010, Ibrahima Diagne contre État du Sénégal.

[111] D.Rousseau, et autres, *Droit du contentieux constitutionnel,* 11e édition, 2016, p. 305.

l'égard du législateur parce que le juge examine si le législateur n'a pas apprécié de façon déraisonnable les faits et éléments qui sont à la base de l'acte législatif. Le juge, tout en donnant une marge de liberté au législateur pour qu'il apprécie ce qui est nécessaire, opère un contrôle minimum.

Le juge ne déclare la loi non conforme à la constitution qu'à condition que le législateur prenne des décisions opportunes. Les restrictions apportées aux droits et libertés ne doivent pas être excessives. On peut donner l'exemple du droit de propriété. Le Conseil constitutionnel sénégalais a, dès 1996, appliqué la technique de l'erreur manifeste d'appréciation[112].

Les requérants invoquaient, entre autres, la non-conformité de l'article 1er de la loi de 1976 à l'article 12 de la Constitution en ce qu'« il prévoit des restrictions au droit de propriété pour cause "d'utilité publique" alors que cette notion d'utilité publique est manifestement plus large que celle de "nécessité publique" si l'on se réfère aux stipulations de l'article de la loi susvisée ». Ils soutiennent que si certaines opérations visées audit article relèvent de la nécessité publique, « d'autres, telles que l'installation, le fonctionnement et l'accomplissement des sociétés d'économie mixte dans lesquelles l'État n'a qu'une participation minoritaire voire marginale, ne rentrent pas dans le champ de cette notion. ». Le juge déclare que la constitution proclame dans son préambule le respect du droit de propriété. Il ajoute que l'article 12 qui le garantit tempère néanmoins ce principe en disposant que l'on ne peut porter atteinte « à ce droit que dans le cas de nécessité publique légalement constatée, sous réserve d'une juste et préalable indemnité »[113]. Pour la juridiction constitutionnelle, ce n'est que dans « la seule hypothèse d'une dénaturation manifeste du droit de propriété le vidant de son contenu ou en cas de non-respect des garanties constitutionnelles y relatives que le Conseil constitutionnel pourrait censurer le législateur »[114]. Le Conseil constitutionnel sénégalais avait déjà utilisé la même démarche de raisonnement un an au paravent. En l'espèce, M. M'baye par la procédure de l'exception d'inconstitutionnalité avait estimé que l'article 140 C.P.P rendant obligatoire les mandats d'arrêt

---

[112] DCC 96-21 du 3 juin 1996 Exception d'inconstitutionnalité des articles 1 et 2 de la loi du 2 juillet 1976 relative à l'expropriation pour cause d'utilité publique.

[113] Décision DCC 96-21 du 03 juin 1996, Exception d'inconstitutionnalité de la loi 76-67 du 02 juillet 1976, considérants 5-8, in *Les décisions et avis du Conseil constitutionnel du Sénégal, op.cit.*, pp. 146-147.

[114] *Ibidem.*

ou de dépôt dans certains cas et en subordonnant la main levée de ces mandats à des conditions trop strictes, porte atteinte aux droits de la défense et à la présomption d'innocence et viole, par conséquent, la Constitution. La juridiction constitutionnelle indique que « l'article 140 CPP ne viole ni les droits de la défense ni la présomption d'innocence ; qu'en tout état de cause, bien qu'il s'agisse de libertés fondamentales garanties par la Constitution, le législateur peut apporter des restrictions à leur exercice en invoquant d'autres principes de valeur constitutionnelle tels que la préservation de l'ordre public ou la sauvegarde de l'intérêt général, objectifs que poursuit précisément l'article soumis à l'examen du Conseil constitutionnel »[115]. L'erreur manifeste d'appréciation ne s'écarte pas vraiment du test de proportionnalité.

2. Le contrôle de proportionnalité

La proportionnalité, comme l'erreur manifeste d'appréciation, permet au juge constitutionnel de faire la balance entre la protection des droits fondamentaux et la violation de la Constitution. Le juge tente de concilier l'intérêt général et les droits fondamentaux. Elle renvoie à l'idée de nécessité (but poursuivi), d'adéquation (moyens) et d'équité. Le juge cherche à voir s'il existe un juste équilibre entre les exigences de l'intérêt général poursuivi par l'État ou la nécessité de sauvegarde de l'ordre public et les impératifs de protection des droits fondamentaux de l'individu[116]. La proportionnalité constitue donc une condition de constitutionnalité des restrictions apportées aux droits fondamentaux. Il faut convenir avec Jellinek que « le problème de la proportionnalité est de savoir si l'on n'a pas tiré sur des moineaux avec canon »[117]. Dans la jurisprudence constitutionnelle africaine, le contrôle de proportionnalité porte fondamentalement sur les droits fondamentaux, le droit électoral et les finances publiques[118]. La proportionnalité a pour effet de voir si

---

[115] Décision DCC 95-18 du 19 juin 1995, Exception d'inconstitutionnalité de l'article 140 du CPP, in Les décisions et avis du Conseil constitutionnel du Sénégal, *op. cit.*, pp. 129-132., note A. Dièye.

[116] K. Hounaké, L'exigence de proportionnalité dans la jurisprudence de la Cour constitutionnelle du Bénin, RTSJ p. janvier-juin 2015, p. 150.

[117] Cité par K.Hounaké, « L'exigence de proportionnalité dans la jurisprudence de la Cour constitutionnelle du Bénin », *op. cit.*, p. 150.

[118] Y. Diallo, « Le contrôle de proportionnalité dans la jurisprudence constitutionnelle en Afrique », Revue juridique et politique des États francophones , n° 1 janvier 2018, pp. 67-108.

la loi ne contient pas de dispositions qui portent atteinte de façon excessive aux droits fondamentaux eu égard aux objectifs que poursuit et recherche le législateur.

La technique de proportionnalité n'est pas abondante dans la jurisprudence constitutionnelle sénégalaise[119]. Dans le domaine électoral en revanche, le juge a recours à l'interprétation finaliste et utilise la technique de l'influence déterminante. Il doit garantir la sincérité du vote et agir dans des délais très brefs. La doctrine du juge constitutionnel est claire. Seules les irrégularités qui entraînent des doutes sur les résultats du scrutin sont sanctionnées. Le Conseil constitutionnel vérifie tout simplement si la majorité s'est exprimée correctement et que les vices invoqués par les requérants ne soient pas substantiels au point d'affecter la sincérité du scrutin.

Les requérants invoquent fréquemment les irrégularités relatives au déplacement de bureaux de vote, à l'absence totale d'isoloir dans certains lieux de vote, à l'utilisation d'encre non indélébile, à la transmission de procès-verbaux des bureaux de vote par des personnes non habilitées, etc.[120] Le juge opère un test de proportionnalité. Il apprécie s'il est adéquat, nécessaire, adapté et utile, au regard des irrégularités constatées, d'annuler les opérations électorales. Ainsi, la diffusion des images d'une manifestation organisée par une autorité religieuse qui a eu lieu à Tivaouane le 19 février 1993 ne constitue pas « une pression morale sur les électeurs, il n'est pas évident qu'elle a eu une influence déterminante sur le scrutin ayant pu porter atteinte à la liberté de vote des électeurs qui ont regardé cette émission ; qu'il n'en reste pas moins que la diffusion de cette manifestation par la Télévision, alors que la campagne électorale allait être clôturée, est regrettable »[121].

Le contrôle de proportionnalité peut atteindre un degré plus avancé et amener le juge à créer des normes électorales en se substituant au législateur. La Décision n ° 8/2017 du Conseil constitutionnel sénégalais est intéressante à étudier[122]. Par lettre confidentielle n° 0372 en

---

[119] Décision DCC 96-21 du 03 juin 1996, Exception d'inconstitutionnalité de la loi 76-67 du 02 juillet 1976.

[120] Décision n° 6-93 du 13/03/199 13 mars 1993, Proclamation des résultats de la présidentielle, Décisions et avis, p. 47 et s.

[121] Ibid, p. 50. V : aussi, Décision DCC 96-21 du 3 juin 1996 Exception d'inconstitutionnalité des articles 1 et 2 de la loi du 2 juillet 1976 relative {l'expropriation pour cause d'utilité publique, *op. cit.* Décision sur les affaires n°20 à 25 du 12 juillet 2012 in Recueil des Décisions, *op. cit.*, p.417.

[122] Déjà citée.

date du 24 juillet 2017, le Président de la République, se fondant sur les dispositions de l'article 92 de la Constitution[123] et celles de l'article 2, alinéa 3 de la loi organique n° 2016-23 du 14 juillet 2016 relative au Conseil constitutionnel[124] soumet au Conseil constitutionnel une demande d'avis sur l'éventualité de « ... permettre aux citoyens inscrits sur les listes électorales mais n'ayant pu retirer leur carte d'électeur biométrique CEDEAO, de voter sur présentation de leur récépissé d'inscription et de tout autre document administratif permettant dès les identifier, à savoir :

– une carte d'identité nationale numérisée ;
– une carte d'électeur numérisée ;
– un passeport
– un permis de conduire
– un document d'immatriculation pour les primo-inscrits non détenteurs d'un des quatre premiers documents administratifs ».

Le problème de droit à trancher n'est pas simple. Le Code électoral dispose en son article L.78, alinéa 1 : « À son entrée dans le bureau de vote, l'électeur doit présenter sa carte d'électeur. » Ces dispositions excluent d'office la possibilité de voter sans la carte d'électeur. Cependant, pour le juge constitutionnel les citoyens peuvent voter avec d'autres pièces d'identification « en raison des circonstances exceptionnelles dans lesquelles se déroule le processus d'organisation des prochaines élections législatives prévues le 30 juillet 2017 caractérisées notamment par des inscriptions massives ainsi que par des lenteurs et dysfonctionnements dans la distribution des cartes d'électeurs non imputables aux citoyens eux-mêmes. » Pour la haute juridiction constitutionnelle, en l'absence de solutions techniques, « de nombreux Sénégalais jouissant de leurs droits civils et politiques et inscrits sur les listes électorales risquent d'être privés de l'exercice ».

En se substituant à l'Assemblée nationale, le juge s'écarte des dispositions de la constitution. Il a fait recours néanmoins à la technique du

[123] Selon l'article 92 de la Constitution, « le Conseil constitutionnel peut être saisi pour avis par le Président de la République... »

[124] Le Conseil « se prononce sur les questions qui lui sont soumises par le Président de la République en application de l'article 92, alinéa 2 de la Constitution ».

bilan coût – avantage. C'est soit ne pas tenir les élections législatives en respectant l'article L 78 et priver les citoyens de leur droit de vote ; soit le juge se substitue au législateur en supprimant l'exigence de la carte d'électeur à l'entrée du vote en raison des circonstances exceptionnelles (inscriptions massives lenteurs et dysfonctionnements dans la distribution des cartes d'électeurs). Les avantages (respect du droit de vote) l'emportent selon le juge sur les inconvénients (ne pas tenir les élections législatives). Autrement formulé, l'absence de carte d'électeur n'est pas de nature à faire un obstacle à l'exercice du droit de vote.

On peut avoir des réserves sur les techniques et méthodes de raisonnement du juge. En effet, le Conseil constitutionnel évoque la notion de circonstance exceptionnelle qu'il rattache à des lenteurs et dysfonctionnent administratifs. En droit public, les circonstances exceptionnelles, création prétorienne[125] impliquent une situation grave et imprévue (guerre, grève générale, émeutes par exemple) mettant l'autorité publique dans l'impossibilité d'agir conformément à la règle de droit. En toute évidence, les trois conditions cumulatives pour que l'on infléchisse la légalité constitutionnelle normale n'étaient pas réunies. Ici, c'est l'administration qui est défaillante dans l'organisation de l'élection.

Conclusion

Au demeurant, il faut constater avec Babacar Kanté que « La Constitution n'est plus seulement la loi qui définit les modalités d'organisation et de fonctionnement des pouvoirs publics, mais elle est surtout la synthèse des valeurs fondamentales et des principes qui constituent le pacte social et politique sur lequel repose une société (…) »[126].

L'étude des techniques d'interprétation relate parfaitement de nouvelles tendances du droit constitutionnel dans lesquelles la constitution est entendue au sens du texte et de la jurisprudence constitutionnelle. Dans la Décision 2016 n° 1 /C / 2016 du 12 février 2016, le Conseil constitutionnel a confronté le projet de révision aux principes généraux du droit, à l'esprit général de la Constitution (considérant 6 et 7), à la pratique et précédents constitutionnels, (considérant 27), aux principes et valeurs sur lesquels repose la Constitution (considérant 7), aux

[125] CE 28 juin 1918, Heyries.

[126] Préface in *Les décisions et avis du Conseil constitutionnel sénégalais*, *op. cit.*, p. 19.

objectifs à valeur constitutionnelle (considérants 25) et à la tradition juridique des autres États similaires. Il est souhaitable que le Conseil constitutionnel – à défaut d'une révision de la constitution-étende cette jurisprudence à toutes les lois de révisions et aux actes de résolution de l'Assemblée nationale. Cela suppose dans les techniques et méthodes de raisonnement que l'interprétation soit perçue comme un acte de volonté et non pas exclusivement, comme dans la majorité des cas, un acte de connaissance.

Sous-thème VII : Le futur

Quelle justice constitutionnelle pour demain ? Le juge constitutionnel et les juges communautaires : un dialogue possible ?

Discussion entre :

SIDY ALPHA NDIAYE, Professeur agrégé de Droit public, Directeur de l'IDHP, Premier Vice-Président de l'Association sénégalaise de Droit constitutionnel (ASDC)

JOSEPH FIFAMÈ DJOGBENOU, Président de la Cour constitutionnelle du Bénin

Présenté par :

ALIOUNE BADARA FALL, Professeur agrégé deDroit public à l'Université Montesquieu Bordeaux IV, Directeur du Centre d'Études et de Recherches sur les droits africains et sur le Développement institutionnel des Pays en Développement (LAM-CERDRADI)

Les relations entre les juridictions constitutionnelles des États membres de l'Union européenne et les juridictions communautaires[1]

Les organisateurs de ce colloque nous ont demandé de présenter, brièvement, l'expérience européenne concernant les rapports entre les juridictions constitutionnelles des États membres de l'Union européenne et les juridictions communautaires. Il peut paraître étonnant de parler de questions juridiques et institutionnelles européennes dans un colloque portant sur les problématiques liées aux relations entre les juges constitutionnels des États de l'Afrique francophone – dont celui du Sénégal, objet de la présente rencontre – et les juridictions des institutions régionales africaines dont ils sont membres.

---

[1] Alioune Badara Fall, Professeur de Droit public, Université de Bordeaux.

Il nous faut alors lever toute équivoque à ce sujet et préciser que notre intervention ne se situe donc, ni dans une démarche comparative entre les expériences européenne et africaine sur cette problématique, ni dans la perspective de proposer l'expérience européenne comme un « modèle » ou une « référence » à suivre pour les Africains. Ce serait participer au « mimétisme » que nous ne cessons de dénoncer en tant qu'il constitue un réel obstacle, pour nos États, de créer des droits nationaux moins décalés qu'ils ne le sont aujourd'hui des « réalités » africaines. La souveraineté que nos États ne cessent de brandir, implique logiquement que les solutions qui sont retenues en Afrique – comme celles qui seront arrêtées à l'issue de ce colloque – ne soient pas identiques, à tous points de vue, à celles de l'Europe, les systèmes d'intégration régionale étant, pour diverses raisons, très différents.

Ceci étant dit, l'intérêt qu'il y a de nous plier à cet exercice consistant à traiter de la nature et des manifestations des relations entre les juridictions constitutionnelles des États membres de l'Union européenne et les juridictions communautaires est de montrer au moins – aussi banal que cela puisse paraître – que l'Afrique n'est pas le seul théâtre où des juridictions nationales et régionales s'affrontent à travers des normes dont les unes sont supposées supérieures aux autres, alors que des textes sont censés avoir déjà organisé de manière claire et précise les rapports hiérarchiques existants entre elles. Là se situe le problème : le double impératif du respect de la Constitution par le juge constitutionnel et celui de la supériorité des principes et règles des institutions régionales sur les lois internes des États qu'il lui est demandé d'appliquer, est souvent source de conflits.

L'un des sujets les plus intéressants, mais tout aussi complexes qui a passionné depuis plusieurs années la doctrine européenne[2] est

---

[2] J. Rosseto constatait à ce sujet, s'agissant de la France, que « l'enchevêtrement actuel des jurisprudences européennes nationales (émanant de la Cour de Strasbourg et/ou de Luxembourg) et des jurisprudences mettant en cause, dans le cas français, le Conseil constitutionnel, la Cour de cassation et le Conseil d'État a suscité un véritable engouement doctrinal au cours de ces dernières années », *v.* « Pluralisme des ordres juridiques et des stratégies jurisprudentielles. Quelques observations sur la jurisprudence du Conseil constitutionnel relative au droit de l'Union européenne », **Mélanges en l'honneur du Doyen François Hervouët**, Faculté de droit des sciences sociales de Poitiers, LGDJ, 2016, p. 463. Notre intervention étant prévue dans le cadre d'une table ronde, nous avons préféré y insérer de larges extraits d'études doctrinales consacrées au thème, à la place de développements plus détaillés sur les problématiques que soulève celui-ci.

assurément cette opposition entre les exigences liées à la construction du droit communautaire et l'affirmation et la défense par les États membres de l'Union européenne, de leur souveraineté et l'ordre juridique qui en découle. Une telle opposition, vieille comme le temps, est compréhensible, les deux ordres juridiques défendant chacun de son côté, le principe d'une supériorité des normes qu'il sécrète sur celles de l'autre ordre. Dans ce «conflit», le concept de souveraineté y est central : il implique une autorité – celle de l'État – qui n'a aucune autre autorité qui lui est supérieure, aussi bien au niveau interne que dans l'ordre international. Qui l'a mieux exprimé aussi simplement que Carré de Malberg lorsqu'il désigne les deux aspects de ce concept qui, écrit-il, se «ramènent à la notion unique d'un pouvoir qui n'en a aucun autre au-dessus de lui»[3]. Autrement dit, est-il besoin de le rappeler, cette souveraineté, dans sa manifestation interne, signifie alors qu'il y a un «détenteur suprême de la puissance étatique, qui représente à l'intérieur même de l'État la plus haute puissance»[4]. Quant à la souveraineté externe, elle implique l'inexistence ou l'absence de toute contrainte ou de subordination de l'État à l'égard de toute entité ou autorité étrangère. Bien évidemment, les États s'en prévalent quotidiennement, mais ceux qui ont tendance à en abuser ne peuvent avoir des relations apaisées lorsqu'ils s'impliquent dans la construction européenne qui suppose leur soumission aux décisions des juridictions communautaires appartenant à un ordre qui leur est supérieur et dont ils sont membres. La construction de l'Union européenne a accéléré ou cristallisé cette confrontation entre les deux ordres juridiques. Tendues à l'origine, les relations entre eux ont progressivement abouti à une ambiance plus apaisée une fois que les États européens ont accepté de concéder à l'Union – comme c'est certainement le cas pour des unions construites ailleurs – une parcelle de leur souveraineté selon la formule habituelle, pour un objectif commun.

Une fois retenue, la mise en œuvre de cette solution va être difficile et délicate, les États membres – à l'image de la France et du Conseil constitutionnel – de l'Union européenne ayant une forte tendance à

---

[3] R. Carré de Malberg, *Contribution à la théorie générale de l'État*, Paris, Sirey, 1920, réd. CNRS, 1962, tome 1, p. 71.

[4] P.R. Raynaud, « Souveraineté, souverainetisme, nationalisme et rapports entre ordres juridiques – permanences et résurgences », Traité des rapports entre ordres juridiques européens, Baptiste Bonnet (dir.) Paris, LGDJ, p. 313.

s'arc-bouter à leur souveraineté et à vouloir privilégier la défense de leurs intérêts davantage qu'ils ne coopèrent avec l'institution régionale, et tout particulièrement avec les juridictions communautaires. Les rapports entre celles-ci et les juridictions nationales, et notamment les juridictions constitutionnelles, illustrent assez bien cette confrontation (I) qui a justifié un dialogue fort heureusement fructueux, mais non sans heurts et résistances (II).

I. La confrontation entre les deux ordres de juridictions

Théoriquement, la confrontation entre les deux ordres juridiques, telle qu'elle apparaît à travers les relations entre les juridictions nationales et communautaires n'aurait dû, en principe, jamais avoir lieu, encore moins avec une telle intensité. La Cour de Justice de l'Union européenne, à l'origine du droit de l'Union européenne qui lui est ainsi propre, et dont la mission est de dire le droit des Traités et de les interpréter, a pu définir les rapports entre les ordres juridiques à partir des recours directs, des demandes de renvois ou encore des demandes d'avis[5]. Cet ordre de l'Union européenne, doté d'institutions propres, est intégré au système juridique interne des États et n'est donc pas isolé des ordres juridiques nationaux[6]. Il est clair qu'au vu de la jurisprudence de la Cour, ce nouvel ordre juridique ainsi créé, réduit les droits souverains des États[7]. Il en découle, qu'il s'agisse du droit originaire comme du droit dérivé, que les dispositions de l'ordre juridique européen ont un effet direct[8] et qu'aucune d'elles n'est subordonnée à une norme de droit interne. Selon la Cour, les règles de droit de l'Union, directement applicables, doivent assurer « la plénitude de leurs effets, d'une manière

---

[5] V. F. Picod, « La CJUE et les rapports entre les ordres juridiques de l'Union européenne et des États, in *Traité des rapports entre ordres juridiques européens*, Baptiste Bonnet (dir.) Paris, LGDJ, p. 995. Faut-il rappeler, comme le fait l'auteur, que « C'est dans l'affaire Van Gend in Loos que la Cour de justice a, en 1963, mis en lumière l'ordre juridique de la Communauté, alors qualifié de « nouvel ordre juridique de droit international », et en a identifié les sujets de droit, constitués non seulement des États membres, mais également de leurs « ressortissants ».

[6] CJCE, 15 juillet 1964, aff. 6/64 *Costa c/Ene*l, Rec. CJCE, p. 3).

[7] CJCE, avis 1/091, 14 décembre 1991, Rec. CJCE, p. I. 1137, pt. 65 ; CJCE, avis 1/09, 8 mai 2011, Rec. CJCE, p. I. 1137, pt. 65 ; CJCE, avis 2/13, 18 décembre 2014, pt. 157.

[8] CJCE, 5 février 1963, aff. 26/62, *Van Gend Loos*, Rec. CJCE, p. 1.

uniforme dans les États membres à partir de leur entrée en vigueur, et pendant toute la durée de leur validité». L'introduction de ce droit dans les ordres juridiques nationaux a amené la Cour de justice à constamment inviter les juridictions nationales à remplir leur fonction qui est «d'appliquer intégralement le droit de l'Union européenne directement applicable et de protéger les droits que celui-ci confère aux particuliers»[9]. Les juridictions occupent ainsi une place importante dans les États membres où elles ont pour fonction tout aussi primordiale de répondre aux recours formés par des particuliers et invoquant le droit de l'Union. La primauté de ces dispositions sur celles des ordres nationaux ne fait alors guère de doute, et tout paraît ainsi et, *a priori*, bien clair : «À la différence des traités internationaux ordinaires, le traité de la CEE a institué un ordre juridique propre, intégré au système juridique des États membres lors de l'entrée en vigueur du traité et qui s'impose à leurs juridictions»[10].

Malgré cette clarté des textes de manière générale et les décisions jurisprudentielles qui en rappellent les dispositions, la confrontation eut lieu, les rapports entre les deux ordres juridiques étant apparus plus complexes qu'ils n'y paraissaient. Cette complexité provient de la difficulté à allier deux réalités : d'un côté, un droit à l'Union européenne dont la primauté affirmée voudrait que toute norme, même constitutionnelle, incompatible avec les dispositions de ce dernier ne soit appliquée et de l'autre, la tendance des juridictions internes à vouloir privilégier et appliquer la suprématie de la Constitution dans l'ordre interne, texte fondamental d'où elles tirent leur pouvoir de rendre justice. Une telle confrontation – qui n'est pas propre à l'Union européenne et à ses membres – a particulièrement préoccupé la doctrine qui a tenté d'en définir les manifestations et proposer des solutions.

La question est vaste. Traitée dans de nombreuses études, il n'est pas utile, ni pratique de reprendre et discuter en détail dans cette brève présentation, les problématiques qu'elle soulève. L'essentiel à retenir est que la coexistence des deux ordres juridiques – communautaire et national – révèle à quel point le principe d'une supposée supériorité d'une norme sur une autre est relatif, tant les acteurs – les juges en l'occurrence – sont maîtres du jeu, du destin des dispositions constitutionnelles

---

[9] CJUE, 8 septembre-2010, aff. C-409/06, *Winner Wetten*, Rec. CJUE, p. I-8015n pt. 55.
[10] CJCE, 15 juillet 1964, *Costa c/Enel*, précité.

qui, selon le cas, seront valorisées par le juge constitutionnel national, et donc défendues contre toute idée de supériorité d'une autre règle, ou relativisées lorsqu'il ne s'oppose pas à l'introduction dans l'ordre interne, d'une norme qui aura valeur supérieure aux lois internes, toutes natures confondues. Les attitudes peuvent être diverses, allant des plus extrêmes aux plus nuancées ou totalement soumises à l'autorité de la norme communautaire, même si le processus montre une tendance de plus en plus favorable au principe de supériorité de la norme communautaire, non sans résistance, des juges toujours préoccupés par l'idée de sauvegarder l'essentiel de leurs normes internes. Ces attitudes se manifestent de trois manières : par des *tensions* lorsque la Cour constitutionnelle de la Russie, par exemple, refuse que la portée des arrêts de la CEDH remette en cause la priorité de la Constitution russe ; par la *défiance* quand les ordres juridiques internes affirment et réaffirment la supériorité de leur constitution nationale sur les textes de l'Union européenne et enfin, par une *distance,* car certaines Cours constitutionnelles ignorent totalement l'existence des Cours européennes et n'en font même pas mention[11]. La résistance ou défiance manifestée par les juges nationaux face aux juridictions communautaires de l'Union européenne sont d'autant plus complexes à résoudre qu'elles varient en fonction des dispositions constitutionnelles considérées dans chaque État membre. Il en est ainsi des positions divergentes des juges constitutionnel allemand et français sur leur compétence en matière de contrôle de constitutionnalité des traités européens ou celle sur la constitutionnalité des actes de l'Union et des lois nationales les mettant en œuvre[12]. Les expressions utilisées par les auteurs témoignent toutes de ces contrariétés : tantôt on parle d'« institutions qui s'ignorent »[13], tantôt

---

[11] Cette classification des différentes attitudes adoptées par les juges nationaux nous est proposée par Nicole Belloubet dans son étude : « Repenser le rôle du juge constitutionnel. Les rapports entre le Conseil constitutionnel français et les ordres juridiques européens, *Traité des rapports entre ordres juridiques européens,* Baptiste Bonnet (dir.) Paris, LGDJ, p. 695-712.

[12] M. Fromont : « Les juges constitutionnels allemand et français, défenseurs de la souveraineté nationale face à la construction européenne », in *La Constitution, l'Europe et le droit : Mélanges en l'honneur de Jean-Claude Masclet* , Paris, publications de la Sorbonne, 2013, pp. 593-615.

[13] O. Dutheillet de Lamothe, « Conseil constitutionnel et Cour européenne des Droits de l'Homme : un dialogue sans paroles », in Mélanges en l'honneur de Bruno Genevois, Paris, Dalloz, 2009, p. 404.

on s'interroge sur « l'éclipse de la souveraineté »[14], ou quand on insiste sur « une appropriation initialement nuancée par les juges ordinaires de l'ordre juridique européen »[15] ou lorsque l'on s'interroge sur la pertinence de vouloir faire « rentrer l'intrus dans l'ordre », afin de « dissoudre sa qualité d'intrus pour en faire un élément de l'ordre » au lieu de raisonner avec (ce) « désordre en regardant comment tous ces éléments tout en restant « désordonnés » se « connectent »[16], ou encore de « stratégies jurisprudentielles » dans le pluralisme des ordres juridiques et le droit de l'Union européenne[17]. Autant d'interrogations ou de suspicions manifestées – il en existe bien d'autres encore – par la doctrine sur les relations ambiguës ou complexes entre les juridictions internes et celles de l'Union européenne qui montrent à quel point ce qui est clair dans les textes et même dans une jurisprudence constante sur une question donnée, peut apparaître dans la pratique difficile à mettre en œuvre. Des affaires de juristes serait-on tenté de dire…

En tout état de cause, de cette confrontation ou opposition entre deux ordres juridiques qui coexistent, le risque de conflits reste permanent. Il est surtout fragile, car il a été reconnu que « dans le cadre des rapports entre ordres juridiques et quoiqu'on en dise, les potentialités de blocage ne sont jamaisloin. Les enjeux de ces rapports sont tels quant à la place respective des juges, quant à la souveraineté, ils recèlent tant de chausse-trappes, appellent tant de stratégies, de choix y compris politiques, qu'appliquer une norme externe dans l'ordre juridique interne, trancher un conflit entre normes internes et normes d'origine externe, singulièrement lorsqu'elle met jeu la norme constitutionnelle, n'est jamais anodin»[18]. Cette réalité n'a pas disparu ; au contraire, elle

---

[14] P.R. Raynaud, « Souveraineté, souverainetisme, nationalisme et rapports entre ordres juridiques – permanences et résurgences », *Traité des rapports entre ordres juridiques européens*, Baptiste Bonnet (dir.), art. précité, p. 318

[15] F. C. Terral, « Droit constitutionnel et droit européen : de la confrontation à l'appropriation mutuelle », in *Traité des rapports entre ordres juridiques européens*, Baptiste Bonnet (dir.) Paris, LGDJ, p. 1173.

[16] D. Rousseau ; « La connexion du constitutionnel au système juridictionnel européen », in Mélanges *en l'honneur du Doyen François Hervouet*, LGDJ, 2016, p. 179

[17] J. Rossetto, « Pluralisme des ordres juridiques et stratégies jurisprudentielles. Quelques observations sur la jurisprudence du Conseil constitutionnel relative au droit de l'Union européenne », in *Mélanges en l'honneur du Doyen François Hervouet*, LGDJ, 2016, p. 463

[18] B. Bonnet, « Le paradoxe apparent d'une question prioritaire de constitutionnalité instrument de l'avènement des rapports de système… RDP, 2013, p. 1296, cité par J. Rosseto, art. précité, p. 464.

est encore présente à l'image du Conseil constitutionnel français qui a « développé une jurisprudence certes fondée sur des relations de coopération, mais qui manifeste également la préoccupation constante de préserver, comme il est du reste naturel, la maîtrise de son propre champ de compétence »[19].

Toutefois, aujourd'hui, la « sagesse » de part et d'autre des juridictions appartenant à ces deux ordres, a réduit au minimum les situations de crises grâce à un dialogue fructueux.

II. Le dialogue des juges

Le conflit que l'on pouvait redouter, à juste titre, et l'intensité qui s'y attache, se sont progressivement estompés, sans pour autant disparaître, intervenant « à intervalles irréguliers ». Le constat de la doctrine est quasi unanime à ce sujet et relève que « Ce hiatus qui pourrait tourner au conflit ouvert, n'a jamais dégénéré en « guerre des systèmes » ou en « guerre des juges ». Le mérite en revient tant aux juridictions nationales qu'aux juridictions de l'Union qui, chacune de leur côté – maisen réalité dans le cadre d'un dialogue constructif – se sont efforcées de dégager des solutions d'apaisement et de conciliation »[20]. L'expression « dialogue des juges » trouve sa paternité chez Bruno Genevois qui s'exprimait ainsi en 1978 : « À l'échelle de la Communauté européenne, il ne doit y avoir ni le gouvernement des juges ni la guerre des juges »[21]. Si d'aucuns reconnaissent l'existence d'un « indispensable » et véritable dialogue entre les juges et en vantent les mérites, à l'exemple de celui qui intervient dans les relations entre le Conseil constitutionnel, la Cour de cassation et le Conseil d'État français, ils manifestent toutefois quelque scepticisme quant aux résultats attendus de ce dialogue : il a été ainsi reconnu qu'« autant l'autorité de la chose interprétée par la

---

[19] J. Rosseto, art. précité, p. 463.

[20] S. Platon, « Le contrôle de constitutionnalité des actes nationaux d'application du droit de l'Union européenne. L'avenir des jurisprudences Économie numérique et Arcelor. », in *La Constitution, l'Europe et le droit : Mélanges en l'honneur de Jean-Claude Masclet*, Paris, publications de la Sorbonne, 2013, p. 887. Le plus célèbre arrêt à ce sujet cité par l'auteur étant celui dit Solange II de la Cour constitutionnelle allemande : BVerfGe 1986, E.R. Lagnier dite « Solange II, BVerfGE 339, C. Autexier, AIJC, 1987, p. 419.

[21] Dans ses conclusions sous C.E. Ass. 22 décembre 1978, *ministre de l'Intérieur c. Cohn Bendit*, D. 1979, Jur. 155, spéc. P. 161, cl. Bruno Genevois.

CJCE et le dialogue avec cette cour sont bien insérés et acceptés par les acteurs du système juridique français, autant l'autorité de la chose interprétée par la CEDH et par le Conseil constitutionnel et le dialogue avec eux sont controversés »[22].

Le dialogue dont il s'agit ici n'exige d'autres règles ou conditions que celles d'une écoute réciproque des protagonistes. Il constitue « la porte de sortie, la solution idéale »[23] lorsqu'un désaccord sur la hiérarchie des normes constitutionnelles et communautaires intervient entre les juridictionsconcernées. Il ne saurait se définir comme une lutte entre « gladiateurs » à l'issue de laquelle sera déclaré vainqueur le plus fort d'entre eux. Il repose, au contraire, sur un esprit d'écoute réciproque, avec une prise en compte des arguments des uns et des autres, dans la bonne foi et dans l'unique objectif de trouver une solution qui aille dans le sens d'une meilleure entente et d'une coexistence pacifiée des juridictions. Cette approche du dialogue entre les juges est également défendue dans la doctrine française, si l'on en croit Joël Adriantsimbazovina[24] ; elle est le socle sur lequel reposent les rapports apaisés entre des juridictions nationales et communautaires.

Le dialogue entre les juges constitutionnels des États et les juridictions communautaires s'est véritablement instauré et se manifeste dans divers domaines. Après l'avoir qualifié d'« une appropriation initialement nuancée par les juges ordinaires de l'ordre juridique européen », Florence Chaltiel Terral parle d'un « savoureux dialogue » des juges « grâce à la QPC récemment introduite dans le droit français »[25] et fait remarquer, à travers une affaire où le Conseil d'État, la Cour de

---

[22] Cf. J Adriantsimbazovna : « L'autorité de la chose interprétée et le dialogue des juges. En théorie et en pratique, un couple juridiquement inséparable », in *Le dialogue des juges, Mélanges en l'honneur de Bruno Genevois*, Paris, Dalloz, 2009, p. 15

[23] N. Mede, *Les grandes décisions de la Cour constitutionnelle du Bénin*, Éditions universitaires européennes, 2012, p. 45.

[24] « (...) le dialogue des juges n'est pas un élément de fait. C'est un véritable instrument juridique d'échanges interprétatifs. Il se manifeste par un processus interprétatif auquel participent les juridictions chargées de l'interprétation authentique d'une norme constitutionnelle d'un ordre juridique donné et les chargées de l'application de celle-ci afin de déterminer l'interprétation prioritaire permettant d'assurer la cohérence de l'interprétation et de l'application de la norme constitutive de cet ordre juridique », cf. J. Andriantsimbazovina, « L'autorité de la chose interprétée et le dialogue des juges. En théorie et en pratique, un couple juridiquement inséparable », in *Le dialogue des juges,* art. précité, p. 14.

[25] « Droit constitutionnel et droit européen : de la confrontation à l'appropriation mutuelle », art. précité, p. 1174.

cassation, le Conseil constitutionnel et la CJUE se sont prononcés, comment ce dialogue a pu être bénéfique entre les deux ordres[26]. « De ces deux exemples jurisprudentiels ressort désormais une évidence : celle de l'appropriation mutuelle de deux ordres juridiques dont chacun tire le génie de l'autre. Les sources de conflit sont minimes, mais non existantes »[27]. Le dialogue existe et c'est l'essentiel. Aussi relatif soit-il, il est assez présent dans les rapports du Conseil constitutionnel français et la Cour européenne des droits de l'Homme[28], comme dans les relations entre le Conseil constitutionnel et la Cour de Justice des Communautés européennes.

Dans ce dialogue, le renvoi préjudiciel[29], relativement banalisé au départ et ayant fait l'objet d'intenses débats occasionnés par des positions jurisprudentielles imprécises du Conseil constitutionnel, de la Cour de cassation et de la CJUE ayant entraîné un certain imbroglio[30], y a été un instrument utile, même si les juridictions constitutionnelles n'y étaient pas particulièrement favorables à l'origine, et même si ce dialogue préjudiciel constitutionnel est un phénomène jugé finalement relatif et même marginal[31]. N'empêche que le dialogue est bien installé

[26] Cass. QPC, 16 avr. 2010, n° 10-40002, *MM. Mélika et Abeli* ;

[27] Art. précité, p. 1180

[28] O. Dutheillet de Lamothe, « Conseil constitutionnel et Cour européenne des droits de l'Homme : un dialogue sans paroles », in *Mélanges en l'honneur de Bruno Genevois*, Paris, Dalloz, 2009, p. 403.

[29] « La clef de voûte du système juridictionnel, le recours en interprétation garantit la cohérence, le plein effet l'autonomie et en dernière instance, le caractère propre institué par les traités » (v. Avis 2/23, pt 176), v. également, F. Sudre : « De QPC en Qpc…ou le Conseil constitutionnel juge de la Convention EDH », JCP G, n° 41, 6 octobre 2014.

[30] « Le feuilleton Melki et Abdeli amené par la Cour de cassation et auquel le Conseil constitutionnel et le Conseil d'État, avant la Cour de Justice ont participé, atteste du caractère aigu des relations entre le droit constitutionnel et le droit de l'Union rappelant qu'en matière de rapports de systèmes, les feux éteints peuvent longtemps couver et possiblement s'embraser », cf. N. Belloubet, art. précité, « Les rapports entre droit constitutionnel et droit de l'Union européenne, de l'art de l'accommodement raisonnable », Conseil constitutionnel, 2019, n° 2 de 2019, p. 19 voir également : https://www.cairn.info/revue-titre-vii-2019-1-page-11.htm (consulté en novembre 2020).

[31] M. Blanquet : « (…) Est-ce à dire que ce dialogue formalisé suffira à « éviter la réédition des malentendus », et le développement, depuis quelques années de ce dialogue préjudiciel constitutionnel ne doit cacher que le phénomène lui-même est à relativiser, et que la Cour de justice l'utilise sans doute plus pour tenter de juguler les compétences de réserve des cours constitutionnelles que dans une perspective totalement apaisée. (« Le dialogue entre les juges constitutionnels et la Cour de justice : enfin des mots, toujours des maux ? », in *L'identité du droit de l'Union européenne, Mélanges en l'honneur de Claude Blumann*, Bruxelles, Bruylant, 2015, p. 290).

entre les deux ordres de juridictions. Parmi les trois types de rapports qui peuvent exister entre les juges nationaux et européens, Nicole Belloubet[32] note qu'il en existe un qui porte sur les rapports de subsidiarité fondés sur le dialogue des juges, en rappelant à ce sujet les propos de l'ancien Président du Conseil constitutionnel français lorsqu'il reçut la CEDH dans les locaux de cette institution le 2 mai 2015 : « Les contrôles de constitutionnalité et de conventionalité doivent non seulement être cohérents, mais complémentaires ». Ainsi, ajoute-t-elle, le principe de subsidiarité aboutit à faire du « juge interne le juge de droit commun de la Conv.EH ».

Il est aujourd'hui admis que le processus de rapprochement des deux ordres juridiques semble suivre un processus, peut-être encore lent, mais allant sûrement dans le bon sens : « Plutôt que de chercher, sans succès, à concilier la primauté constitutionnelle et la primauté du droit de l'UE et à confronter la Constitution aux normes européennes, avec un risque potentiel de conflit normatif irrésoluble, il est apparu plus utile de lire la Constitution à la lumière des principes issus du droit de l'UE et ainsi de constitutionnaliser les obligations issues du droit de l'UE (...) La crise interne que la question prioritaire de constitutionnalité a suscitée, en termes de rapport entre droit constitutionnel et droit de l'UE, a eu en outre, le mérite de démontrer que suprématie constitutionnelle et primauté du droit de l'Union européenne pouvaient se concilier (...) »[33]. Le souhait qu'elle avait émis en 2016 semble alors se réaliser lentement, mais progressivement[34].

---

[32] Selon la classification faite par l'auteure, le premier type concerne « les rapports conflictuels » comme ceux ayant existé entre la CEDH et la Cour constitutionnelle russe (v. C. const. Russie, avis, 14 juillet 2015, rendu sur la demande de la Douma)

[33] N. Belloubet, art. précité : « Les rapports entre droit constitutionnel et droit de l'Union européenne... », Conseil constitutionnel, 2019, n° 2, p. 17 ; voir également : https://www.cairn.info/revue-titre-vii-2019-1-page-11.htm (consulté en novembre 2020).

[34] Elle écrit : « Que ce soit dans l'UE ou au sein du Conseil de l'Europe, c'est un système juridictionnel global qui a été construit et organisé. Si l'on veut respecter les objectifs et l'enjeu de cette construction, mais aussi la faire évoluer, c'est vers une compréhension globale de ces systèmes qu'il faut aller. C'est un souci de cohérence qui doit primer. Cette recherche de convergence ne pourra résulter que de mécanismes de coopération accrus entre institutions juridictionnelles de l'Europe. », art. précité, « Repenser le rôle du juge ordinaire... », p. 704.

Le domaine le plus propice et certainement le plus favorable pour la réalisation de ce rapprochement nous paraît être la protection des droits et libertés fondamentaux. Il est celui où les recours des individus sont les plus nombreux et pour cette raison, il constituera le secteur où vont intervenir de plus en plus les juges constitutionnels des États et la CEDH. La jurisprudence de la CEDH est loin de laisser indifférent le Conseil constitutionnel qui a rendu d'importantes décisions à ce propos en matière de libertés individuelles[35], dans le prolongement de l'arrêt *Ravon* de la CEDH[36]. Jean Rosseto a insisté sur le vœu formulé à ce sujet par la doctrine, en rappelant que « les auteurs n'ont eu de cesse d'invoquer la nécessité d'un dialogue des juges, d'un respect du pluralisme juridique, d'une articulation correcte des systèmes juridiques et, plus spécifiquement, la prise en considération de l'équivalence des protections en matière de droits fondamentaux »[37]. Au sujet des droits de l'Homme comme terrain propice pour le respect des normes communautaires par les juges nationaux, Nicole Belloubet, encore une fois, insiste sur la nécessité pour les juridictions nationales, en l'occurrence le Conseil constitutionnelfrançais, de s'accrocher à la locomotive conduite par les juridictions communautaires en acceptant le principe de supériorité des normes de celles-ci sur les leurs : « Résultats des efforts des Européens, les déclarations des droits, la technique juridique dont celle de la QPC, organisent ce monde commun de protection des droits fondamentaux. C'est précisément en raison de l'émergence de cette ambition commune qu'il sera très difficile pour le Conseil constitutionnel, même à construction constante, de demeurer, à long terme, sur une position d'ignorance relative des droits européens. Le décalage est trop grand entre le raisonnement juridique proposé et la réalité vécus par les justiciables et les citoyens, essentiellement dans le domaine des droits fondamentaux. »[38]

---

[35] Cons. const. 29 novembre 2013, déc. n° 2013-357 QPC, *Société wesgate charters Ltd*, cons. 7et 8 : voir également Cons. cont. 25 mars 2014, déc. n° 2014-693 DC, Loi *relative à la géolocalisation.*

[36] CEDH, 21 février 2008, n° 18497/03 par lequel la Cour européenne des droits de l'Homme a jugé que les voies de recours ouvertes aux contribuables pour contester la régularité des visites et saisies opérées sur le fondement de l'article L. 16 B du livre des procédures fiscales ne garantissaient pas l'accès à un procès équitable au sens de l'article 6 paragraphe 1 de la convention européenne de sauvegarde des droits de l'Homme et des libertés fondamentales ».

[37] Art. précité, p. 463.

[38] Art. précité, « Repenser le rôle du juge constitutionnel… », p. 704.

Ce n'est pas un hasard si ces auteurs, parmi d'autres, parlent des droits et libertés fondamentaux dans leurs propos. Ils ne font que traduire le domaine où le dialogue entre les deux ordres constitue le moyen de rapprochement le plus propice – parce que concernant des préoccupations aussi actuelles et cruciales que celles des droits et libertés fondamentaux – des jurisprudences nationales et communautaires, celles-ci servant de références aux premières. Revenant sur un Conseil constitutionnel français qui semblait peu intéressé par la jurisprudence de la CEDH, Nicole Belloubet montre, au contraire, que cette attitude n'était qu'apparence et qu'en réalité, le Conseil s'y réfère silencieusement : « Les exemples sont nombreux en effet où la jurisprudence de la CJUE et surtout de la CEDH sont *mezza voce*, lues, travaillées, étudiées pour éviter toute contradiction ultérieure et ainsi, conforter la propre jurisprudence du Conseil constitutionnel et donc sa légitimité »[39]. Ce souci de rapprochement du Conseil constitutionnel semble avoir plus ou moins abouti dans plusieurs secteurs, sans qu'il ne soit possible d'exclure tout conflit ultérieur.

On le voit, les relations entre les juridictions nationales et celles communautaires dans l'Union européenne ne sont pas simples et le risque qu'elles s'exposent à « un potentiel conflit irrésoluble lié à la suprématie constitutionnelle » plane toujours sur les relations entre les cours constitutionnelles et le droit de l'Union européenne. Retenons enfin, que ce conflitexiste aussi entre les juridictions communautaires (CJUE et CEDH)[40]. Mais ce problème est une autre question qui prouve, encore une fois, que la coexistence d'une multitude de juridictions sur un même espace régional est toujours d'une grande complexité…[41]

---

[39] « Le Conseil constitutionnel élabore progressivement une construction jurisprudentielle « socialement responsable » dans le sens où elle s'adresse aux administrés et/ou aux justiciables. Lorsqu'une personne ou une administration a méconnu la loi, son défenseur a désormais plusieurs voies de recours pour l'écarter : la QPC et la CEDH, le droit communautaire. Le système est certes complexe mais finalement, loin d'accroître l'insécurité juridique ou de générer une forme de forum shopping (« course aux tribunaux »), il permet d'augmenter le niveau de garantie et d'articuler les protections », art. précité, p. 700

[40] CEDH, 25 mars 2021, *Affaire Bivolaru et Moldovan c/France*, n° 40324/16 ; 12623/17. Il s'agit de décisions concurrentielles entre la CEDH et la CJUE sur l'exécution d'un mandat d'arrêt européen et le respect des droits de l'homme.

[41] D. Simon « Des influences réciproques entre CJCE et CEDH : "je t'aime, moi non plus" », *Revue Pouvoirs*, n° 96, 2001, pp. 31-49.

Nous ne pouvons terminer notre intervention sans faire un « clin d'œil » aux juridictions constitutionnelles nationales des États francophones d'Afrique dans leurs rapports avec celles des organisations d'intégration africaines. Il peut exister, dans ces relations, ce « potentiel conflit irrésoluble » dans des conditions ou circonstances différentes, mais qui nécessiterait, là également, un dialogue des juges, nécessaire pour aplanir les tensions aujourd'hui exaspérées par des États jaloux de leur souveraineté et encore susceptibles lorsque des décisions régionales les condamnent pour leur non-respect des dispositions communautaires auxquelles ils ont pourtant souscrit[42]. Nicaise Médé, à l'occasion d'une discussion que nous avons eue au sujet de la décision de la Cour constitutionnelle béninoise *Dahou Séraphin*[43], nous avait suggéré d'organiser un colloque sur ce thème du dialogue. Nous y souscrivons et trouvons un grand intérêt à ce que cette question fasse l'objet d'une rencontre qui réunirait les juges, membres d'institutions d'intégration et universitaires.

« Quelle justice constitutionnelle pour demain ? Le juge constitutionnel et les juges communautaires : un dialogue possible ?

L'Union Économique et Monétaire ouest-africaine (UEMOA) est une organisation d'intégration sous régionale regroupant huit États membres, créée par le Traité de Dakar du 10 janvier 1994, révisé le 29 janvier 2003.

Son principal objectif est « de favoriser le développement économique et social des États membres, grâce à l'harmonisation de leurs législations, à l'unification de leurs marchés intérieurs et à la mise en œuvre de politiques sectorielles communes dans les secteurs essentiels de leurs économies ».

---

[42] Le conflit peut intervenir en dehors des seuls rapports entre les juges, et concerner uniquement ces derniers et un État. La crise intervenue entre la Cour africaine de justice et des droits de l'homme et le Bénin est une des récentes preuves de ce type de conflit. Après le Rwanda et la Tanzanie, le Bénin a procédé à une déclaration de son retrait du Protocole de la Cour, lorsque celle-ci a ordonné le 17 avril 2020 la suspension de l'organisation des élections communales et municipales prévues le 17 mai de la même année.

[43] DCC O3-035 du 12 mars 2003, commentaire N. Médé, *Les grandes décisions de la Cour constitutionnelle du Bénin*, op.cit., p. 40 et s.

L'UEMOA comprend plusieurs organes dont la Cour de justice[44], qui est une institution juridictionnelle chargée, par le Traité et le Protocole additionnel n° 1 relatif aux organes de contrôle, de responsabilités spécifiques destinées à assurer l'unité d'interprétation et la correcte application du droit communautaire.

Son rôle, sa responsabilité et ses modes d'intervention sont déterminés par les textes qui lui ont donné naissance et par le contenu de ces textes et la jurisprudence constituée qui a pu marquer leur interprétation et leur application.

Il en résulte que la Cour de justice de l'UEMOA tient son existence, sa légitimité, ses compétences et son autorité du Traité et du protocole additionnel n° 1 qui ont été préalablement ratifiés par tous les États membres.

La Cour assure son action de contrôle à travers plusieurs mécanismes juridiques comme le recours en manquement, le recours en appréciation de la légalité, le plein contentieux de la concurrence, le recours du personnel de l'Union, le recours en responsabilité, le recours préjudiciel, le recours en interprétation, les avis et les recommandations.

Le Traité de l'UEMOA a également prévu la façon dont les actes de droit dérivé notamment les Règlements et les Décisions prennent effet dans l'ordre juridique des États membres.

Au regard du rôle qui lui est assigné par les textes, la Cour de justice fonctionne en s'appuyant sur certains principes de base (I), lesquels une fois compris et acceptés par les juridictions nationales, en l'occurrence celles constitutionnelles, pourront contribuer à aplanir les conflits potentiels (II) qui pourraient exister entre droit communautaire et dispositions constitutionnelles nationales.

III. Comprendre les principes de base de fonctionnement de la justice communautaire de l'UEMOA...

Le droit et la justice communautaires sont articulés sur le principe de primauté du droit primaire (A) et dérivé (B).

---

[44] Le cadre institutionnel de l'UEMOA prévoit des organes de direction (Conférence des Chefs d'État et de gouvernement, Conseil des ministres et Commission) des organes de contrôle démocratique (parlement) et juridictionnel (Cour de justice et Cour des comptes) ainsi que des organes consultatifs et des institutions spécialisées (BCEAO et BOAD).

A. Le principe de primauté du droit communautaire

Les rapports entre le droit communautaire et le droit national sont marqués par l'application du principe de la primauté du droit communautaire, affirmé par le Traité constitutif de l'UEMOA en ces termes : « Les actes arrêtés par les organes de l'Union pour la réalisation des objectifs du présent Traité et conformément aux règles et procédures instituées par celui-ci, sont appliqués dans chaque État membre nonobstant toute législation nationale contraire, antérieure ou postérieure. ».

La Cour de justice a eu à préciser les contours de ce principe à travers sa jurisprudence (cf. avis n° 01/2003 du 18 mars 2003 ; arrêt n° 05/2020 du 08 juillet 2020).

La portée générale du principe de primauté conduit à considérer que le droit communautaire UEMOA s'impose à l'ensemble du droit national, y compris à ses normes les plus élevées, c'est-à-dire constitutionnelles.

Cette prééminence est inconditionnelle dans la mesure où l'ordre juridique communautaire tire sa suprématie de l'abandon volontaire de l'ensemble des États membres d'une partie de leur souveraineté aux fins de réalisation des objectifs de la nouvelle communauté d'intégration.

Cet engagement international par lequel les États consentent à abandonner leur souveraineté dans ce but est nécessairement conforme à leur constitution respective[45].

Outre l'affirmation de la primauté du droit communautaire et de ses effets, dans son office, le juge communautaire intègre dans la garantie de la spécificité des actes de droit dérivé, le respect des droits fondamentaux énoncés dans la Déclaration universelle des droits de l'Homme de 1948 et la Charte africaine des droits de l'Homme et des peuples de 1981, conformément à l'art.3 du Traité révisé de l'UEMOA.

B. La spécificité des actes de droit dérivé

Les actes de droit dérivé bénéficient du principe de primauté au même titre que les autres sources du droit communautaire.

---

[45] Décision n° 3/C/93 du 16 décembre 1993 où la Cour constitutionnelle du Sénégal proclame la constitutionnalité du traité OHADA en justifiant le fondement de l'engagement de l'État du Sénégal dans la Constitution ; idem pour le juge constitutionnel béninois dans la Décision DCC 19-94 du 30 juin 1994.

Ce faisant, la question de leur conformité avec certaines normes constitutionnelles nationales ne devrait pas, en principe, se poser d'autant plus que ces actes ont été adoptés selon les règles et procédures prévues par les Traités et protocoles et ne sont pas soumis aux règles habituelles d'adoption et de ratification nationales des instruments juridiques internationaux.

Ces actes de droit dérivé échappent, par leur mode d'adoption, à une série de procédures et de contrôles préalables à leur entrée en vigueur (susceptibles selon les cas, dans certains États membres, d'entraîner un contrôle préalable de constitutionnalité). Ils bénéficient pour certains (sous réserve du régime des directives) de l'applicabilité immédiate et de l'effet direct.

La Cour de Justice a fait sienne la mission de sensibiliser et de former les acteurs des juridictions des États membres pour prévenir certains conflits résultant de l'application des règles communautaires.

IV. Aplanir les conflits potentiels

Les conflits entre ordres juridictionnels national et communautaire sont à proscrire (A) pour privilégier une coopération constructive (B) respectueuse de chaque identité juridictionnelle.

A. Prévenir les situations conflictuelles

Les normes communautaires sont élaborées et adoptées avec la pleine participation de chaque État membre de l'Union. Dès lors, tout conflit entre le droit communautaire et une norme constitutionnelle nationale d'un État membre pourrait être imputable à un probable manque de vigilance de la part du législateur communautaire en général, mais surtout des représentants de l'État membre concerné.

Il existe ainsi des mécanismes de veille mis en place au niveau national pour examiner systématiquement les projets de textes communautaires « en amont » afin de repérer le plus tôt possible les incompatibilités possibles ou probables. De tels examens sont à encourager dans la mesure où ils contribuent à éviter les antagonismes entre les normes des deux ordres.

Au-delà de ces techniques qui tendent à prévenir les conflits, il existe une tradition d'interprétation respectée par toutes les juridictions selon laquelle, « en présence de difficultés de combinaison d'un texte international et d'un texte national, il y a lieu d'interpréter le texte national de façon à ne pas mettre en péril sa compatibilité avec l'engagement international dans la mesure, en tout cas, où cela est possible.

Les cours constitutionnelles n'ignorent pas cette attitude même si elle est plus délicate pour elles que pour d'autres juges compte tenu de la nature des normes qu'elles doivent interpréter[46]. »

Pour y arriver, il convient d'initier une coopération pragmatique avec la juridiction communautaire concernée.

B. Instaurer une dynamique de collaboration organique

Il est important de noter que le processus d'intégration régionale et d'intégration juridique inhérente à la constructioncommunautaire a modifié la dimension institutionnelle de l'office du juge interne. En effet, les juridictions nationales, qui ont leur compétence déterminée par le droit national, doivent également statuer en fonction du droit communautaire.

Le juge national a dorénavant compétence pour statuer en matière d'application du droit communautaire eu égard au fait que ce droit fait partie intégrante du droit applicable sur le territoire des États membres.

En effet, le principe de l'application immédiate du droit communautaire emporte que ce dernier, dès son entrée en vigueur, constitue le droit positif de chaque État membre de l'Union.

Cette ambivalence fonctionnelle du juge national le hisse au cœur du tandem ordre juridique communautaire – ordre juridique national, avec l'obligation pour lui de respecter les règles de la primauté et de l'applicabilité directe des normes communautaires. En cas de doute ou de flou, il doit se référer à la juridiction communautaire pour requérir son interprétation.

Ce mécanisme de renvoi préjudiciel est prévu par l'article 12 du protocole additionnel n° 1 relatif aux organes de contrôle en ces termes : « La Cour de Justice statue à titre préjudicionnel sur l'interprétation du Traité de l'Union, sur la légalité et l'interprétation des actes pris par

[46] Cahiers du Conseil constitutionnel n° 4 (dossier : droit communautaire – droit constitutionnel) - Avril 1998, Rapport de la CJCE présenté par Gil Carlos Rodriguez Iglesias - Président de la Cour de justice et Jean-Pierre Puissochet - Juge à la cour de justice.

les organes de l'Union, sur la légalité et l'interprétation des statuts des organismes créés par un acte du Conseil, quand une juridiction nationale ou une autorité à fonction juridictionnelle est appelée à en connaître à l'occasion d'un litige.

Les juridictions nationales statuant en dernier ressort sont tenues de saisir la Cour de Justice. La saisine de la Cour de Justice par les autres juridictions nationales ou les autorités à fonction juridictionnelle est facultative. ».

Il résulte de cet article que le recours préjudiciel porte sur deux objets :

– le recours préjudiciel en interprétation qui peut porter sur l'ensemble du droit communautaire de l'UEMOA. La Cour ne tranche pas un différend entre parties et son interprétation doit être suffisamment claire pour être bien comprise et utile aux parties ;

– le recours préjudiciel en validité qui porte sur l'appréciation de la légalité des actes communautaires.

L'appréciation de la légalité sur renvoi préjudiciel concerne uniquement les actes du droit dérivé (règlements, directives, décisions, avis et recommandations). En sont exclus le Traité instituant l'Union et les autres actes assimilés qui relèvent du domaine du recours en interprétation.

Par ailleurs, l'article 14 du protocole additionnel n° 1 relatif aux organes de contrôle de l'Union permet à la Commission de saisir la Cour pour donner la bonne interprétation d'une disposition du Traité et/ou des actes de droit dérivé concernés lorsqu'une juridiction nationale, tenue de faire le renvoi, l'omet et produit une interprétation vraisemblablement erronée du droit communautaire.

Dans ce cas, la Cour statue uniquement sur les éléments d'interprétation de l'acte juridictionnel déféré et rend un arrêt rétablissant l'exactitude.

À l'évidence, ce dispositif institué par les textes de l'UEMOA permet d'instaurer une coopération judiciaire dynamique entre les juridictions nationales et la juridiction communautaire avec à la clef un double avantage : assurer, d'une part, la garantie de la sécurité de l'ordre juridique communautaire et, d'autre part, l'application uniforme du droit issu des traités communautaires et des actes pris par ses organes.

Ainsi, on constate que le système juridique communautaire organise une cogestion inévitable entre le juge national et le juge communautaire, lesquels doivent nécessairement coopérer pour l'application effective du droit communautaire.

En définitive, la primauté du droit communautaire consa-crée par les textes et la jurisprudence de la Cour de justice de l'UEMOA répond à une exigence existentielle de la Communauté.

En effet, le droit édicté par l'Union doit produire les mêmes effets dans tous les États membres qui la composent, sans qu'il puisse être paralysé par des normes internes, quel qu'en soit le rang.

Car, contrairement au droit international qui laisse en principe à chaque État la possibilité de régler les conséquences précises de la primauté des règles internationales dans son propre ordre juridique, le droit communautaire ou droit de l'intégration impose à tous les organes des États membres, y compris les juridictions, l'obligation d'écarter toute règle nationale en cas de conflit avec une règle communautaire.

Cette conception de la primauté implique notamment la nécessité d'assurer, grâce à l'existence d'une juridiction commune, le respect du droit et son interprétation uniforme dans l'ensemble de la Communauté.

C'est pourquoi, du reste, la structure constitutionnelle propre de chaque État membre ne peut et ne doit constituer un obstacle à l'application uniforme dans l'Union de ce droit commun que constitue le droit communautaire.

Présentation de la synthèse

ALIOUNE SALL
Professeur agrégé de droit public à l'UCAD
Ancien juge à la Cour de justice de la CEDEAO

Les interventions enregistrées au cours de ces deux journées de réflexion autour du Conseil constitutionnel du Sénégal ont assurément été riches, la longueur des débats et l'étirement des journées en attestant amplement. Vouloir faire la synthèse des échanges qui ont eu lieu constitue donc, on le devine, une gageure à bien des égards. Le pari devient toutefois moins redoutable lorsque le préposé à cette tâche entend non restituer fidèlement l'intégralité et la profondeur des débats, mais les « survoler » simplement, en tentant, lui-même, d'y participer en offrant son point de vue. Les échanges se prolongeraient ainsi dans la synthèse des travaux, mais celle-ci resterait tout de même fidèle à la trame des discussions enregistrées. Somme toute, il s'agit là d'une autre manière de faire la synthèse d'un colloque. De ce point de vue, il ne serait sans doute pas erroné de ramener les diverses interventions qui ont eu lieu autour de deux face-à-face : celui du juge constitutionnel avec d'autres acteurs de la justice constitutionnelle, au premier rang desquels les « pouvoirs publics », et celui du juge avec lui-même, tant il est vrai que la fonction juridictionnelle renvoie d'abord à un miroir, le miroir de la conscience, l'idée que l'on se fait de sa mission, de ses compétences, de ses pouvoirs. On pourrait donc, en schématisant, dire qu'il ressort de nos travaux que le Conseil constitutionnel est tantôt confronté aux autres **(I)**, tantôt renvoyé à lui-même **(II)**.

I. Le Conseil constitutionnel face aux autres

Les autres sont, en l'occurrence, les institutions qui l'« actionnent », qui participent au fonctionnement même de la justice constitutionnelle, notamment en qualité de saisissants. Ce sont bien sûr les pouvoirs de l'État (Législatif, Exécutif), mais aussi les autres juges et les citoyens. Chacune de ces trois catégories de protagonistes doit être considérée à part.

A. Les pouvoirs publics politiques

Deux constats nous semblent pouvoir se dégager de l'examen des rapports entre le Conseil constitutionnel sénégalais et les pouvoirs législatif et exécutif, qui sont en principe les inspirateurs ou les fabricants de la norme dont connaît en majorité le Conseil : la loi.

Le premier constat est celui d'une volonté d'apaisement, d'un désir d'entente cordiale, encore qu'il est difficile de prétendre que les relations avec le juge constitutionnel aient jamais été mauvais. Le désir d'instaurer un climat de paix résulte d'abord de l'usage, remarquable ces dernières années, de la technique des réserves d'interprétation. Abdou Aziz Kébé a bien mis en exergue la relative fréquence du procédé dans la jurisprudence récente. Il a montré la palette des réserves et expliqué leurs fonctions respectives. Il existe d'autant moins de risques de se méprendre sur ce point que c'est le Conseil lui-même qui précise, *expressis verbis,* qu'il émet une réserve – car il aurait pu le faire sans forcément le dire – Quelques exemples récents peuvent à cet égard être cités[1]. Or, il faut bien comprendre que le recours à la technique des réserves d'interprétation constitue l'élément d'une politique jurisprudentielle iréniste à un double égard. D'une part, le procédé sert à éviter le recommencement d'une procédure, une loi censurée nécessitant une remobilisation de la procédure législative ; d'autre part, il permet de ne pas « froisser la susceptibilité » de l'inspirateur de la loi – Législatif ou Exécutif –, car au-delà de la mise en cause de l'acte, il y a toujours celle de son initiateur ou de son auteur. Les réserves d'interprétation ne sont donc pas qu'un raffinement purement technique, elles s'inscrivent dans

---

[1] Ainsi, la décision du 11 juillet 2016, au sujet de la désignation d'enseignants universitaires au Conseil, le juge croit utile de préciser que « la loi est conforme à la Constitution ***sous réserve*** *de considérer lesdits enseignants comme des collaborateurs »*. Dans la décision du 9 janvier 2017, le juge déclare que « sous la réserve énoncée au considérant 12, les dispositions de la loi organique … sont déclarées conformes à la Constitution ». Enfin, dans une autre décision rendue le même jour, il est dit qu'« à l'exception de l'alinéa 2 de l'article 22-2 et ***sous la réserve*** énoncée au considérant 14 », la loi est conforme à la Constitution.

une stratégie de coexistence sociale ou institutionnelle, elles participent d'une forme de collaboration bienveillante entre les protagonistes du processus législatif, dont le juge est, indéniablement.

Le désir de collaboration est encore observable lorsque le Conseil constitutionnel envisage les suites d'une censure, même partielle, de la norme législative. La décision qu'il rend n'est pas simplement « déclaratoire », elle ne se contente pas de « constater » une entorse à la Constitution ; le juge va plus loin non seulement en se prononçant sur la séparabilité ou l'indivisibilité des dispositions censurées avec celles qui subsistent[2], mais en donnant même des directives de réécriture du texte[3]. Le Conseil se fait ainsi « aiguilleur », véritablement. Cette conception extensive de sa fonction – que nous approuvons, soyons clair – tranche sans doute avec la circonspection à laquelle cette juridiction nous avait habitué[4].

B. Les autres juges

Ces juges peuvent être nationaux ou internationaux, communautaires précisément (juge de la CEDEAO et de l'UEMOA notamment).

Avec le juge interne, la principale question qui s'est posée est celle du traitement de l'exception d'inconstitutionnalité soulevée devant le juge judiciaire (Cour suprême ou, depuis la révision de 2016, Cour d'appel). Elle se pose en termes simples : ce dernier juge, dispose-t-il d'un pouvoir d'appréciation de la question soulevée ou doit-il, de façon automatique, transmettre la question au Conseil constitutionnel ? Des praticiens du droit – avocats et magistrats – ont longuement débattu du point, et force est d'admettre qu'une position acceptée de tous n'a pu se dégager. Il est pourtant urgent de régler, législativement sans doute, cette question, car c'est bien le droit au juge qui serait méconnu par d'autres juges, s'il s'avérait que ces derniers exercent une sorte de pré-contrôle de constitutionnalité alors que la loi ne leur confère pas un tel pouvoir.

---

[2] V. par exemple deux décisions du 11 juillet 2016 au sujet de deux lois organiques.

[3] V. les décisions du 12 février 2016 et du 13 janvier 2017.

[4] La politique d'entente cordiale ne signifie pas, tant s'en faut, que le contrôle juridictionnel perd toute rigueur. L'existence de décisions de censure en atteste (décisions du 11 juillet 2016, ou du 9 janvier 2017 par exemple, relatives à l'« incompétence négative », et qu'il faut rapprocher de la sanction des « omissions législatives », comme dans les décisions du 27 juillet 1994 et du 18 juillet 2017).

En outre, il est apparu que le Conseil n'avait pas, pour ainsi dire, le monopole du contrôle de constitutionnalité. La Cour suprême sénégalaise a, en effet, eu à rendre des arrêts dans lesquels, se recommandant d'une conception assez extensive de la « légalité », elle a annulé des décisions administratives en vertu de dispositions de la Constitution. Ainsi, l'arrêt « Collectivité léboue de Ouakam » du 24 novembre 2016 annule un arrêté préfectoral en vertu de l'article 15 de la Constitution qui protège le droit de propriété. La portée qu'il convient d'attribuer à une telle jurisprudence a été très discutée, sous l'éclairage des juges Pape Ousmane Diallo et Birame Faye. Pour saisir les motivations profondes de la Cour suprême dans un système dans lequel le contrôle de constitutionnalité semblait être l'apanage du Conseil constitutionnel, les explications des praticiens directement concernés étaient en effet nécessaires.

Le problème du rapport du Conseil constitutionnel avec le juge communautaire renvoie d'abord, quant à lui, à l'évaluation de la procédure spécifique de collaboration mise à la disposition du juge interne : le renvoi préjudiciel. À l'unisson, Sidy Alpha Ndiaye et Sangoné Fall ont relevé la parcimonie avec laquelle cette procédure est aujourd'hui utilisée, une juridiction comme celle de la CEDEAO – le propos du vice-président de cette juridiction, M. Ouattara, ayant été également édifiant – ne l'ayant jamais connue en vingt ans d'existence. Les deux premiers cités ont évoqué, pour expliquer cet état de fait, une forme de « nationalisme judiciaire » du juge interne. Certes, mais la question pourrait aussi se poser en termes plus simples et plus préoccupants pour le projet intégrationniste dont les organisations sous-régionales sont porteuses : et si la carence de la collaboration n'était due qu'à une large ineffectivité du droit communautaire ; et si, plutôt que de se focaliser sur le juge – Conseil constitutionnel ou juge supra national –, on se penchait plutôt sur la problématique de la réalité même, de l'ancrage social du droit de l'intégration ?

En tout état de cause, il ne faudrait pas, aujourd'hui, s'illusionner les vertus d'un « dialogue » – la thématique fait fureur depuis quelques années - entre le Conseil constitutionnel et le juge communautaire. À ce désenchantement, deux causes : d'une part, le juge international - celui de la CEDEAO en particulier, qui partage avec le Conseil constitutionnel la qualité de juge des droits de l'Homme – affirme clairement son incompétence à juger des normes nationales et, d'autre part, le dialogue, s'il doit advenir, n'éliminera pas des tensions et des désaccords ainsi que l'a clairement rappelé Joseph Djogbenou. Ces limites objectives contrastent, par exemple, avec le processus d'intégration économique et judiciaire européen. Le propos de Alioune Badara Fall a eu la vertu d'offrir des éléments de comparaison, il a mis en exergue les multiples facettes de cette intégration, que les États africains ont parfois eu tendance à ériger en modèle à copier. Non seulement la technique du renvoi préjudiciel y joue pleinement – constituant près de trois quarts du contentieux soumis aux juridictions de l'UE –, mais la matière des droits de l'Homme notamment est devenue un champ de compétences communes, donc d'échanges ou de collaboration avec les juges constitutionnels nationaux. Cela est vrai aussi bien pour la Convention européenne des droits de l'Homme (système du Conseil de l'Europe) que pour la Charte des droits fondamentaux de l'UE (système de l'UE).

C. Les citoyens

Tous les intervenants sont tombés d'accord sur ce point : le citoyen est le grand absent du contentieux constitutionnel sénégalais, il n'a pas pleinement accédé au prétoire du Conseil. C'est sans nul doute à cela que fait référence Makhtar Kamara lorsqu'il évoque, pour le déplorer quelque peu, la jurisprudence très majoritairement électorale de la juridiction sénégalaise. Mais la nécessité de dépasser un tel état de fait ne fait aucun doute. Invité à évoquer le problème de l'accès au juge constitutionnel sénégalais, Issac Yankhoba Ndiaye a justifié ce dépassement par les nouvelles exigences de l'État de droit autant que par le catalogue des droits fondamentaux individuels, au nombre desquels figure en bonne place aujourd'hui le droit au juge, qui devrait être idéalement le juge constitutionnel, tant il est vrai que la « fondamentalité » même de ces droits consiste en une garantie d'ordre constitutionnel. La création même d'une juridiction autonome – le Conseil constitutionnel se substituant, en 1992, à une Chambre de la Cour suprême – semble s'expliquer, au moins en partie, par le désir d'assurer une meilleure garantie de la protection des droits des personnes. C'est ce que laisse entendre Boubacar Bâ, qui s'est penché sur le passage de la Cour suprême au Conseil constitutionnel.

Il nous semble, pour notre part, que l'ouverture de la sphère constitutionnelle – c'est-à-dire le contentieux constitutionnel – au citoyen en général pourrait se justifier à un triple égard.

Du point de vue de l'essence même de la justice constitutionnelle d'abord. Le contexte sénégalais, ressemblant sur ce point à beaucoup d'autres en Afrique, donne à penser que la Constitution est l'affaire des « pouvoirs publics », l'affaire des grands corps constitués de l'État, et que les personnes privées ne devraient y entrer que de façon séquentielle et prudentielle, comme si leur présence dans ce champ était potentiellement perturbatrice. C'est seulement par étapes, petit à petit, qu'une telle accession devrait se faire. Or, c'est la pensée constitutionnelle moderne elle-même qui, à ses origines, est aux antipodes d'une telle tiédeur. Mirkine Guetzevitch par exemple, en 1928[5] – c'est-à-dire au moment même où Kelsen, évoquant « la garantie juridictionnelle de la Constitution » dans la même Revue, donne à penser que le contentieux constitutionnel vient de naître – souligne l'importance de la préservation des droits des citoyens. Rien ne serait donc plus contestable que l'idée que le citoyen est le grand intrus au banquet de la Constitution.

L'histoire politique du Sénégal et de maints États africains pourrait, en deuxième lieu, justifier la présence des personnes privées dans le monde constitutionnel. En effet, contrairement à d'autres pays – « occidentaux » notamment –, la justice constitutionnelle n'a jamais eu vocation, dans nos espaces, à juguler des dérèglements institutionnels comme les excès du pouvoir législatif ou les errements d'un pouvoir judiciaire. L'ouverture de notre justice constitutionnelle aux citoyens n'est donc pas entravée ou retardée par des impératifs prioritaires auxquels la justice constitutionnelle devait être pour ainsi dire soumise ; notre constitutionnalisme aurait dû être immédiatement « citoyen », sans avoir à être d'abord « institutionnel ». Mieux, dans sa leçon inaugurale, le Doyen Babacar Kanté, revenant sur l'histoire du « code électoral consensuel » du début des années 90, a montré comment notre histoire politique récente – car le Conseil constitutionnel est né presque en même temps que ce Code – est porteuse de l'exigence de pluralisme, de consensus, de sauvegarde des droits des citoyens. Que le Conseil s'ouvre aux citoyens dans ces conditions n'aurait alors rien d'extravagant.

La promotion constitutionnelle de la citoyenneté se justifie enfin par la politique, plus précisément, par la crise des institutions politiques. Il faut le dire vigoureusement : cette crise existe aussi sous nos latitudes, il ne faut pas s'y méprendre. Les institutions politiques en général,

---

[5] Article de l'auteur à la *Revue du Droit public* de 1928, « Les nouvelles tendances du droit constitutionnel », pp. 38-39.

l'institution parlementaire en particulier, ne sont pas toujours bien perçues dans notre pays. Or, devant le scepticisme civique ou la défiance populaire, l'accès du citoyen à la justice constitutionnelle pourrait jouer à la manière d'un exutoire, pourrait rapprocher celui-ci des enjeux politiques et tempérer ainsi sa « frustration ». L'on peut même aller plus loin : en parlant au citoyen, le Conseil constitutionnel sénégalais pourrait être moins « lointain » et la perception critique que certains peuvent avoir à son égard s'en retrouver moins justifiée.

Une fois défendue l'idée d'un accès du citoyen au Conseil constitutionnel, il resterait à imaginer les voies et moyens d'une telle promotion. Le Doyen Isaac Yankhoba Ndiaye s'est longuement interrogé sur ce qu'il a appelé « le comment », après son « pourquoi ». Qu'il nous soit permis, dans cette perspective, de suggérer deux niveaux de réflexion, le niveau du droit substantiel et le niveau de ce que nous pourrions appeler la convivialité processuelle, deux voies pour assurer au citoyen l'accès au Conseil constitutionnel sénégalais.

Le premier niveau consiste à reconnaître formellement un droit individuel d'accès direct au Conseil. On devine les appréhensions qu'une telle réforme pourrait faire naître. Elles tiendraient à la crainte de voir la juridiction submergée de requêtes, de voir l'action en justice devenir une *actio popularis*. L'on pourrait cependant rétorquer qu'il est possible de « contrôler » une telle réforme en l'entourant de précautions, à travers une triple limitation :

– la limitation des titulaires du droit : on pourrait, par exemple, exclure les personnes physiques du bénéfice de ce droit, et ne conférer celui-ci qu'aux personnes morales, en opérant même, au besoin, une sélection de ces entités (sur la base de la représentativité ou de l'expérience en matière de défense des droits des citoyens) ; une autre modalité de sélection pourrait également être l'exclusion des actions individuelles au profit des actions collectives ou « groupusculaires » ;

– la limitation des droits invocables : l'ouverture du Conseil constitutionnel aux citoyens sénégalais pourrait ne s'appliquer qu'à certains droits, à l'exclusion d'autres ; par exemple, retenirles « droits-libertés » plutôt que les « droits-créances », à la justiciabilité plus problématique ;

– la limitation des actes attaquables : une discrimination pourrait alors être faite entre les normes générales, « réglementaires » et les normes individuelles, affectant nommément des personnes, sachant que l'introduction de la variable de l'instrument juridique implique, bien sûr, une réforme relative aux actes soumis au Conseil, au-delà du problème des personnes pouvant saisir celui-ci.

Quant à ce que nous appelons la convivialité processuelle, elle se traduirait, non par la reconnaissance explicite d'un droit subjectif d'accès au juge, mais par l'aménagement d'une place, d'un espace pour les personnes privées, notamment morales, qui seraient ainsi « écoutées ». Nous ne sommes pas loin de l'*amicus curiae.* Entendre des voix rompues à la défense des droits des personnes servirait assurément l'office du juge car cet office, notamment quand il s'agit du juge de la Constitution, ne saurait se réduire à une opération purement « technicienne ». Il est vrai que les dispositions de la loi organique relative au Conseil constitutionnel sénégalais sont plutôt indigentes sur ce point. Elles n'évoquent que les « mesures d'instruction » nécessaires, l'interlocutoire est pensé en termes particulièrement restrictifs. Pourtant, la possibilité pour une juridiction d'entendre des voix susceptibles d'éclairer son jugement est devenue presque une clause de style dans les Statuts et autres Règlements de procédure des institutions juridictionnelles ; il est étonnant qu'il n'en soit pas ainsi pour le juge constitutionnel sénégalais.

En tout état de cause, il convient de souligner que cette réforme – que tous les participants ont semblé appelés de leurs vœux – porte la promesse d'un développement quantitatif et qualitatif de notre contentieux des droits et libertés. Celui-ci reste particulièrement faible, au bout de plus de vingt – cinq ans d'existence du Conseil constitutionnel du Sénégal. Les Doyens Kanté et Ndiaye l'ont relevé, l'un en confessant qu'il « rêve » d'une telle évolution, l'autre en soulignant que son absence rend « tant de droits non effectifs ».

II. Le Conseil constitutionnel face à lui-même

Lorsqu'il est face à lui-même, le Conseil esquisse l'idée qu'il se fait de sa fonction, trace le périmètre de son office. S'agissant du Conseil constitutionnel, cette sorte de profession de foi, implicite ou explicite, éclate en deux circonstances : lorsqu'il exerce sa fonction consultative (A) et lorsqu'il exprime cette doctrine qui lui « colle à la peau » et qui lui vaut souvent des critiques : la théorie des compétences d'attribution (B). Il est également permis de se demander si, dans ce face-à-face avec lui-même, le juge sénégalais ne devrait pas se forger une conception plus anticipatrice, plus préventive de sa mission, eu égard notamment à un contentieux électoral toujours belligène (C).

A. La fonction consultative

On se limitera ici à faire trois constats et à formuler deux propositions.

La première donnée est que dans notre système constitutionnel, seul, en principe, le président de la République peut solliciter un avis du Conseil constitutionnel, dans des circonstances diverses[6]. La seconde est que le juge applique, ici aussi, sa doctrine des compétences d'attribution, ce qui veut dire qu'il ne donne des avis que lorsqu'il a reçu une attribution expresse pour ce faire[7]. Enfin, la jurisprudence relative à la procédure consultative alterne sévérité et bienveillance[8].

Sur la base de ces constats, deux propositions pourraient être formulées.

La première est de conférer au Parlement ou à la minorité politique, le droit de saisir le Conseil constitutionnel pour avis. L'existence d'un monopole présidentiel en la matière peut produire la regrettable impression que face à une entité indépendante, arbitrant des conflits politiques, tous les acteurs politiques ne sont pas égaux. La portée symbolique de l'extension du droit de saisir le Conseil pour avis aurait l'avantage de se recommander de l'équité, d'éloigner le spectre d'un Conseil constitutionnel conseiller du seul Prince.

Une telle réforme aurait l'avantage – c'est la seconde proposition –, de participer à une dédramatisation de la procédure consultative. Cette dédramatisation constitue un enjeu majeur. Elle relève, à vrai dire, plus de la politique jurisprudentielle que de la réforme législative ; elle postule une prédisposition positive des uns et des autres et une confiance mutuelle : « faire confiance aux acteurs », a déclaré Ismaïla Madior Fall,

---

[6] Les dispositions pertinentes sont les articles 51, 52 et 92 de la Constitution.

[7] V. par exemple la décision du 18 mai 1998 ou celle du 7 septembre 2005.

[8] La sévérité s'exprime notamment par une déclaration d'incompétence qui équivaut à un refus de répondre à la question posée (v. note précédente), et la bienveillance, au contraire, par la formulation d'un avis, sans que cette attitude quelque peu erratique puisse toujours se justifier par des arguments de droit positif, techniques et précis (exemples de décisions « bienveillantes » : 16 novembre 2000 (modalités du référendum), 26 juillet 2017 (présentation d'un document pour voter).

qui s'est penché sur la fonction consultative du Conseil. M. Fall a également parlé du juge comme « instance de régulation de la démocratie ». Il a, dans le même temps, mis en évidence la « banalité » souhaitée d'une telle mission dans un État de droit. C'est, en effet, à cela que devrait tendre la fonction consultative du Conseil constitutionnel. Or, il nous semble que la réalisation d'une telle visée passe par une sorte d'égalité de traitement des pouvoirs publics, qui se traduirait ici par la fin du monopole du chef de l'État en matière de demande d'avis.

B. La doctrine des compétences d'attribution

L'autre piste de réflexion touche la doctrine des – ou de la – compétences d'attribution telle que le Conseil a pris l'habitude de la formuler. Elle revient à énoncer, on l'a vu, que les fondements de la compétence juridictionnelle s'épuisent dans les textes, lesquels « corsètent » ainsi l'office du juge.

Le Doyen Babacar Kanté a semblé insinuer la nécessité de sinon dépasser une telle approche, du moins la nuancer à travers le choix, au moins par moments, du « contexte » au détriment du « texte ». Qu'il nous soit également permis, à ce stade, de nous interroger sur la pertinence de l'affirmation vigoureuse et récurrente, par le Conseil lui-même, de cet aspect de sa mission. À notre sens, le juge « s'enchaîne » ainsi inutilement, se prive lui-même de possibilités d'évolution de sa jurisprudence, en martelant, à la manière d'un dogme, cette doctrine des compétences d'attribution. Celle-ci nous paraît prêter le flanc à deux ordres de critiques. D'une part, les textes ne sont pas l'horizon indépassable du droit ; il arrive que des facteurs extra-textuels influent sur la dévolution d'une compétence ou, plus justement, l'« évocation », au sens judiciaire du terme, d'une compétence, c'est-à-dire l'« accaparement » de celle-ci par le juge. D'autre part, toute instance juridictionnelle est juge de sa propre compétence – principe bien établi de procédure judiciaire – ; or, cet acte de juger recèle toujours une part de liberté, une possibilité de s'évader des entraves textuelles. Dans ces conditions, la doctrine de la compétence d'attribution comporte des limites, montre ses insuffisances. Dans l'absolu et d'un point de vue logique, elle reste discutable. Dans une perspective plus relative, elle neutralise inutilement toute virtualité d'évolution jurisprudentielle. Il est donc nécessaire, à maints égards, de desserrer son étau dans l'exercice de la fonction juridictionnelle.

C. Pour une diplomatie juridictionnelle préventive

C'est dans la matière électorale notamment, et eu égard à une conjoncture récente marquée par l'immixtion de la technologie dans le processus électoral (traitement informatique des parrainages à l'élection présidentielle de février 2019) que cette exigence s'impose. Mais la justification de cette préconisation peut être plus générale. Les interventions de Makhtar Kamara et surtout de Yaya Niang ont fait apparaître non seulement que la jurisprudence du Conseil constitutionnel reste essentiellement « électorale », mais que ce contentieux-là est générateur de tensions. Les lois électorales, a souligné M. Niang, sentent presque toujours le souffre et cristallisent les désaccords entre les acteurs politiques. Quand cette loi électorale introduit des innovations qui ont pu être perçues comme iniques ou partiales, comme cela a été le cas en 2019, le soupçon s'épaissit et la méfiance s'incruste.

Or, l'une des possibilités de juguler un contentieux aussi prévisible pourrait être cherchée en direction de la prévention de celui-ci, par une action de type prophylactique menée par le Conseil constitutionnel lui-même à l'adresse des acteurs politiques. Bien avant les échéances électorales, le juge de l'élection, précisément, pourrait convier toutes les parties prenantes à la recension des potentialités de conflit et à leur extinction. Rien dans les textes qui régissent le Conseil, nous semble-t-il, ne s'oppose à cette conception préventive du règlement des différends. Outre qu'elle serait de nature à assécher les sources de contentieux, cette démarche proactive pourrait réduire les préventions éventuellement suscitées par la juridiction.

Relevant d'une manière de diplomatie, elle rendrait celle-ci plus « humaine » et participerait assurément d'une politique d'ouverture et de communication dont le colloque qui s'achève a constitué un moment décisif. Moment qui, on l'espère, sera suivi d'autres.

Mot de clôture

NDIAW DIOUF
Vice-président du Conseil constitutionnel sénégalais

- ✓ **Monsieur le Ministre d'État,**
- ✓ **Monsieur le Ministre, Conseiller juridique du Président de la République,**
- ✓ **Messieurs les Présidents des Cours et Conseils constitutionnels de Bénin, Guinée, Mauritanie ;**
- ✓ **Madame la Conseillère, représentante de Monsieur le Président de la Cour constitutionnelle de Côte d'Ivoire ;**
- ✓ **Messieurs les juges, représentants du Conseil constitutionnel du Togo ;**
- ✓ **Messieurs les représentants de la Cour de justice de la CEDEAO et de la Cour de justice de l'UEMOA ;**
- ✓ **Madame la Présidente de la Commission des lois de l'Assemblée nationale ;**
- ✓ **Mesdames et Messieurs ;**

Je voudrais, à l'entame de mon propos, rappeler que le Conseil constitutionnel du Sénégal s'est engagé, depuis quelques années, dans une politique d'ouverture envers les citoyens afin de leur permettre de mieux connaître cette justice particulière qui est rendue en leur nom.

Les Sénégalais, dans leur grande majorité, pensent que le Conseil constitutionnel n'intervient que sur des questions liées à la politique au sens de compétition entre hommes politiques, par exemple le contentieux électoral ou le contrôle de constitutionnalité des lois qui encadrent les activités politiques.

L'objectif de cette nouvelle politique d'ouverture est justement de faire sortir le Conseil de ce ghetto dans lequel on veut le confiner.

Voilà pourquoi diverses actions sont menées :

- en premier lieu, en direction des citoyens, soit de manière directe avec la création d'un site, soit de manière indirecte par l'intermédiaire de la presse (organisation de séminaire avec les journalistes).
- En second lieu, en direction du monde universitaire ou judiciaire avec l'organisation de séminaires (sur l'exception d'inconstitutionnalité par exemple) ou de colloques.

Le présent colloque qui porte sur le passé, le présent et l'avenir du Conseil constitutionnel entre dans ce cadre.

L'objectif que nous poursuivions en l'inscrivant dans notre programme annuel d'activités est largement atteint.

Il y a eu un regard sur le passé. Une analyse très fine du passage de la Cour suprême au Conseil constitutionnel a été menée. C'était l'occasion de retracer l'histoire de la justice constitutionnelle au Sénégal et de montrer qu'à l'origine, les attributions aujourd'hui dévolues au Conseil constitutionnel étaient exercées par les Sections réunions de la Cour suprême.

Cette rétrospective a permis de mieux comprendre le présent et d'évaluer l'activité du Conseil dans l'exercice de ses fonctions constitutionnelles, de ses fonctions de juge garant de l'expression de la volonté populaire et de ses fonctions consultatives.

Mesdames, Messieurs,

Les communications présentées sous le contrôle et la direction éclairés de modérateurs vigilants, sont d'une richesse exceptionnelle.

Vous avez jeté un regard critique sur l'œuvre jurisprudentielle du Conseil constitutionnel, c'est ce que nous attendions de vous.

Nous avons été très attentifs aux observations que vous avez formulées sur l'œuvre du Conseil constitutionnel, car autant les observations faites par les collègues qui font du droit constitutionnel par intuition et seulement dans les médias, nous laissent indifférents, autant celles qui sont exprimées soit oralement dans le cadre des manifestations scientifiques telles que celle qui nous a réunis ces deux jours, soit par écrit dans les revues scientifiques, nous intéressent au plus haut point.

Nous avons également suivi, avec beaucoup d'attention, les interventions des présidents de juridiction ou leurs représentants qui nous ont honorés de leur présence. Le Conseil constitutionnel du Sénégal va, à n'en pas douter, tirer un grand profit de la riche expérience qu'ils ont eu la générosité de partager avec nous. Ces échanges nous ont permis d'avoir une idée claire de ce que pourrait être l'avenir de nos juridictions.

L'avenir du Conseil constitutionnel est inséparable du contexte d'intégration régionale dans lequel nous évoluons. Ce contexte est caractérisé par la naissance et le développement de nouvelles règles soit directement produites soit impulsées par les organisations d'intégration. Des juridictions ont été créées pour assurer l'effectivité de ce droit nouveau. Cette situation nouvelle est source de nouveaux problèmes qui sont liés aux rapports potentiellement conflictuels qu'entretiennent ces juridictions avec les juridictions nationales. Même les juridictions constitutionnelles se trouvent parfois au centre de ces conflits. Ceux qui ont animé la table ronde sur le thème « Quelle justice constitutionnelle pour demain ? » ont jeté les bases d'un débat fécond ayant permis aux participants de se prononcer sur la question de savoir si un dialogue entre juges est nécessaire et s'il est possible.

Je voudrais maintenant remercier ceux qui ont rendu possible cette manifestation et qui ont contribué à sa réussite. Je commence par le Professeur Babacar Kanté qui nous accompagne tous les jours et dans toutes nos activités scientifiques. J'associe à ces remerciements ceux qui ont modéré les travaux et/ou présenté des communications ; je veux nommer :

- le Professeur Martin BLEOU ;
- le Professeur Babacar GUÈYE ;
- le Professeur Ismaïla Madior FALL ;
- le Doyen Isaac Yankhoba NDIAYE ;
- le Professeur El Hadji MBODJ ;
- le Professeur Demba SY ;
- le Professeur Joseph DJOGBENOU ;
- le Professeur Alioune Badara FALL ;
- Mme le Professeur Ndèye Madjiguene DIAGNE ;
- le Professeur Mactar CAMARA ;
- le Professeur Abdou Aziz Daba KÉBÉ ;

– le Professeur Boubacar BA;

– le Professeur Sidy Alpha NDIAYE ;

– le Dr Yaya NIANG;

– Monsieur le Vice-président GBERI BE OUATTARA ;

– Messieurs Sangoné FALL et Hervé DAONNE de la Cour de Justice de la CEDEAO ;

– Monsieur Papa O. DIALLO, Président de Chambre à la Cour d'appel de Dakar;

– Monsieur Birane FAYE, conseiller référendaire à la Cour suprême.

Je voudrais aussi remercier les Présidents et membres des Cours et Conseils constitutionnels qui, malgré leur lourde charge, ont accepté de faire le déplacement à Dakar pour prendre part à nos travaux.

J'adresse une mention spéciale au Directeur du Programme pour la Promotion de l'État de droit en Afrique subsaharienne de la Fondation Konrad Adenauer et à Mme Margaux WIPF pour le soutien qui nous a été apporté depuis plusieurs mois.

J'espère que cette action est le Premier jalon d'une collaboration future féconde entre la Fondation Konrad Adenauer et le Conseil constitutionnel.

Mes remerciements vont aux membres du SED et au personnel d'appui dirigé par Monsieur Mamadou Ndiaye, Chef du Service administratif et financier.

Il ne me reste qu'à souhaiter une bonne fin de séjour et un bon retour à nos invités qui sont venus de l'étranger.

Je vous remercie pour votre aimable et patiente attention.

Margaux Wipf
Chagée de Programmes au Programme pour la Promotion
de l'État de droit en Afrique subsaharienne
de la Fondation Konrad Adenaeur

- ✓ **Monsieur le Président du Conseil constitutionnel du Sénégal,**
- ✓ **Messieurs les Présidents des Cours et conseils constitutionnels,**
- ✓ **Monsieur le Vice-Président de la Cour de justice de la CEDEAO,**
- ✓ **Messieurs les membres de la Cour de justice de l'UEMOA,**
- ✓ **Chers membres des Cours et Conseils constitutionnels,**
- ✓ **Messieurs les Présidents de chambre et cour d'appel,**
- ✓ **Chers universitaires à vos rangs et grades,**
- ✓ **Chers participants,**

J'ai l'honneur de prendre la parole au nom de la Fondation Konrad Adenauer, et en particulier de son Programme pour la Promotion de l'État de droit en Afrique subsaharienne.

Cette parole, je la prends en tant que chargée de programmes, en tant que chargée de ce programme, aux côtés de notre partenaire, le Conseil constitutionnel du Sénégal. Je la prends aussi en tant que défenseure des droits, du Droit avec un grand D et de la Justice avec un grand J.

En tant qu'ancienne avocate, ancienne collaboratrice de magistrat dans une juridiction française, je suis convaincue que le bon fonctionnement de la justice est un socle fondamental de l'État de droit.

Il ne peut, en effet, selon moi, y avoir d'État de droit sans la garantie d'un accès au juge, de procédures équitables, d'une justice protectrice des droits de chacun et rendue dans un délai raisonnable, ou encore de décisions pleinement exécutées.

Le droit est mouvant, les libertés et droits fondamentaux aussi. Du fait de l'évolution de la société, des mœurs, du progrès technique et scientifique, de l'histoire, des aspirations des peuples, de l'impératif sécuritaire.

Tel n'est pas le cas du besoin qu'ont les citoyens de se sentir protégés, écoutés, entendus, de leur besoin d'avoir confiance en l'État et ses institutions. Ce besoin-là est constant et inébranlable.

Et seule une norme suprême, et une institution forte qui soit en mesure d'en assurer le respect, peuvent répondre à ce besoin.

Le juge constitutionnel constitue un pilier de l'État de droit. On l'a vu tout au long de ces débats.

J'en ai moi-même la ferme conviction, pour y avoir eu recours en France, comme jeune avocate.

Je me permets de vous dire deux mots de cette expérience qui m'a profondément marquée, et qui traduit la puissance et la richesse de la justice constitutionnelle à mes yeux.

Après 7 années d'études de droit, un passage en juridiction me permettant d'avoir la confirmation que je choisirais l'avocature plutôt que la magistrature, je prêtais serment. L'un de mes premiers dossiers était un dossier d'injure publique à raison de la race et d'apologie de crimes contre l'humanité. Canal+ avait produit et diffusé un sketch tournant en dérision le génocide rwandais.

Une association de défense de victimes du génocide rwandais m'avait demandé de la représenter.

Janvier 2015. Nous avons déposé plainte avec constitution de partie civile sur le fondement de la loi du 29 juillet 1881 sur la liberté de la presse. En France, c'est une loi de 1881, de nombreuses fois modifiée, qui régit tous les délits de presse.

Plainte irrecevable. À l'époque, la loi ne permettait l'exercice de l'action civile en matière d'apologie de crime contre l'humanité qu'aux seules associations qui se proposaient, par leurs statuts, de défendre « les intérêts moraux et l'honneur de la Résistance ou des déportés ».

Autrement dit, elle limitait cette faculté à la seule apologie de crimes commis durant la Seconde Guerre mondiale.

Qu'avons-nous fait ? Nous avons fait appel de l'ordonnance du juge d'instruction devant la chambre de l'instruction de la Cour d'appel de Paris, et soulevé une QPC.

Cette disposition de la loi de 1881 porte-t-elle atteinte au principe d'égalité devant la loi et la justice, garanti par la DDHC de 1789 ?

Mars 2015. La Cour d'appel transmet la QPC à la Cour de cassation.

Juillet 2015. La Cour de cassation la transmet à son tour au Conseil constitutionnel.

Octobre 2015. Le Conseil tranche.

La loi de 1881, et en particulier la disposition contestée, est inconstitutionnelle.

Il n'existait aucune justification, selon le Conseil, à la discrimination opérée par la loi entre les associations ayant pour objet de défendre l'honneur et les intérêts moraux des victimes d'une même infraction.

Je vous disais que cette expérience m'avait permis de saisir la puissance de la justice constitutionnelle.

Les Conseils et cours constitutionnelles, par le contrôle tant a priori qu'a posteriori qu'ils opèrent, sont des remparts,

non seulement contre des législations négligentes des principes fondamentaux ou contre l'arbitraire,

mais aussi contre des législations, ou des interprétations constantes de certaines législations, qui face à un changement de circonstances, face à certaines évolutions sociétales, n'ont plus lieu d'être.

Les bases sont là, au Sénégal, et dans toute l'Afrique de l'Ouest, c'est-à-dire que les institutions existent, les mécanismes de saisine, les procédures, la matière grise aussi de manière incontestable.

Ce colloque nous démontre la volonté qu'ont les juridictions constitutionnelles d'user de toutes ces facultés et donc de participer véritablement au renforcement de l'État de droit.

De l'État de droit entendu au sens substantiel, c'est-à-dire un État dans lequel la règle juridique respecte des contenus précis, respecte les droits fondamentaux, qu'ils soient civils, politiques, économiques, sociaux ou culturels.

Nous avons eu la chance au cours de ces deux jours de colloque de pouvoir nous rencontrer, échanger, poser des constats, des analyses, sur la justice constitutionnelle du Sénégal, mais aussi d'un certain nombre d'autres pays d'Afrique de l'Ouest.

C'est une chance, surtout dans le contexte sanitaire actuel.

Et il est certain que ces travaux seront précieux pour définir l'avenir des Cours et conseils constitutionnels, un avenir qui nous l'espérons aura pour ligne directrice la protection des droits et libertés fondamentaux et de la démocratie.

Au nom de la Fondation Konrad Adenauer, je souhaiterais vous adresser un immense Merci.

Merci à notre partenaire le Conseil constitutionnel du Sénégal, et en particulier à Monsieur Diallo et Monsieur Diouf, qui ont été le moteur de ce superbe projet. Cela a été un réel plaisir de travailler avec vous.

Merci aux panélistes, aux modérateurs et à tous les participants, de nous avoir offert des échanges aussi riches, ouverts, constructifs et qualitatifs.

Je vous souhaite à toutes et à tous de rester en forme et en bonne santé, et espère vous revoir très vite.

CONSEIL CONSTITUTIONNEL SÉNÉGAL

KONRAD ADENAUER STIFTUNG

Annexes

PROGRAMME – PROJET

Le Conseil constitutionnel sénégalais dans un contexte d'intégration régionale : passé, présent, devenir

Dakar, Sénégal, 7 et 8 décembre 2020

Lundi 07.12.2020	
09:00 - 9:30	**Cérémonie d'ouverture** • Pape Oumar Sakho, Président du Conseil constitutionnel du Sénégal • Ingo Badoreck, Directeur du Programme pour la Promotion de l'État de droit en Afrique subsaharienne de la Fondation Konrad Adenauer • Malick Sall, Garde des Sceaux, ministre de la Justice
09:30 - 10:00	Pause-café et photo
10:00 - 11:00	Propos introductif sur la justice constitutionnelle Babacar Kanté, Professeur agrégé de Droit public et de Science politique, ancien Vice-président du Conseil constitutionnel du Sénégal
11:00 - 12:00	**Sous-thème I : Le passé** De la Cour suprême au Conseil constitutionnel : ruptures et continuités Présentation : Boubacar Ba, Professeur agrégé de Droit public à la FSJP de l'UCAD Modération : Ismaïla Madior Fall, Professeur agrégé de Droit public et de Science politique, ancien ministre de la Justice du Sénégal Débat avec les participants

12:00 - 13:00	Déjeuner
13:00 - 14:00	**Sous-thème II : Le présent** L'accès à la justice constitutionnelle au Sénégal Présentation : Isaac Yankhoba Ndiaye, Professeur agrégé des Facultés de Droit, ancien Vice-président du Conseil constitutionnel Modération : Demba Sy, Professeur agrégé de Droit public à la FSJP de l'UCAD Débat avec les participants
14:00 - 14:30	Pause-café
14:30 - 15:30	**Sous-thème III : Le présent (suite)** Le Conseil constitutionnel et la protection des droits fondamentaux Présentation : Mactar Kamara, Professeur agrégé de Droit public à la FSJP de l'UCAD Modération : El Hadj Mbodj, Professeur agrégé de Droit public et de Science politique à la FSJP de l'UCAD Débat avec les participants
15 : 30 - 17:30	**Sous-thème IV : Le présent (suite)** Quel rapport entre le juge constitutionnel et les autres juges nationaux ? Discussion entre : – Alioune Sall, Professeur agrégé de droit public, ancien juge à la Cour de justice de la CEDEAO – Papa Ousmane Diallo, Président de Chambre à la Cour d'Appel de Dakar – El Hadj Biram Faye, Conseiller référendaire à la Cour suprême Modération : El Hadj Mbodj, Professeur agrégé de Droit public et de Science politique à la FSJP de l'UCAD Débat avec les participants
18:00	Réception

Mardi 08.12.2020	
9:00 -10:00	**Sous-thème V : Le présent (suite)** Le Conseil constitutionnel, garant de l'expression de la volonté populaire (l'élection présidentielle, l'élection des députés et des hauts conseillers, le référendum) Présentation : Babaly Sall, Professeur de Droit public, Directeur du Groupe d'Études et de Recherches constitutionnelles et politiques (GERCOP) de l'UGB Modération : Ndèye Madjiguène Diagne, Professeur agrégé de Droit public à la FSJP de l'UCAD Débats avec les participants
10:00 -10:30	Pause-café
10:30 - 11:30	**Sous-thème VI : Le présent (suite)** La fonction consultative du Conseil constitutionnel Présentation : Ismaïla Madior Fall, Professeur agrégé de Droit public et de Science politique, ancien ministre de la Justice du Sénégal Modération : Saïdou Nourou Tall, Membre du Conseil constitutionnel du Sénégal Débats avec les participants
11:30 - 12:30	**Sous-thème VII : Le présent (suite)** Les techniques d'interprétation du juge constitutionnel Présentation : Abdoul Aziz Daba Kébé, Chef de département de Droit public de la FSJP de l'UCAD, Président de l'Association sénégalaise de Droit constitutionnel (ASDC) Modérateur : Babacar Guèye, Professeur agrégé de Droit public et de Science politique à la FSJP de l'UCAD Débats avec les participants
12:30 - 13:30	Déjeuner

13:30 -15:00	**Sous-thème VIII : Le futur** Quelle justice constitutionnelle pour demain ? Le juge constitutionnel et les juges communautaires : un dialogue possible ? Discussion entre : – Sidy Alpha Ndiaye, Professeur agrégé de Droit public, Premier Vice-président de l'Association sénégalaise de Droit constitutionnel (ASDC) – Joseph Fifamè Djogbenou, Président de la Cour constitutionnelle du Bénin – Alioune Badara Fall, Professeur agrégé de Droit public à l'Université Montesquieu Bordeaux IV, Directeur du Centre d'Études et de Recherches sur les Droits africains et sur le Développement institutionnel des pays en Développement (LAM-CERDRADI) – Bgeri-Be Ouattara, Vice-président de la Cour de justice de la CEDEAO – Sangoné Fall, Auditeur à la Cour de justice de l'UEMOA Modération : Serigne Diop, Professeur agrégé de Droit public et de Science politique, ancien Médiateur de la République du Sénégal Débat avec les participants
15:00 -15:30	Pause-café
15:30 -16:30	Présentation du rapport par Alioune Sall, Professeur agrégé de Droit public, ancien juge à la Cour de justice de la CEDEAO
16:30 -17:00	**Mot de Clôture** • Ndiaw DIOUF, Vice-président du Conseil constitutionnel du Sénégal • Margaux Wipf, Chargée de programmes au Programme pour la Promotion de l'État de droit en Afrique subsaharienne de la Fondation Konrad Adenauer

Liste des participants

N°	Nom	Prénom	Fonction
1	Sakho	Papa Oumar	Président du Conseil constitutionnel du Sénégal
2	Sall	Malick	Garde des Sceaux, ministre de la Justice
3	Kanté	Babacar	Professeur agrégé de Droit public et de Science politique, Ancien Vice-président du Conseil constitutionnel du Sénégal
4	Ba	Boubacar	Docteur en Droit public à la FSJP de l'UCAD
5	Fall	Ismaïla Madior	Professeur agrégé de Droit public et de Science politique, ancien ministre de la Justice du Sénégal
6	Ndiaye	Isaac Yankhoba	Professeur agrégé des Facultés de Droit, ancien Vice-président du Conseil constitutionnel
7	Sy	Demba	Professeur agrégé de Droit public à la FSJP de l'UCAD
8	Kamara	Mactar	Professeur agrégé de Droit public à la FSJP de l'UCAD
9	Mbodj	El Hadj	Professeur agrégé de Droit public et de Science politique à la FSJP de l'UCAD
10	Sall	Alioune	Professeur agrégé de Droit public, ancien juge à la Cour de Justice de la CEDEAO
11	Diallo	Papa Ousmane	Président de Chambre à la Cour d'Appel de Dakar
12	Faye	El Hadj Biram	Conseiller référendaire à la Cour suprême

N°	Nom	Prénom	Fonction
13	Sall	Babaly	Professeur de Droit public à l'Université Gaston Berger, Directeur du Groupe d'Études et de Recherches constitutionnelles et politiques (GERCOP)
14	Diagne	Ndèye Madjiguène	Professeur agrégé de Droit public à la FSJP de l'UCAD
15	Tall	Saidou Nourou	Membre du Conseil constitutionnel du Sénégal, Professeur agrégé de Droit public et de Science politique
16	Kébé	Abdoul Aziz Daba	Chef de département de Droit public de la FSJP de l'UCAD, Président de l'Association sénégalaise de Droit constitutionnel (ASDC)
17	Guèye	Babacar	Professeur agrégé de Droit public et de Science politique
18	Ndiaye	Sidy Alpha	Professeur agrégé de Droit public, Premier Vice-Président de l'Association sénégalaise de Droit constitutionnel (ASDC)
19	Djogbenou	Joseph Fifamè	Président de la Cour constitutionnelle du Bénin
20	Nouwatin	Sylvain Messan	Magistrat, Conseiller à la Cour constitutionnelle du Bénin
21	De Dravo	Hospice Houenou	Attaché de presse du Président de la Cour constitutionnelle du Bénin
22	Ouattara	Gberi-Be	Vice-président de la Cour de justice de la CEDEAO
23	Me	Fernand Kouassi	Assistant exécutif du Vice-Président de la Cour de justice de la CEDEAO

N°	Nom	Prénom	Fonction
24	Fall	Sangoné	Auditeur à la Cour de justice de l'UEMOA
25	Mendès	Augusto	Juge à la Cour de justice de l'UEMOA
26	Akpo	Euloge	Juge à la Cour de justice de l'UEMOA
27	Dabonné	Ervé	Auditeur à la Cour de justice de l'UEMOA
28	Diop	Serigne	Professeur agrégé de Droit public et de Science politique, ancien Médiateur de la République du Sénégal
29	Diallo	Mamadou Batia	Président du Conseil constitutionnel de la Mauritanie
30	Bléou	Martin	Professeur agrégé de Droit à l'Université Abidjan, ancien ministre de l'Intérieur et de la Sécurité de la Côte d'Ivoire
31	Narey	Oumarou	Professeur agrégé des universités, Président de la Cour des comptes du Niger
32	Coulibaley	Djobo Babakane	Membre de la Cour constitutionnelle du Togo
33	Amekoudi	Jérôme Koffi	Membre de la Cour constitutionnelle du Togo
34	Bangoura	Mohamed Lamine	Président de la Cour constitutionnelle de Guinée
35	Diallo	Amadou	Vice-président de la Cour constitutionnelle de Guinée
36	Sacko	Ansoumane	Conseiller à la Cour constitutionnelle de Guinée
37	Fall	Alioune Badara	Professeur agrégé de Droit public, ancien ministre de la Justice du Sénégal

N°	Nom	Prénom	Fonction
38	Diallo	Madieyna	Directeur de cabinet du Président du Conseil constitutionnel
39	Diouf	Ndiaw	Vice-président du Conseil constitutionnel du Sénégal
40	Ndiaye	Mandiogou	Membre du Conseil constitutionnel du Sénégal
41	Fall	Boussou Diao	Membre du Conseil constitutionnel du Sénégal
42	Diawara	Mouhamadou	Membre du Conseil constitutionnel du Sénégal
43	Sylla	Abdoulaye	Membre du Conseil constitutionnel du Sénégal
44	Ndeye	Ernestine	Greffier en chef, Conseil constitutionnel Sénégal
45	Tounkara	Mamadou Saidou	Greffier, Conseil constitutionnel Sénégal
46	Camara	Nfaly	Docteur en droit public, Assistant Conseil constitutionnel Sénégal
47	Boye	Aminata	Magistrat, Assistant Conseil constitutionnel Sénégal
48	Ndiaye	Cheikh Mbacké	Magistrat, Assistant Conseil constitutionnel Sénégal
49	Sow	Idrissa	Conseiller référendaire à la Cour suprême du Sénégal
50	Ndiaye	Papa Laïty	Bâtonnier de l'Ordre des avocats du Sénégal
52	Diabone	Prosper	Avocat
53	Ba	Mandiaye Dieh	Assemblée nationale du Sénégal
54	Sèye	Ousmane	Haut Conseil des Collectivités territoriales du Sénégal

Personnel en appui

N°	Nom	Prénom	Fonction
1	Badoreck	Ingo	Directeur du Programme pour la Promotion de l'État de Droit de la FKA
2	Wipf	Margaux	Chargée de programmes, Programme pour la Promotion de l'État de Droit de la FKA
3	Kebe	Saidou	Chargé de programmes, Programme pour la Promotion de l'État de Droit de la FKA
4	Ndiaye	Mamadou	Chef du Service administratif et financier, Conseil constitutionnel Sénégal
5	Badji	Anne Marie Thérèse	Aide à l'organisation, secrétaire du Conseil constitutionnel Sénégal
6	Bassintsa	Cizi Eucher	Aide à l'organisation, informaticien du Conseil constitutionnel Sénégal
7	Sarr	Leyti	Aide à l'organisation, Conseil constitutionnel Sénégal
8	Cissokho	Ibrahima	Aide à l'organisation, Conseil constitutionnel Sénégal
9	Coulibaly	Papa Mar	Aide à l'organisation, Conseil constitutionnel Sénégal
10	Sagna	Sékou M.	Aide à l'organisation, chauffeur du Conseil constitutionnel Sénégal
11	Ba	Khoredia	Comptable, Programme pour la Promotion de l'État de Droit de la FKA
12	Diallo	Woppa	Collaboratrice, Programme pour la Promotion de l'État de Droit de la FKA

N°	Nom	Prénom	Fonction
13	Ndiaye	Baye Mbaye	Office manager, Programme pour la Promotion de l'État de Droit de la FKA
14	Diallo	Oumar	Chauffeur, Programme pour la Promotion de l'État de Droit de la FKA
15	Wendt	Emma	Collaboratrice, Programme Pour la Promotion de l'État de Droit de la FKA
16	Fall	Cheikh Saadbouh	Web-journaliste
17	Keita	Amy	Web-journaliste
18	Sarr	Ibrahima	Conseiller en communication, Conseil constitutionnel Sénégal
19	Ndiaye	Mamadou	Conseiller en communication, Conseil constitutionnel Sénégal

Table des matières

Structures éditoriales du groupe L'Harmattan

L'Harmattan Italie
Via degli Artisti, 15
10124 Torino
harmattan.italia@gmail.com

L'Harmattan Hongrie
Kossuth l. u. 14-16.
1053 Budapest
harmattan@harmattan.hu

L'Harmattan Sénégal
10 VDN en face Mermoz
BP 45034 Dakar-Fann
senharmattan@gmail.com

L'Harmattan Cameroun
TSINGA/FECAFOOT
BP 11486 Yaoundé
inkoukam@gmail.com

L'Harmattan Burkina Faso
Achille Somé – tengnule@hotmail.fr

L'Harmattan Guinée
Almamya, rue KA 028 OKB Agency
BP 3470 Conakry
harmattanguinee@yahoo.fr

L'Harmattan RDC
185, avenue Nyangwe
Commune de Lingwala – Kinshasa
matangilamusadila@yahoo.fr

L'Harmattan Congo
67, boulevard Denis-Sassou-N'Guesso
BP 2874 Brazzaville
harmattan.congo@yahoo.fr

L'Harmattan Mali
ACI 2000 - Immeuble Mgr Jean Marie Cisse
Bureau 10
BP 145 Bamako-Mali
mali@harmattan.fr

L'Harmattan Togo
Djidjole – Lomé
Maison Amela
face EPP BATOME
ddamela@aol.com

L'Harmattan Côte d'Ivoire
Résidence Karl – Cité des Arts
Abidjan-Cocody
03 BP 1588 Abidjan
espace_harmattan.ci@hotmail.fr

Nos librairies en France

Librairie internationale
16, rue des Écoles
75005 Paris
librairie.internationale@harmattan.fr
01 40 46 79 11
www.librairieharmattan.com

Librairie des savoirs
21, rue des Écoles
75005 Paris
librairie.sh@harmattan.fr
01 46 34 13 71
www.librairieharmattansh.com

Librairie Le Lucernaire
53, rue Notre-Dame-des-Champs
75006 Paris
librairie@lucernaire.fr
01 42 22 67 13

www.ingramcontent.com/pod-product-compliance
Lightning Source LLC
LaVergne TN
LVHW010918051026
849532LV00003B/747